김안국·김정국 학맥과
조선 성리학

AKS 인문총서 **39**

김안국·김정국 학맥과 조선 성리학

정재훈 · 옥영정 · 강문식
권오영 · 최영성   지음

한국학중앙연구원출판부

책머리에

조선 성리학은 16세기 이황(李滉, 1501~1570)과 이이(李珥, 1536~1584)에 의해 학문 체계가 확립되었다. 그리하여 조선의 유학사상사는 주로 이황과 이이의 두 학파를 중심으로 연구되고 설명되어왔다. 그러나 그들뿐만 아니라 다른 수많은 학자와 관료도 고려 말에 성리학이 수용되고 조선 건국 후 16세기에 이르기까지 학문적 체계와 정치적 이념을 정립하기 위해 부단히 성리학을 탐구해왔다.

그동안 우리 학계는 김안국(金安國, 1478~1543)·김정국(金正國, 1485~1541) 형제와 그 문인들의 학문적 활동에 대해 크게 관심을 두지 않았다. 그 이유는 그들이 성리학에 대한 형이상학적 탐구보다는 성리서의 편찬과 보급에 보다 중점을 두었기 때문으로 보인다. 그럼에도 그들이 불교의 시대를 마감하고 새로운 성리학의 시대를 여는 데 크게 기여했다는 것은 변함없는 사실이다. 따라서 김안국·김정국 학맥에 대한 종합적인 탐구는 그동안 이황과 이이 중심으로 그려왔던 16세기 조선 학계의 지형도를 보다 풍부하게 할 것이다.

16세기 전반은 조선왕조에 새로운 사회 변화가 싹트는 시기였다. 이른바 훈구(勳舊)와 사림(士林)의 대립인 사화(士禍)로 인해 조선 전기의 질서에 균열이 일어나는 동시에 새로운 질서를 모색하려는 움직임이 본격화되었다. 김안국은 바로 그 변화의 중심에 있었다. 김굉필에게 학문을 배우고 조광조와 함께 기묘사림으로 분류되는 김안국은 기묘사화로 위축된 성리학풍을 진작하고 확대하는 데 나름의 역할을 했다. 그는 성리학에 대한 이해의 흐름 속에서 사서삼경에 대한 이해를 바탕으로 하여 『성리대전(性理大全)』을 중요시하는 단계에 이르렀고, 더 나아가 『주자대전(朱子大全)』과 『주자어류(朱子語類)』를 통해 주자학에 대한 직접적 이해의 토대를 마련하기도 했다. 그는 중국에 사은부사로 가서 『주자대전』, 『주자어류』 등 각종 성리서를 수입하여 조정에 올리면서 중종에게 조선에서도 간행하기를 건의했다.

김안국이 경상도와 전라도 관찰사를 역임할 때는 각종 교화서 간행에 주력했다. 특히 그는 『정속언해(正俗諺解)』, 『이륜행실도(二倫行實圖)』, 『여씨향약(呂氏鄕約)』 등을 언해하여 일반 백성들이 성리학 사상에 쉽게 접근할 수 있는 길을 마련했다. 특히 『이륜행실도』는 김안국이 직접 편찬을 건의한 도서로서 가족과 친족을 넘어 장유유서(長幼有序)와 붕우유신(朋友有信)이 향촌사회에 필요한 윤리로 인식되는 계기를 마련했다. 붕우 사이의 관계는 학문을 매개로 스승과 연결되는 것을 지향하면서 혈연과 지역을 넘어서는 인간관계까지 지향할 가능성을 열게 했다. 또한 향약의 전국적 시행은 국가에 의해 정책적으로 시행되기보다는 김안국을 중심으로 한 기묘사림과 그에 동조한 인물들에 의해 추진되었다. 이는 당시 역사적 실체로서 등장했던 사족의 자기정체성 확립과 연관되었다.

김안국의 아우, 김정국은 기묘사화 이후 은거하면서 『성리대전서절요(性理大全書節要)』를 편찬했다. 이 책은 국왕의 학문과 수신, 국정 운영 원칙 등이 내용상 큰 비중을 차지하고 있어 경연의 교과서적인 성격을 갖는다고 볼 수 있다. 그리고 그 내용은 국왕과 관료들이 익히고 실천해야 할 학문의 요체와 실천 방법, 모범과 경계로 삼아야 할 역사적 사례, 국정 운영에서 준수해야 할 원칙과 지침 등으로 구성되어 있다. 이는 현실의 군주와 관료들에게 국정의 기본 방향을 제시해주는 국정 운영 지침서의 성격을 가졌다.

유희춘은 16세기 조선에서 주자학 이해에 있어 손꼽히는 인물이다. 그는 『주자대전』과 『주자어류』 등을 비롯해 많은 성리서류 책을 편찬했고 이를 통해 주자학의 확산에 크게 기여했다. 특히 선조의 지원을 받아 주자서를 편찬했고 여기에 이황의 주자학 연구 성과를 전적으로 수용하여 반영했다. 유희춘의 성리서류 편찬 사업은 선조의 성학(聖學)에 기여하고 조선 주자학의 사상적 난숙(爛熟)의 시대를 열기 위함이었다고 할 수 있다.

16세기 조선 학계를 뜨겁게 달군 주제는 천명(天命)을 어떻게 이해하느냐 하는 것이었다. 김안국의 문인인 정지운과 김인후는 「천명도(天命圖)」를 그려 조선 성리학의 발전에 크게 기여했다. 이 두 「천명도」는 천명에 대한 온전한 인식과 실천이 성리학의 대강령이라는 점에서는 서로 견해 차이가 없으나, 정지운이 경(敬)을 중심 개념의 하나로 삼은 데 비해, 김인후는 성(誠)을 내세웠다는 차이가 있다.

우리는 이 책을 통해 16세기에 조선 성리학의 시대가 열리면서 이상적인 유교사회를 만들기 위해 평생을 학문 탐구에 매진한 새로운 얼굴의 학자들, 김안국·김정국·유희춘·정지운·김인후 등을 만날 수 있다. 그들은 성리서를 수용·탐구하고 편찬·보급함으로써 조선 성리학의 정립과 조선의 안녕에 기여했다. 이 책이 그간 우리 학계에서 상대적으로 조명되지 못했던 김안국과 김정국, 그리고 그 문인들의 학문적 기여와 성취에 대한 깊이 있는 이해를 돕고 정당한 평가가 이루어지는 계기가 되기를 바란다.

2025년 6월
권오영 씀

차례

책머리에 • 5

김안국의 학문과 사상 | 정재훈

1. 머리말 • 13
2. 김안국의 학문 • 16
3. 김안국의 사상 • 24
4. 맺음말 • 36

김안국의 서적 편찬과 출판 활동 | 옥영정

1. 머리말 • 41
2. 16세기 전기 유교서 간행과 김안국의 활동 • 43
3. 주요서적의 현전본과 서지적 검토 • 49
4. 맺음말 • 66

김정국의 성리서 편찬과 특징
– 『성리대전서절요』를 중심으로 | 강문식

1. 머리말 • 73
2. 조선 초기 『성리대전』 이해의 추이 • 76
3. 『성리대전서절요』의 체재와 내용 • 86
4. 『성리대전서절요』의 성격과 특징 • 101
5. 맺음말 • 115

유희춘의 사상과 성리서류 편찬 | 권오영

1. 머리말 • 123
2. 가문과 학통 • 125
3. 주자인식과 이학사상 • 144
4. 성리서류의 편찬 • 163
5. 맺음말 • 191

두「천명도(天命圖)」의 제작 배경과 김안국·김정국 | 최영성

1. 머리말 • 199
2. 두「천명도」의 역사적 위상 • 206
3. 「천명도」출현까지 도설류 저술의 전통 • 218
4. 김안국·김정국의 학문 경향과 성리학 • 226
5. 정지운의 학문과「천명도」• 234
6. 김인후의 학문과 유학사상의 위상 • 239
7. 맺음말 • 246

참고문헌 • 250
찾아보기 • 257

김안국의 학문과 사상

정재훈

1. 머리말

　김안국(金安國, 1478~1543)은 16세기 전반에 활동한 학자이자 관료이다. 김굉필의 문인으로서 조광조와 함께 기묘사림으로 분류되는 그는 기묘사화 이후 성리학을 보존하여 이를 확대하는 데 크게 이바지한 인물이다. 기묘사화 이후 20년 가까이 은거생활을 하다가 1537년(중종 32) 이후 다시 기용된 그는 다양한 활동을 통해 성리학의 확산에 의미 있는 역할을 했다.

　조선 전기의 체제가 그 한계를 드러내는 16세기 전반에 조선사회는 정치적 갈등에 휩싸였고, 결국 사림세력은 정치적으로 실패를 맛보았다. 그렇지만 사림세력은 조선사회를 바꾸어보려던 시도는 정치적으로 좌절되었지만 새로운 사상과 학문의 모색을 통해 더 근본적으로 조선사회를 바꾸려는 노력을 시도했다.[1] 조광조의 기묘사림 이후 이러한 노력은 다양한 측면에서 행해지는데, 특히 김안국은 이러한 역할의 중심에 있었다. 그에 관한 연구를 통해 16세기 중반 이후 조선사회가 선택한 성리학과 그에 입각한 사회와 국가의 운영이 어떠한 방향으로 갔는지 살펴보고자 한다.

　김안국에 대한 초기 연구는 주로 16세기 사림의 정치적 역할과 관련했다.[2] 그러다가 점차 김안국의 다양한 학문적 관심과 실천 등에 초점을 맞추어 여러 분야에서 연구되었다. 언해서(諺解書) 편찬과 교화를 살핀 연

1　정재훈,『조선전기 유교정치사상 연구』, 태학사, 2005.
2　이병휴,「慕齋 金安國과 改革政治」,『碧史李佑成教授停年紀念論叢: 民族史의 展開와 그 文化(下)』, 창작과비평사, 1990;『朝鮮前期 士林派의 現實認識과 對應』, 일조각, 1999 재수록.

구,³ 대일(對日) 인식을 살핀 연구,⁴ 향약의 실천을 통해 사회적 네트워크의 확산을 살핀 연구,⁵ 또 가훈(家訓)의 편찬을 통해 종법적 가족윤리를 살핀 연구⁶ 등이 그사이에 제출되었다.

그에 비해 김안국의 학문과 사상에 관한 본격적인 연구는 드문 편이다. 그의 학문에 대해 상세하게 고찰하기 어려운 이유는 그의 문집에 남아 있는 자료가 성리학에 대한 직접적인 언급이 많지 않은 점에서 유래한 것이기도 하다. 그러나 성리학에 관한 김안국의 입장을 반드시 이기론(理氣論)이나 심성론(心性論) 등의 철학 사변적인 데서만 볼 수 있는 것은 아니다. 오히려 성리학이 갖는 경세적 측면을 고려해보면 김안국이 성리학 이론을 기반으로 하여 펼친 다양한 사회사상은 그의 학문에서 본령에 해당하는 것으로서 그 사회적 의미가 매우 크다고 할 수 있다.

따라서 이러한 점을 고려하여 그의 학문과 사상을 다양한 각도에서 살펴보고자 한다. 김안국의 학문과 사상에 관한 연구는 16세기 사림의 지향을 살핀다는 점에서 16세기 이후 조선이라는 국가가 무엇을 지향했는지를 확인하는 데에 도움이 될 수 있다. 김안국 개인에 관한 연구로서는 기존에 거의 접근되지 않았던 그의 학문과 사상을 본격적으로 확인함으로써 인물 연구에서도 깊이 있는 진전이 가능할 것이다.

조선사회는 16세기 중반 이후 크게 변화했다. 아직까지 학계는 그 변화의 근본적인 원인과 과정을 충분히 설명하지 못하고 있다. 김안국이 그러한 변화를 일찍부터 선도한 매우 선구적인 인물이며 그의 실천이 이

---

3 김훈식, 「16세기《二倫行實圖》보급의 社會史的 考察」, 『역사학보』 107, 1985.
4 손유경, 「慕齋 金安國의 對日認識」, 『漢文古典研究』 19, 2009.
5 尹仁淑, 「朝鮮前期 鄕約의 구현을 통한 '士文化'의 확산: 金安國의 인적 네트워크를 중심으로」, 『대동문화연구』 81, 2013.
6 최민규, 「金安國의 「慕齋家訓」 편찬과 宗法의 가족윤리」, 『역사와 실학』 66, 2018.

후에도 크게 영향을 미친다는 점에서 김안국의 학문과 사상에 관한 연구는 단지 한 사람에 관한 인물 연구가 아닌 조선 사회의 변화를 규명하는 매우 핵심적인 열쇠가 되는 연구라고 할 수 있다.

2. 김안국의 학문

김안국은 기묘사화 이후 꺾인 성리학풍을 회복시킨 주요 인물로 평가받는다. 그가 성리학에 깊은 관심을 가지고 이론을 탐구하고 그 실천에 주력한 것은 의심의 여지가 없는 사실로 보인다.

김안국의 학문은 일찍부터 김굉필에게서 유래한 것으로 알려져 있다. 『모재집(慕齋集)』<행장(行狀)>에서는 김안국이 15~16세에 김굉필이 학문을 논하는 것을 듣고 학문을 하겠다는 뜻을 가졌으며 주자를 학문의 표준으로 삼았다고 했다.[7] 『중종실록』졸기에서도 정주(程朱)의 학문을 흠모하여 김굉필의 강론을 듣고 구도(求道)의 뜻을 가졌다고 설명했다.[8] 외손인 허목(許穆, 1595~1682)이 쓴 <행장>에는 직접 가서 김굉필을 뵙고 매우 즐거워했다고 기록되어 있다.[9] 김굉필이 유일로 천거되어 남부참봉(南部參奉)으로 입사하여 한양에 머물던 때 찾아갔던 것으로 추정된다.[10]

김안국이 전심했던 학문의 방향은 이른바 이학(理學), 곧 성리학이었다. 김굉필을 거쳐서 주자의 성리학을 실현하는 것을 중요하게 여겼다. 김안국은 일상생활에서 항상 "우리 동방의 지기(地氣)가 편박(偏薄)해서 인품(人稟)이 후중(厚重)하지 못하고 또한 이학을 알지 못해서 학문으로써 덕을 이루는 자가 매우 적으니 이것이 내가 평생 통한하는 바이다"[11]라고

---

[7] 『모재집(慕齋集)』권15, 부록, <行狀>, "自十五六時, 有志於學, 及聞金宏弼論學, 慨然有求道之志, 而其學問必以考亭爲表準."
[8] 『중종실록』, 38년 1월 4일(기유), "又慕程、朱之學, 聞末谷金宏弼講論, 慨然有求道之志."
[9] 『모재집』권15, 부록, <行狀(許穆)>, "自十五六時, 慨然有求道之志, 及見寒喧金先生, 得聞聖賢之旨, 樂而忘寢食, 以爲君子之道."
[10] 이병휴(1990), 앞의 글, 주20 참조.
[11] 『모재집』권15, 부록, <行狀>, "居常慨嘆曰, 吾東方地氣偏薄人稟不厚, 又不知理學, 所以

했는데 이는 곧 성리학이 아직 충분하게 이해되지 못한 현실을 개탄한 것이다. 따라서 김안국은 경연이나 서연에 입시해서도 성리학을 중히 여겨서 이학을 전공한 학자들에게 배울 것을 주문했다.[12]

『소학』과 『근사록』으로 대표되는 기묘사림의 학풍은 심학(心學)을 바탕으로 15세기의 성리학을 반성하면서 새로운 성리학을 추구하는 것이었다.[13] 이러한 흐름 속에서 김안국은 1518년(중종 13) 11월 사은부사로 명에 가서 성리학과 관련된 많은 서적을 수입하여 오기도 했다.[14] 이때에도 김안국은 중종에게 자신이 성리(性理)에 관한 책을 많이 사 온 이유가 성리학을 지향하여도 현실에서 이러한 책을 구해보기가 쉽지 않기 때문임을 밝히기도 했다.

이러한 흐름은 이후 성리학의 본격적 이해와 실천에 바탕이 되었다. 그뿐만 아니라 김안국은 경상도관찰사로 재직하며 『소학』과 『여씨향약』을 언해하여 보급하고, 『이륜행실도』의 편찬을 건의하고 보급함으로써 성리학의 사회적 실천을 위한 토대를 놓았다.

또한 성리학의 이론 방면에서도 주역을 강의할 수 있는 소수의 학자로 평가받기도 했으며,[15] 천문학에 대해서도 일가견이 있다는 것이 당대의 중평이었다.[16] 그러나 김안국이 성리학의 이론적 방면에 남긴 글은 많지 않아 오늘날 그의 학문을 평가하는 데 어려움이 따른다. 우선 그의 학문에 대한 당대의 평가를 보면 다음과 같다.

因學成德者甚寡, 是吾平生所痛恨者也."
12 『중종실록』, 4년 6월 10일(경오).
13 정재훈(2005), 앞의 책 참조.
14 『중종실록』, 13년 11월 ??일(무요).
15 『중종실록』, 7년 9월 5일(병자).
16 『중종실록』, 4년 11월 8일(병인).

김안국의 학문에 대한 평가는 이미 조선시대 당대에 이루어졌다. 우선 이식(李植)은 다음과 같이 평가했다.

모재(慕齋, 김안국의 호) 김 문경공(金文敬公) 형제가 문학을 통해 진출했는데, 그중에서도 모재는 사문(斯文)을 일으켜 세울 뜻을 마음속에 지니고 있었다. 그리하여 전후로 성균관(成均館)을 관장할 적에 인재 교육을 매우 근실하게 했으며, 그가 가는 곳마다 학도들이 문하로 모여들어 무리를 이루었다. 그는 『소학(小學)』과 사서(四書)·오경(五經)과 『성리대전(性理大全)』을 하나의 과정(課程)으로 삼아 학도를 가르쳤는데, 당시에 사류(士類)를 도야(陶冶)시킨 공로가 매우 많았다.
그러다가 기묘년에 사풍(士風)을 불러일으킬 적에는 정암(靜庵, 조광조)과 뜻을 같이했는데, 그러면서도 너무 급하게 경장(更張)하는 일에는 마음이 내키지 않아 영남안찰사(嶺南按察使)로 나가게 되었다. 물론 그도 끝내는 당적(黨籍)의 재앙을 면하지 못했으나, 그가 얼마나 선견지명이 있고 자신의 신념을 바르게 지켰는지 이를 통해서도 알 수 있다.
다만 그의 박학한 식견과 문장을 보면 요약해서 지키는 면이 부족한 듯한 인상을 주기도 하고, 또 그가 자신의 비범한 면모를 겉으로 드러내어 알리려 하지 않았기 때문에, 후세에서 그를 평하면서 정암의 심학(心學)이 정종(正宗)이 되는 것과는 같지 않다고도 하지만, 사실은 모재야말로 세상에 보기 드문 이인(異人)이라고 해야 할 것이다. 지금 그의 제자인 정지운(鄭之雲)의 『천명도설(天命圖說)』을 가지고 상고해 보더라도, 형이상학적(形而上學的)으로 높이 오른 경지 면에서 전혀 결함을 발견할 수가 없으니, 모재는 손쉽게 감당할 수 있는 그런 인물이 아

니라고 하겠다.[17]

이식의 언급에서 이미 김안국에 대한 이후 평가의 대부분 내용이 포함되어 있다고 할 수 있다. 성균관에서 많은 인재를 가르쳤으며, 『소학』과 사서, 『성리대전』을 중심으로 교육한 점, 자신의 학설이 충분하지는 않지만 박학한 식견을 지녔고 정지운 등 탁월한 제자를 양성한 점이 인정되었다.

박세채(朴世采) 역시 김안국이 여주에 퇴거해 있으면서 많은 사람을 가르치고 선비들의 여망이 두터웠던 점을 인정했고, 심지어 문묘종사의 여론까지 있었음을 밝히기도 했다.[18] 박세채는 실제 『동유사우록(東儒師友錄)』에서 정학(正學)과 도학(道學)을 기준으로 정몽주·길재·김굉필·정여창·조광조·이언적·서경덕·이황·성혼·정구·이이 등을 높였는데, 김안국도 여기에 포함되었다.[19]

정조는 김안국이 박학하고 사대교린에 필요한 문장이 모두 그에게서 나올 정도로 문장력이 있었던 점을 인정하면서도, 요점을 얻는 공부에서는 한계가 있었음을 밝혔다. 그러나 성균관에서 교육을 주관했고 당대의 사류들을 교육한 공은 조광조도 따라가지 못할 일이라고 평했다.[20]

17　『택당별집(澤堂別集)』 권15, 「雜著」 〈示兒代筆〉.
18　『남계집(南溪集)』 正集 권57, 「雜著」 〈記少時所聞〉, "慕齋己卯禍後, 退居呂州, 敎授學徒, 以興起斯文爲己任. 士望甚重, 丁酉安老敗後, 始得還朝, 伸雪靜庵諸賢之冤, 大爲善類所依歸, 未幾病卒. 朝野景仰, 凜凜有從祀文廟之議, 及退溪推尊晦齋, 與寒暄·一蠹·靜庵諸賢爲四賢. 然後慕齋始屈, 今則士子幾不知慕齋爲何人, 可歎也已."
19　19세기 말 송병선(宋秉璿)의 『패동연원록(浿東淵源錄)』(1882)에서도 도통의 흐름에 대해 정몽주에서 김종직·김굉필·신씨상·조방조·이언적 이신직 이황 등으로 보아서 김안국을 포함했다.
20　『홍재전서(弘齋全書)』 권171, 「日得錄」 〈人物〉.

한편 김안국이 여주에 있으면서 활발한 교류를 이어간 점에 대해서도 많은 이들이 증언하고 있다. 윤근수(尹根壽)는 김안국이 여주에 있으면서 이자(李耔), 이장곤(李長坤) 등과 신륵사에서 만나기로 했는데, 이에 대해 김안로가 관직을 그만둔 이들이 모여 국가의 일을 의논하는 것을 경계했다고 한 일을 전하고 있다.[21] 백인걸(白仁傑) 역시 과거에 급제하기 전에 김안국에게 수업을 받은 적이 있었는데, 한림에서 파직되자 여주교수(驪州教授)가 되겠다고 자청하여 김안국의 문하에 드나들었다. 이황(李滉)도 과거에 급제하기 이전에 서울에 드나들면서 여주[驪江]의 범사정(泛槎亭)을 지나다가 김안국을 찾아서, "모재를 만난 뒤로 비로소 정인군자(正人君子)의 도리를 알았다"라고 말할 정도였다.[22]

『중종실록』졸기에서는 김안국에 대해 그의 학문적 실천을 높이 평가하고 부모를 섬김에 정성을 다하고 초하루와 보름에 제(祭)를 올리며 의례와 같이 실천했던 점을 지적했다. 김굉필의 강론을 듣고 나서 구도(求道)에 뜻을 두고 정주학에 몰두했으며, 문학(文學)과 서사(書史), 천문과 지리까지 섭렵하지 않은 것이 없을 정도로 박학했다고 평했다.[23]

---

21 『월정집(月汀集)』別集 권4, 「漫錄」.
22 『월정집』別集 권4, 「漫錄」. 여주의 승려가 시축을 가지고 영남으로 퇴계를 찾아뵈었는데, 그 시축에 모재와 기재[企齋, 신광한(申光漢)] 두 노인의 절구가 있었다. 퇴계가 차운하기를 다음과 같이 말했다.
　　두 노인 신선되어 떠난 지 몇 해이던가　　二老仙遊知幾年
　　매화 피는 섣달에 승려가 나를 찾아왔네　　僧來見我臘梅天
　　옛적 문하에 들어간 나그네 스스로 한탄하며　自嗟疇昔登門客
　　눈처럼 흰 머리로 남은 시에 눈물 흘리네　　淚灑遺篇雪滿顚
23 『중종실록』, 38년 1월 4일(기유), "안국은 의성인(義城人)이다. 성품이 부지런하고 정성스러우며 명찰했다. 7세에 처음 『소학(小學)』을 읽다가 '효성스럽다. 민자건(閔子騫)이여'라고 한 구절에 이르러서는 곧 '사람은 마땅히 이것을 법으로 삼아야 한다. 나도 어느 때에 장성하여 이 일에 종사할 수 있는가?' 하니, 듣는 사람들이 기이하게 여겼다. 나이 20세가 못 되어 부모를 연이어 여의었다. 드디어 모재(慕齋)로 자호를 하고 정성을 다

위 평가에서 공통으로 드러나는 점을 중심으로 김안국 학문의 특성을 정리하면 다음과 같다. 첫째, 김안국이 후대에 기억되는 것은 그가 성균관에서 교육을 담당하여 후학들에게 영향을 미친 점이다. 김안국은 기묘사화 이전에 성균관 사성으로 성균관과 인연을 맺어 후학을 가르쳤으며,[24] 중종 대 후반에 복직한 이후에는 동지성균관사로 있으면서 역시 직접 유생들의 교육에 참여했다.

둘째, 그의 학문이 성리학 이론이나 철학 방면보다는 실제 학문에 힘을 기울였다는 점이다. 김안국이 주목받게 된 데는 그의 탁월한 실력이 밑받침되었다. 1514년(중종 9)에 성균관 사유(師儒) 28인을 뽑는 데도 김안국은 첫 번째로 이름을 올리며 경학과 사장에 능통했음을 인정받았다.[25] 그가 문장에 정통했던 것은 중종 후반에 다시 기용되면서 승문원 제조가 되어 외교문서를 작성하는 주동자가 된 것에서도 확인된다. 또한 천문에 대해서도 일찍부터 배울 기회가 주어져서 충분히 익혀 천문을 제대로 아

하여 죽은 부모를 섬겼다. 출입할 때는 반드시 고했고 초하루와 보름에는 반드시 제(祭)를 올렸다. 그리고 조금이라도 의례(儀禮)대로 하지 못하면 온종일 즐거워하지 않았다. 또 정성스럽게 친족을 대우하여 모두에게 환심을 얻었다. 또 젊어서부터 문학(文學)에 힘써 마침내 서사(書史)에 널리 통했고, 또 정(程)·주(朱)의 학(學)을 사모했는데, 말곡(末谷) 김굉필(金宏弼)의 강론을 듣고는 개연히 구도(求道)의 뜻이 있었다. 그리고 천문(天文)과 지리(地理)에 이르러서도 섭렵하지 않은 것이 없었으며, 벼슬에 올라서는 밤낮으로 수고로움을 잊고 국사(國事)에 힘을 다했다. 경악(經幄, 경연)에 입시(入侍)하여 강론하면서 하루라도 빠뜨릴까 두려워했다."

24 『중종실록』, 5년 9월 24일(정축), "김수동 등이 아뢰기를, '대저 인재를 얻기 어려움은 예부터 그러합니다. […] 신 등이 매월 윤번으로 성균관에 가보니 교회(教誨)를 맡은 관원이 매우 적습니다. 사유(師儒)에 합당한 자를 많이 선택하여 임명하고 다른 관사로 옮기지 않는다면 자못 인재를 양성하는 효과가 있겠습니다. 내자시 부정(內資寺副正) 김안국은 경술(經術)이 기장(詞章)을 다 밑하니 국학(國學)에 임용할 만합니다.'", 5년 10월 12일(을미).

25 『중종실록』, 9년 12월 21일(기유).

는 전문가로 평가받았다.[26]

그런데도 그가 남긴 저술에서 성리학에 관한 그의 이해의 정도나 이론을 찾아보기는 쉽지 않다. 따라서 그의 사상은 철학이나 이론 방면보다는 성리학의 구체적인 실천 영역에서 찾아 이를 보충하는 편이 합리적이다. 다만 그가 추구한 학문의 방향이 성리학을 지향하는 것이었음은 분명하다. 사서오경이나 『성리대전』 등에 밝았다는 기록으로 보면 『주자대전』이 수입되기 이전의 단계에서 성리학에 깊은 관심을 가졌던 것이다. 그리고 1519년(중종 13)에 사은부사로 명에 다녀오면서 『주자대전(朱子大全)』과 『주자어류(朱子語類)』를 구해옴으로써 성리학 이해에 토대를 제공해주기도 했다.

김안국은 일관되게 성리학을 강조했는데, 드러난 것은 실천적인 방면으로 『주자가례』를 행하는 것이었다. '모재(慕齋)'라는 호 역시 그가 사당 곁에 소재(小齋)를 짓고 거처하거나 음식을 먹을 때에도 반드시 선친을 추모하여 지은 것이라고 하므로 가례의 실천과 연결되었다.[27]

셋째, 이천·여주 등지에서 보낸 20년에 가까운 은거생활이 미친 영향이다.[28] 기묘사화 이후 20년 동안은 당시로서도 매우 큰 사상적 변화가 있었다. 당시의 일반적 분위기에서는 기묘사화 이후 성리학과 일정하게 거리를 둔 경향이 나타났다. 일례로 명에서 수입되었던 서적도 법전이나 예서(禮書), 지도 같은 부류에 한정되었다.

기묘사화로 피화된 사림세력이나 이들을 지지했던 많은 이들은 이 당시 남한강 주변으로 모여들었다. 남한강은 지리적인 면에서나 교통의 편

---

26 『중종실록』, 19년 3월 10일(을해).
27 『모재집』 권15, 부록, 〈行狀〉.
28 이병휴, 「조선전기 소외관인의 은거생활: 김안국, 김정국의 경우」, 『역사교육론집』 31, 2003 참조.

의성 측면에서나 어느 쪽으로 보아도 당시에 중심이 될 수 있는 곳이었다. 김안국이 여주에 퇴거하여 머무르면서 주위에 비슷한 부류의 사람들이 모여들었다. 김굉필의 문하에서 수학했던 이장곤(李長坤)은 여주의 우만(祐灣)에 처소를 정하여 함께 어울렸다. 기묘사화 때에 조광조의 당인으로 지목되었던 신광한(申光漢) 역시 여주 원형리에 내려와 살면서 어울렸다.

더구나 범위를 남한강 끝인 충주까지 확대해보면 기묘사림과 관련된 많은 인사가 이 주변과 깊은 관련을 맺었음을 알 수 있다. 이자(李耔)·박상(朴祥)·김세필(金世弼)·이연경(李延慶)·이약빙(李若氷, 충주)·김구(金絿, 충주·예산), 김정(金淨, 보은) 등이 충주나 그 인근에 관련이 있는 인물이었다.[29] 특히 충주의 토성이었던 박상이 기묘사화 이후에 충주부사로 재직하면서 여러 가지로 지원을 아끼지 않음에 따라 그의 주변으로 김세필·이자·이연경 등이 모였다.[30] 이들의 학문적 공통 관심사는 이 당시『심경부주(心經附註)』를 중심으로 한 심학(心學), 나아가 양명학이었다.『심경부주』를 매개로 하여 당시 이곳에 모인 사람들은 심(心)의 본체 문제에 대해 깊이 토론했고, 김안국에게서 배운 허충길(許忠吉)을 통해서 이러한 경향은 기호사림들에게까지 전파되었다.[31]

김안국의 영향을 받은 학자들은 적지 않았으며, 특히 추만(秋巒) 정지운(鄭之雲, 1509~1561), 하서(河西) 김인후(金麟厚, 1510~1560)나 미암(眉庵) 유희춘(柳希春, 1513~1577) 등이 주목되는 인물이다. 이 밖에도 문집의『사문록(師門錄)』등에는 허충길, 이여(李畬), 홍덕연(洪德演), 정종영(鄭宗榮) 등을 비롯한 48명의 문인이 등재되어 있어 그 영향력을 알 수 있다.

---

29 박홍갑,「중종조 충주사림의 진출과 활동: 기묘명현을 중심으로」,『사학연구』55·56, 1998, 412쪽; 이종묵,「기묘사림과 충주의 문사 朴祥」,『고전문학연구』33, 2008.
30 『연려실기술(燃藜室記述)』중종조 고사본말, 기묘당적-朴祥條.
31 정재훈(2005), 앞의 책, 197-198쪽.

3. 김안국의 사상

1) 교화사상

　성리학의 경세사상에서 교화(敎化)의 위상은 매우 중요하다. 성리학의 실천이라는 면에서 교화는 반드시 이루어져야 하는 것이었으며, 또 교화의 대상을 어떻게 보는지도 중요한 문제였다. 조선 초기에 국가의 틀을 만들던 15세기의 성리학과, 어느 정도 틀이 완성되면서 균열이 나타난 16세기의 성리학 사이에는 교화의 측면에서 보아도 구분되는 것이 적지 않다.

　이를테면 세종은 훈민정음을 창제함으로써 교화의 기초로서 도구를 마련하고자, 사서(四書)와 『삼강행실도』 등을 언해하여 간행하고자 했으나 이루지는 못했다. 또 조선 초의 교화는 국가가 중심이 되어 효와 충을 강조하는 경향이 있었다. 개인의 수신을 기반으로 하여 가족, 사회, 국가, 세계로 이어지는 선상에서 효와 충은 빠질 수 없는 중요한 요소였으며, 여기에 효를 기반으로 하여 국가적 충을 자연스럽게 이끌어내려는 의도도 포함되어 있었다. 조선 초기에 『효경』이 주목받거나 『효행록』이 보급되고 『삼강행실도』가 편찬되었으며[32] 명으로부터 전래된 칙찬권계서(勅撰勸戒書) 등이 유행한 것 역시 이러한 경향을 보여준다.[33]

　이런 가운데 김안국은 기묘사화(1519) 이전인 16세기 초반에 경상감사와 전라감사를 거치면서 교화에 힘쓴다. 특히 김안국은 경상감사로서 첫

32　김훈식, 「朝鮮前期 倫理書 보급의 변화」, 『코기토』 81, 2017 참조.
33　文喆永, 「朝鮮初期의 新儒學 수용과 그 性格」, 『韓國學報』 36, 1984.

째, 사림 30여 인을 천거하여 현량과 실시의 기반을 마련했다. 둘째, 『소학』을 보급하기 위해 도내를 순력하면서 향교에 권학을 할 때 『소학』 공부를 권면하여 '권소학시(勸小學詩)' 한 편씩을 써서 강당에 걸게 한 60여 수의 시편이 있다.[34] 이를 통해 일상생활 속에서 자연스럽게 성리학적 실천을 유도하려던 노력을 살필 수 있다. 셋째, 언해사업을 추진하여 11종의 책을 펴냈다. 이에 해당하는 책이 『정속언해(正俗諺解)』, 『이륜행실도(二倫行實圖)』, 『삼강행실도(三綱行實圖)』, 『여씨향약(呂氏鄉約)』, 『농서(農書)』, 『동몽수지(童蒙須知)』, 『잠서(蠶書)』, 『창진방(瘡疹方)』, 『벽온방(辟瘟方)』 등 교화서와 실용서이다.[35]

---

[34] 趙英麟, 「金安國의 '勸小學詩'에 나타난 敎育觀 硏究」, 『한자한문교육』 34, 2014 참조.

[35] 『중종실록』, 13년 4월 1일(기사), "동지중추부사(同知中樞府事) 김안국이 아뢰기를, '신이 경상도관찰사가 되었을 때 그 도의 인심과 풍속을 보니 퇴폐하기가 형언할 수 없었습니다. 지금 성상께서 풍속을 변화시킴에 뜻을 두시므로, 신이 그 지극하신 의도를 본받아 완악한 풍속을 변혁하고자 하는데, 가만히 그 방법을 생각해보니 옛사람의 책 중에서 풍속을 바로잡을 수 있는 것을 택하여 거기에 언해(諺解)를 붙여 도내에 반포하여 가르치게 하는 것이었습니다. 신이 이 책들을 수찬하기로 마음먹고 있으나 사무가 번다하여 미처 자세히 살피지 못했으므로 착오가 필시 많을 것으로 봅니다. 지금 별도로 찬집청(撰集廳)을 설치하여 문적(文籍)을 인출하고 있으니, 이 책들을 다시 교정하여 팔도에 반포하게 하면 풍화(風化)를 고취함에 조금이나마 도움이 있을 것입니다. 『여씨향약』이나 『정속(正俗)』 같은 책은 곧 풍속을 순후하게 하는 책입니다. 『여씨향약』이 비록 『성리대전(性理大全)』에 실려 있으나 주해가 없어 우리나라 사람들이 쉽게 이해하지 못합니다. 그러므로 신이 곧 그 언해를 상세하게 만들어 사람마다 보는 즉시 이해하게 하고, 『정속』 역시 언자(諺字)로 번역했습니다. 『농서』와 『잠서』 등도 의식(衣食)에 대한 좋은 자료이기 때문에 세종조(世宗朝)에 이어 이어(俚語)로 번역하고 팔도에서 개간(開刊)했습니다. 지금 역시 농업을 힘쓰는 일에 뜻을 두기 때문에 신 또한 언해를 붙이게 되었고 『이륜행실』은 신이 전에 승지(承旨)로 있을 때 개간을 청했습니다. 삼강(三綱)이 중요함은 비록 어리석은 사람들도 모두 알거니와, 붕우형제(朋友兄弟)의 윤리에 대해서는 보통 사람은 알지 못하는 이가 있기 때문에 신이 『삼강행실도』에 의하여 유별로 뽑아 엮어서 개간했습니다. 『벽온방』 같은 것은, 온역직(瘟疫疹)은 전염되기 쉽고 사람이 많이들 그로 인해 죽기 때문에 세종조에서는 생명을 중히 여기고 아끼는 뜻에서 이를 이어로 번역하여 경향에 인포(印布)했는데, 지금은 희귀해졌기로 신이 또한 언해를 붙여 개간했습니다. 『창진방』에 대해서는, 이미 번역하여 개간했으나 경향에 반포하지 않았으므로 요

김안국이 관심을 가지고 간행한 교화서가 모두 같은 성격을 지닌 것은 아니었다. 주지하다시피 『삼강행실도』는 이미 조선 초기부터 강조된 책으로서 가족 내의 윤리인 효(孝)와 열(烈), 그리고 국가윤리인 충(忠)을 중심으로 기본적으로 수직적인 인간관계를 기반으로 한 윤리를 강조하는 경향이 강했다. 그에 비해 김안국은 결송(決訟)을 엄하게 하는 것보다 백성의 교화를 강조했다. 간행 서적 가운데 『정속언해』, 『이륜행실도』, 『여씨향약』 등이 김안국의 이러한 경향을 보여주는 사례이다.

『정속언해』는 『정속(正俗)』을 언해한 책으로서, 원나라의 왕지화(王至和)가 1345년에 지방관으로 있으면서 백성들의 교화를 위해 펴냈는데 교화에 관한 내용을 인정받아 이미 1517년(중종 12) 한 차례 인쇄되어 반포되었다.[36] 『정속』은 18개의 항목으로 구성되어 있는데, 구체적인 항목은 부모에게 효도[孝父母], 형제의 우애[友兄弟], 가정을 화합함[和室家], 자손을 가르침[訓子孫], 종족과 화목함[睦宗族], 친족과의 정의를 두터이 함[厚親誼], 인근을 구휼함[恤鄰里], 교우를 신중히 함[愼交友], 간복을 대우함[待幹僕], 상제를 삼감[謹喪制], 분묘를 엄중히 함[重墳墓], 음사를 멀리함[遠淫祀], 본업에 힘씀[務本業], 전조를 거둠[收田租], 검박함을 숭상함[崇儉朴], 분노를 징치함[懲忿怒], 굶주림과 구황에 진휼함[賑飢荒], 음덕을 쌓음[積陰德] 등이다.

『정속』의 내용에는 가족이나 친족 내 문제에 대해 구체적으로 바람직

절하는 사람들이 대부분 이 병으로 죽기 때문에 신이 경상도로 갈 적에 이를 싸 가서 본 도에서 간행하여 반포했습니다. 바라건대 구급에 간편한 비방을 널리 반포하던 성종조의 전례를 따라 많이 개간하여 널리 반포하소서' 하니, 전교하기를, '경이 그 도에 있으면서 학교와 풍속을 변화시키는 일에 전심한다는 말을 듣고 가상히 여겼다. 또 아울러 이러한 책들을 엮어 가르친다고 하는데, 이 책은 모두 풍교(風敎)에 관계되는 것이라 찬집청에 보내 개간하여 널리 반포하게 하라' 했다."

36 『중종실록』, 12년 7월 26일(경자).

한 방향을 제시하는 데만 그치지 않고 가족과 친족을 넘어 향촌사회에서 부딪히는 문제에 대해서도 적극적으로 해결 방향을 제시했다는 특징이 있다. 이는 『여씨향약』이나 김안국의 건의로 만들어진 『이륜행실도』에 공통으로 나타나는 지향과 깊은 연관이 있다.

김안국이 간행한 서적 가운데 기술서 혹은 실용서를 제외하면 교화서는 『이륜행실도』 등 5종인데, 『삼강행실도』를 다시 간행한 점을 고려하면 4종이 모두 김안국에 의해 언해된 책이었다. 중종은 김안국이 언해한 서적을 다시 간행하여 팔도에 반포하도록 명했다. 김안국에 의해 간행된 서적들은 전국으로 전파되었다. 1년 뒤에 충청도에서 향약 언해본을 읽었다는 기록이 확인될 정도로 그 영향은 전국으로 확대되었다.[37]

김안국이 지은 『이륜행실도』는 특히 그가 주목한 윤리의 방향이 어떠한지를 파악할 수 있는 핵심적인 서적이다. 조선 전기에 강조되고 유행한 『삼강행실도』에 대비되어 장유(長幼)와 붕우(朋友) 사이에 필요한 윤리를 적극적으로 제시한 것이 『이륜행실도』이다. 물론 이전에도 장유나 붕우 사이의 윤리를 언급하지 않은 것은 아니었다. 『효행록』에서도 형제의 윤리를 언급하고 있다. 그런데 『이륜행실도』에서 제시하는 장유나 붕우의 범위나 내용은 이전과는 달리 확대된 것이었다. 이에 대해서 『이륜행실도』의 서문에는 다음과 같이 나와 있다.

『서경』에서 말하기를, "사랑을 세우되 어버이부터 하시며, 공경을 세우되 어른부터 하시어, 집과 나라에서 시작하여 사해(四海)에서 마

---

37 『중종실록』, 13년 6월 19일(정해), "한충이 아뢰기를, '신이 보니 충청감사가 『여씨향약』을 간인(刊印)해서 그 지방의 헌소한 선비들을 가르치고 있습니다. […] 신이 시골에서 아이들이 읽는 『향약』을 보니 곧 김안국이 교정(校正)한 언해본이었습니다. 이것을 널리 인출하여 팔도에 반포하는 것이 좋겠습니다'라고 했다."

치소서"라고 했다. 증자가 말씀하시길, 군자는 학문으로 벗을 사귀고, 벗을 통하여 서로 인을 행하는 것을 돕는다고 했다. 대개 어른을 공경하는 것은 그 공손함을 넓히는 것이고, 벗을 사귀는 것은 그 덕을 돕는 것이다. 장차 한 나라의 사람들이 모두 공손하게 하여서 어른을 공경하도록 하면 풍속이 좋아지지 않겠는가. 모두 벗을 사귀어 그 덕을 돕도록 하면 착한 사람이 많아지지 않겠는가.[38]

이처럼 장유유서와 붕우유신이 가족과 친족을 넘어 향촌사회에 필요한 윤리임을 지적하고 있다. 특히 장유유서의 경우에도 가족 내 형제윤리로 인식한 것에서 나아가 종족과 향당(鄕黨)에도 윗사람이 있고 그에게 공경하는 것을 말하고 있어 조선 초 『효행록』이 가족 내에 국한되는 것과는 다르다. 이는 『소학』에서 장유유서를 해설하면서 "형제라고 하지 않고 장유라고 한 것은 대체로 종족과 향당에도 윗사람이 있기 때문이다. 장유는 비단 동기에만 한정되는 것은 아니다"[39]와 상통하는 내용이다.

이때 장유에서 언급하는 윗사람은 집안을 넘어서 향촌사회의 어른으로서 당시 유행했던 향약의 장유에서 언급되는 '나이가 많은 이'에 해당했다. 향약의 규정에 동류(同類)끼리 접할 적에 존자(尊者, 20세 이상), 장자(長者, 10세 이상), 적자(敵者, 위아래 10세 이내), 소자(少者, 10세 이하), 유자(幼者, 20세 이하)로 구분하여 유자, 소자가 존자와 장자에게 재배하고 앉는 것도 연치(年齒)대로 하는 것과 연결되었다. 다만 이때 조정의 관직에 있는 경우 연치대로 하지 않는다고 했다.[40]

---

38 『이륜행실도(二倫行實圖)』〈二倫行實圖序〉(姜渾).
39 『소학집주(小學集註)』, 「綱目」 <明長幼之序>.
40 『선조실록』, 7년 5월 24일(정유).

또한 붕우의 관계에서도 붕우가 학문을 매개로 하여 맺어진 관계라는 점이 강조되었다. 『이륜행실도』에서 붕우의 관계와 함께 사생(師生)의 관계를 수록한 것은 붕우관계가 단순한 벗 이상으로 학문, 곧 선생을 통해 맺어지는 인간관계라는 점을 주목했던 것이다. 조광조를 비롯한 사림들은, "사람이 학문하는 방법은 항상 사우(師友)와 함께 힘써 하고 성실히 하여 소홀함이 없는 뒤에야 그 학문이 날로 나아가게 될 것"[41]이라고 하여서 스승, 벗과 함께 학문하면서 붕우를 형성했던 것을 알 수 있다. 다만 장유유서의 윤리와 달리 붕우유신은 향촌의 재지 사족 내에서 한정적으로 적용된다는 점에서 더 계급적 성격을 띠고 있다고 할 수 있다. 학문을 매개로 한다는 점에서 붕우유신의 규범과 논리는 혈연, 혹은 가족을 넘어서는 사회적 인간관계를 제시했다는 점에서 의미를 지닌다.[42]

『이륜행실도』에서 구현된 장유와 붕우의 윤리는 기본적으로 『삼강행실도』에 비해 가족과 친족을 넘어서 향촌사회를 대상으로 수평적인 질서와 학문이라는 요소를 등장시킴으로써 새로운 질서를 구현할 가능성을 남겼다. 이러한 특징은 사실 기본적으로는 『소학』에서 제시한 틀에서 그리 벗어난 것이 아니다. 『정속언해』나 『여씨향약』에도 공통으로 반영된 것으로서 『소학』에서 제시한 논리에 포함되는 것이었다.

『소학』은 인륜 질서를 기초로 하여 성리학 실천을 담보할 수 있는 서적이어서 중종 대에 들어 기묘사림들에 의해 정책적으로 보급되었다. 그 전기를 마련한 이가 바로 김안국으로서 그는 『소학』의 실천에 관해 관학을 벗어나 지역과 나이, 신분의 제한까지 넘어서 일반화하자는 전지를

---

41 『중종실록』, 13년 1월 10일(경술).
42 김훈식(1985), 앞의 글, 57-60쪽 참조.

반포할 때 그것을 작성했다.[43] 이렇듯 김안국은 『소학』의 전파에 열성적이었다.

김안국의 아우인 김정국이 지은 『경민편(警民編)』 역시 향촌사회에서 일어나는 범죄에 대해 형벌보다는 교화를 위주로 해 스스로 범죄를 줄여나가는 데에 초점을 두고 있었다.[44] 이 역시 향촌사회에서 교화가 무엇보다 중요하다는 점을 자각시키고 도덕으로 문제를 해결하려는 관점으로서 『소학』의 이상이 구체적인 현실에서 실현될 수 있는 지점을 다양하게 제시한다.

김안국이 『소학』에 기반한 성리학의 실천을 다양한 방면으로 추구한 것은 마치 남송에서 주희의 재전(再傳) 제자인 진덕수(眞德秀)나 위료옹(魏了翁) 등에 의해 성리학이 적극적으로 지방사회의 현장에서 실천됨으로써 성리학의 사회적 토대가 크게 확대된 현상과 유사하다.[45] 기묘사화를 전후로 하여 중앙에서의 정치적 실천이 가로막힌 현실에서 지방사회를 중심으로 교화가 이루어지는 것은 사상의 영역에서만이 아니라 사회적 실천의 가능성을 높이게 된다는 점에서 의미 있는 일이었다.

2) 사회사상

조선에서 향약은 김안국에서부터 본격적으로 시행되었다. 향촌의 자치규약이라는 의미에서 '상규상조(相規相助)'하는 내용을 담은 규약은 고

---

43 『모재집』 권9, 〈下禮曹小學傳旨〉.
44 정호훈, 「16,7세기 『경민편(警民編)』 간행의 추이와 그 성격」, 『한국사상사학』 26, 2006 참조.
45 李範鶴, 「南宋 後期 理學의 普及과 官學化의 背景」, 『韓國學論叢』 17, 1994.

려의 사심관(事審官) 제도나 조선 초 태조가 직접 제정한 「향헌조목(鄕憲條目)」에서도 찾을 수 있다. 그러나 이후 미친 영향을 고려해볼 때 향촌의 규약으로서 향약이 갖는 의미가 적극적으로 실현된 것은 주자의 『여씨향약(呂氏鄕約)』이 조선에 도입된 후라고 할 수 있다.

바로 이러한 향약의 실천에 결정적인 역할을 한 이가 김안국이다. 1517년(중종 12) 경상도관찰사 김안국은 부임하자마자 『여씨향약』을 간행·반포하고, 이어서 『언해본여씨향약(諺解本呂氏鄕約)』을 단행본으로 간행·반포하여 향약을 전국으로 확대했다.[46]

그런데 경상도관찰사로서 향약 시행에 앞장선 김안국의 행동은 당시 조정의 정책 결정에 따라 이루어진 것이 아니었다. 김안국은 스스로 문제의식을 느껴서 퇴폐해진 인심과 풍속을 교정하여 변화시키려는 데에 뜻을 두고 이를 실행하고자 했다.

> 동지중추부사(同知中樞府事) 김안국이 아뢰기를, "신이 경상도관찰사가 되었을 때 그 도의 인심과 풍속을 보니 퇴폐하기가 형언할 수 없었습니다. 지금 성상께서 풍속을 변화시킴에 뜻을 두시므로, 신이 그 지극하신 의도를 본받아 완악한 풍속을 변혁하고자 하는데, 가만히 그 방법을 생각해보니 옛사람의 책 중에서 풍속을 바로잡을 수 있는 것을 택하여 거기에 언해를 붙여 도내에 반포하여 가르치게 하는 것이었습니다"라고 했다.[47]

---

[46] 『중종실록』, 12년 3월 15일(경인). 이 기사에서 예조가 평하기를, 김안국이 『소학』을 먼저 강독하게 한 다음 『여씨향약』을 간행하여 베포함으로써 시골 사람들에게 예의를 알게 했다고 한다.

[47] 『중종실록』, 13년 4월 1일(기사).

실록에 나와 있듯 김안국이 먼저 시작한 실천은 곧 조정의 안팎에서 상당한 공감과 동의를 얻게 되었다. 이에 조정에서 곧 논의를 거쳐 『소학』의 간행과 전국적인 배포를 요청하였고 곧 그대로 실현되었다. 경상도에서 효과를 거두자 함양 선비인 김인범(金仁範)이 향약 보급에 대한 상소를 올렸는데,[48] 그에 대해 예조는 『소학』이 이미 널리 반포된 상황이고, 이 책에 『여씨향약』이 포함되어 있어 따로 인쇄할 필요가 없으므로 의정부의 의견대로 『소학』을 간행하는 것을 요청하여 그대로 결정되었다.[49]

　이에 따라 점차 서울과 다른 도에서도 이를 모방하여 시행하는 경우가 있었다.[50] 가깝게는 충청도에서 김안국이 펴낸 『여씨향약언해』가 2개월 뒤에 전파되어 교화에 활용되었다. 실록에는 홍문관 응교 한충의 말이 다음과 같이 기록되어 있다.

　신이 보니 충청감사(忠淸監司)가 『여씨향약』을 간인(刊印)해서 그 지방의 연소한 선비들을 가르치고 있습니다. 그래서 선비들이 모두 시비(是非)와 호오(好惡)가 무엇인지를 알고 있습니다. 보잘것없는 소민(小民)들도 모두 악한 짓을 하는 것이 좋지 않다는 것을 알아서 '아무개는 부모에게 불효한다', '아무개는 그 형에게 공손하지 않다' 하면서 배척하여 동류에 끼워주기를 싫어합니다. 신이 고로(古老)에게 물으니 "예전에는 조정에서 '금방 선도(善道)를 흥기시킨다'고 말한 경우에도 그 효과를 본 일이 없었는데, 지금에 와서야 조정에서 한 일을 알 수 있

48　『중종실록』, 12년 6월 30일(갑술).
49　『중종실록』, 12년 7월 26일(경자).
50　『중종실록』, 14년 5월 19일(신해).

다"라고 했습니다.

　감사가 또 한 고을에서 추앙받는 노숙(老宿)을 뽑아 도약정(都約正)·부약정(副約正)으로 삼고 그 고을을 교화하게 하고 있는데, 풍속을 선도하고 백성을 바로잡는 데는 이보다 더 좋은 법이 없습니다. 신이 시골에서 아이들이 읽는 『향약』을 보니 곧 김안국이 교정(校正)한 언해본이었습니다. 이것을 널리 인출하여 팔도에 반포하는 것이 가합니다.[51]

　이에 따르면 충청도에 이미 김안국의 『여씨향약언해』가 전파되어 시골에서도 구해 읽을 수 있었으며, 실제로 효과도 거두고 있음을 확인할 수 있다. 경연에서도 충청도 온양에서 향약이 잘 시행되고 있다는 논의가 있었던 것을 보면 충청도에서 향약이 전반적으로 실천되고 있었음을 짐작하게 한다.[52]

　그러나 향약의 시행에 대해서 민들은 국가의 정책이라기보다는 이에 관심이 있는 지방관의 개별적인 정책으로 이해했다. 그래서 감사와 같이 일정한 재임 기간이 지나서 관리가 체직되면 사라질 정책으로 보기도 했다.[53] 이러한 인식은 향약이 처음부터 국가가 나서서 일관되게 시행된 것이 아니라는 점을 확인해준다.[54] 이렇듯 향약의 시행에서 김안국의 역할이 큰 의미가 있다고 할 수 있다. 중종 역시 김안국이 강조한 여씨향약이 교화에 큰 도움이 되기에 그 시행에 동의한 것이다.

51　『중종실록』, 14년 5월 19일(신해).
52　『중종실록』, 13년 9월 5일(임인).
53　『중종실록』, 13년 9월 14일(신해).
54　경연에서 향약의 시행에 대해 논의되기 중종은 향약이 시행시 조정에서 공문을 보내 행했는지 아니면 각 지방에서 스스로 행했는지 조사하라고 지시하기도 했다. 『중종실록』, 13년 9월 14일(신해).

김안국이 향약 시행에서 주체가 된 것은 무엇 때문일까? 단지 김안국 개인의 의견이었는지 아니면 당시 이에 공감하는 이들의 의견이 반영된 것이었는지 살펴볼 필요가 있다. 김안국이 향약 시행의 선도적인 주체가 되었던 데는 그의 향촌 대책이 중앙에서의 개혁과 연장선상에서 이루어진 점을 고려해야만 한다.

김안국은 김굉필이 서울에 있을 때 동문수학했던 김정국(金正國), 이장곤(李長坤), 성세창(成世昌), 정응상(鄭應祥), 최충성(崔忠成) 등과 자신이 성균관 사성으로 재직할 때 유생들인 조광조, 한충(韓忠), 김구(金絿), 윤자임(尹自任), 김식(金湜) 등과 함께 의견을 나누던 사이였다. 또 충청도관찰사 이세응(李世應)이나 강원도관찰사 김굉(金硡)과도 뜻을 함께하던 사이였다. 향약의 약정으로 활동했던 최숙생(崔淑生)이나 이연경(李延慶) 역시 향약의 중요성을 직접 체험하여 강조했던 인물이다.[55] 나아가 향약을 적극적으로 추진했던 한충, 김정, 조광조, 기준 등도 김안국과 밀접한 연관이 있는 인물이다.

그렇다면 실제 향약의 내용에서 강조된 것은 무엇일까? 전라도에서 시행되었던 향약의 폐단을 논한 다음 기사에서 확인해보자.

정언(正言) 조진(趙珍)은 아뢰기를, "근일의 일이 기구(崎嶇)하고 궤이(詭異)했으므로 인심이 올바르지 못합니다. 처음 벼슬하는 사람[入仕者]으로서 품계도 없는 사람이 갑자기 6품에 이를 경우에도 이에 대해 '사람은 모두 요(堯)·순(舜)이 될 수 있다'라고 합니다. 그러므로 배우는 사람들은 명분만 숭상할 뿐 학문도 않고 제술(製述)도 않으면서 '나는 『소학』의 도를 행할 수 있다'라고 하지만, 근본(根本)을 모르기 때문에 학

---

55 이상 향약 시행과 관련된 인물들에 대한 분석은 尹仁淑(2013), 앞의 글, 25-32쪽.

교의 정사가 이로부터 폐하여졌습니다. 향약에 대하여는, 김안국이 전라도감사로 있으면서 수시로 선적(善籍)과 악적(惡籍)을 상고하여 만약 선적에 실려 있으면 비록 천한 노비라 할지라도 반드시 수령에게 압력을 가하여 그 노비에게 선물을 보내게 하므로 수령이 지탱할 수 없을 지경입니다. 또 향약에 관계된 일이면 반드시 형신(刑訊)까지 하므로 인심이 어그러졌으니, 만약 김안국을 속히 체직시켜 오게 하지 않으면 화(禍)가 반드시 닥칠 것입니다. 또 예에는 존비(尊卑)·상하(上下)의 구분이 있는데, 그 연치(年齒)만 헤아려 천례(賤隷)가 도리어 위에 거하게 하므로 아랫사람이 윗사람을 무시하고 천한 자가 귀한 자를 무시하는 폐단이 생겼습니다. 이른바 향약이라는 것은 무상(無狀)한 무리를 모으는 것이니 마땅히 금해야 합니다"라고 했다.[56]

김안국이 전라감사로 있으면서 비록 노비라도 선한 일을 한 이들에게 선물을 보내게 하거나 존비나 상하를 고려하지 않은 채 나이를 기준으로 강조하고 있음을 비판한 내용이다. 이는 주자의 향약 규정 가운데 예속상교에서 윗사람을 나이에 따라 대우한다는 점을 그대로 준수한 것이었다. 향촌사회 내 공동체에서 이러한 행위는 매우 파격적인 것으로 받아들여졌음을 확인할 수 있다. 다만 이러한 비판 역시 기묘사화 이후에 달라진 분위기에서 제기된 것을 고려하면 향약에 대한 비판 역시 기묘사림의 개혁이 좌절된 것과 연동되었던 것을 알 수 있다.

---

[56] 『중종실록』, 15년 1월 4일(계사).

4. 맺음말

　이상에서 김안국의 학문과 사상에 대해 살펴보았다. 16세기 전반은 조선왕조에서 새로운 변화가 싹트는 시기였다. 이른바 훈구와 사림의 대립인 사화가 본격화되어 조선 전기의 질서에 균열이 일어나는 동시에 새로운 질서를 모색하려는 움직임이 본격화되는 시기였다. 흔히 사림세력의 등장으로 설명되는 이 시기에 김안국은 변화의 한가운데에 위치했다.

　김굉필에게 학문을 배우고 조광조와 함께 기묘사림으로 분류되는 김안국은 기묘사화로 꺾인 성리학풍을 보존하고 더욱 확대하는 데에 나름의 역할을 했다. 조광조가 여러 방면으로 개혁을 시도했으나 이는 대체로 정치적인 개혁에 치중된 것으로 기묘사화로 인해 좌절되었다. 김안국 역시 기묘사화의 여파로 인해 관직에서 물러나 20년 가까이 은거생활을 이어갔다.

　김안국은 기묘사화 이전에는 주로 성리학의 사회적 실천 방면에 주력했다. 경상도와 전라도의 관찰사를 역임하면서 각종 교화서를 간행했고, 특히 언해에 관심을 가져 백성들이 성리학 사상에 쉽게 접근할 수 있게 만들었다. 『정속언해』, 『이륜행실도』, 『여씨향약』 등이 이에 해당하는 서적이다.

　그 가운데서도 『이륜행실도』는 김안국이 직접 편찬을 건의한 도서로서 가족과 친족을 넘어 장유유서와 붕우유신의 윤리가 향촌사회에 필요한 윤리로 인식되는 계기를 마련했다. 특히 붕우 사이의 관계는 학문을 매개로 스승과 연결되는 것을 지향하면서 혈연과 지역을 넘어서는 인간관계까지 지향할 가능성을 열었다.

　『여씨향약언해』는 시골까지 전파되었고, 경상도에서 시행된 지 2년 만에 서울을 비롯해 전국으로 확대 시행되었다. 향약의 본격적 시행이 김안국에 의해 추진되었던 것이다. 향약의 전국적 시행은 국가에 의해 정책적으로 시행되기보다는 김안국을 중심으로 한 기묘사림과 그에 동조한 인물들에 의해 추진되었다. 이는 당시 역사적 실체로서 등장했던 사대부의 자기정체성 확립과 연관이 있었다. 노비에게까지 나이에 따른 기준을 적용하여 상하, 존비를 넘어 향촌공동체에서 역할을 하게 만든 것은 당시로서는 파격으로 받아들여질 만큼 혁신적인 내용이었다.

김안국은 비단 교화나 사회사상의 측면만이 아니라 성균관 사성 등으로 있으면서 많은 제자에게 영향을 미쳤다. 정지운·김인후·유희춘은 그 가운데 매우 뛰어났던 인물로서, 특히 정지운의 『천명도설』을 볼 때 김안국이 철학 방면에도 조예가 깊었음을 짐작하게 한다. 김안국은 박학하고 문장에 힘을 기울여 외교문서까지 도맡을 정도였고 천문과 지리에도 통달했다. 그의 사상적 성취는 사상의 내용보다는 사상을 실천할 수 있는 토대를 마련하는 것에 치중되었다.

김안국은 역사적 실체로 등장하기 시작한 사대부, 혹은 사족들이 향촌에서 실천할 수 있는 향약과 향촌의 질서를 구체적으로 제시함으로써 성리학 사상이 전개될 근거를 마련했다. 이러한 그의 역할로 인해 이언적이나 이황, 김인후 등에 의해 성리학의 이론적 탐구가 깊어질 수 있었다. 또한 이황이 향약의 전파와 서원 건립 운동을 통해 향촌사회에서 사대부의 역할을 제시한 것에 김안국이 선구를 이루었다고 평가할 수 있겠다.

김안국의 서적 편찬과 출판 활동

옥영정

1. 머리말

　한국의 고인쇄문화사에서 16세기 중종(재위 1506~1544)조는 15세기 세종·세조와 17세기 숙종, 18세기 정조 시기와 더불어 큰 의미를 갖는다. 간행된 서적의 수량이나 종수가 많고 교화서 등 특정 주제의 책들이 눈에 띄게 증가하는 양상을 보이기도 한다. 그동안 조선시대 왕조별 서적의 편찬에 대한 연구가 여러 차례 진행되었지만 주도적으로 참여하여 간행을 이끌었던 관료에 대한 탐구는 매우 제한적이었다. 이를 살펴보는 것은 서적 편찬이 역사적 시간의 연속성 안에 놓여 있는 것이기에 그만의 단독적인 특징을 도출하는 것이 다소 어려움이 있지만, 그 당시 조정을 이끌어갔던 국왕과 그 아래서 정치이념을 펼쳐갔던 관료들, 그 관료들 간의 사상적 대립, 또는 그 시대의 사회경제적인 모습을 개괄적으로 살펴보는 데 있어 또 하나의 접근 방식이 된다.
　김안국(金安國, 1478~1543)이 활동했던 중종조의 서적 편찬과 관련해서는 중종조를 연구하는 과정에서 조광조를 위시한 기묘사림의 사상과 철학에 집중했던 연구, 또는 사림의 백성 지배방식 및 이념에 집중하여『소학(小學)』,『정속편(正俗編)』등 개별 책을 분석했던 연구자들의 몇몇 논저가 있다. 또한 서지학계에서는 조선 전기의 교화서 판본 연구의 일환으로 김안국의 행실도류와『정속편』등을 정리 및 소개했다. 이들 연구로 인해 그의 편찬서, 저술 및 단편 들이 드러나기는 했지만 김안국 개인의 서적 간행 활동을 중점적으로 다룬 연구는 이루어지지 않았다. 그의 서적 간행 활동이 중종 대를 관통하고 있으면서 그 시기 간행물의 상당 부분을 차지하고 있음에도 불구하고 제대로 조명하여 살펴보지 않았던 것이다.
　따라서 이 글에서는 김안국의 서적 편찬이 전체적인 맥락을 살펴보는 의미에서 우선 그가 관여하여 간행한 서적의 규모와 주제를 파악하고자 한다. 그리하면 특별히 교화서와 더불어 성리서 간행에서 그가 이루었던 몇 가지 사례를 바탕으로 특징적 면모를 찾아볼 수 있을 것이다. 또한 의학서, 농서 등 성리서가 아닌 책이라 하더라도 시기별로 이루어진 그의 서적 간행 활동과 관련지을 수 있다면 함께 다루고자 한다. 좀 더 깊이 있는 연구의 진전을 이루기 위해서는 그의 아우 김정국이 편찬했다고 알려진 『성리대전서절요(性理大全書節要)』와의 관계와 유희춘과의 교류도 살펴보아야 하지만 이는 추후에 다루고자 한다. 이 글에서 유희춘의 서적 간행 활동을 정리, 분석함으로써 중종조 인쇄문화의 특징을 도출해낼 수 있다면 좋은 성과가 될 것이라 생각한다.

2. 16세기 전기 유교서 간행과 김안국의 활동

〈표 1〉은 김안국의 주요 활동시기인 16세기 전기 유교서의 간행 상황을 정리한 것이다. 실록과 『한국서지연표』(1976) 및 기타 각종 기록물에서 조선 전기 유학서의 간행과 관련한 기사를 선별하여 발췌한 결과이다. 김안국은 주요 활동 시기가 중종의 재위기간 38년에 거의 포함되기 때문에 중종 대를 대표하는 출판인이라 해도 과언이 아니다.

표에서 보는 바와 같이, 16세기 전기의 유교서 및 교화서 간행 관련 사항을 살펴보면 김안국의 서적 간행 활동과 관련하여 몇 가지 주목되는 사항을 확인할 수 있다. 먼저, 각종 행실도 관련 도서를 포함하는 교화서와 『소학』의 간행이 두드러지고, 이와 병행하여 서적의 한글 번역이 빈번하게 이루어졌다. 1542년에는 명나라로부터 15종 이상의 유학서를 비롯한 여러 도서를 대거 수입했고 그중 일부는 조선에서 다시 간행했다. 그리고 1514년 성균관의 존경각(尊經閣) 화재 사건으로 인해 유학서를 새롭게 간행했다는 점도 주목된다.

중종 대는 행실도류 관련 도서의 간행과 유포가 매우 빈번했다. 1511년(중종 6) 『삼강행실도』를 대량으로 인쇄하여 배포하는 것을 시작으로, 같은 해 10월 20일 『삼강행실도』 2,940질을 목판본으로 간행하여 전국에 유포했다. 효자와 열녀 중에서 당시까지 수록되지 못한 사항들을 찬집하고 판화(版畵)와 시찬(詩贊)을 붙여 간행했다. 그리고 1512년 속삼강행실 편집국을 속히 설치했고, 1514년 4월 당시까지 인쇄된 『삼강행실도』의 자체(字體)가 작아 대자본(大字本)을 써서 다시금 인출하게 했다. 같은 해 6월 신용개(申用漑)가 『속삼강행실도』를 새로 만들어 임금에게 올렸다는 기록을 확인할 수 있으며, 1515년 5월에도 『삼강행실도』를 널리 반시(頒

표 1 | 16세기 전기(중종 대) 유학서 및 교화서의 간행 및 유포

	시기	내용	비고
1	1508년(중종 3) 6월 11일	『대학(大學)』, 『중용직해(中庸直解)』를 널리 인쇄·반포하도록 함	
2	1508년 10월 24일	관학유생(館學儒生) 중 우등자(優等者)에게 『예기(禮記)』를 내림	
3	1509년(중종 4) 12월 13일	평안도관찰사가 교서관소장의 통감(通鑑), 사서(四書), 오경(五經)을 하송(下送)하여 유생에게 나누어 줄 것을 청함	
4	1511년(중종 6) 5월 8일	경적(經籍)을 인출(印出)하여 중외(中外)에 광포(廣布)하도록 함	
5	1511년 8월 28일	『삼강행실도』를 많이 인쇄 반포하고, 국초이래(國初以來)의 효자, 열녀 중 수록하지 못한 자를 선집하여 도사(圖寫)하고 시찬(詩贊)을 붙여 간행하도록 함	
6	1511년 10월 20일	『삼강행실도』 2,940질을 인쇄·반포하도록 함	*『삼강행실』의 대량 간행, 3,000여 부 목판인쇄
7	1512년(중종 7) 윤5월 16일	오례의주(五禮儀註)를 인출하여 중외(中外)에 광포하도록 함	
8	1512년 10월 8일	속삼강행실찬집청(續三綱行實撰集廳)을 속히 설치하도록 함	
9	1514년(중종 9) 4월 2일	조종조(祖宗朝) 소인(所印)의 『삼강행실도』 자체(字體)가 몹시 작으므로 대자(大字)를 써서 다시 금 인출하도록 함	
10	1514년 6월 27일	신용개(申用漑) 『속삼강행실(續三綱行實)』을 찬진(撰進)함	
11	1514년 12월 2일	성균관 존경각이 실화(失火)하여 소장 서책이 모두 불에탐. 대성전(大成殿)에서 안신제(安神祭)를 행하고 또 속히 신각(新閣)을 구축하여 사서(四書), 오경(五經), 『성리대전(性理大全)』을 인쇄하여 수장하고 강목(綱目), 역대사(歷代史), 제자백가(諸子百家) 및 기타 잡서는 문무루(文武樓)에서 옮겨 보관하고, 나머지 모자라는 것은 명나라에서 구입하여 수장하도록 함	
12	1515년(중종 10) 5월 21일	『삼강행실도』를 널리 나누어 내리도록 함	6월 1일 공신옹주(恭愼翁主)의 사적(事蹟)을 삼강행실에 추기(追記)하도록 함
13	1515년	『대학연의보(大學衍義補)』 41책 간행	보물 제896-7호
14	1517년(중종 12) 6월 27일	『소학』을 언역(諺譯)하여 중외에 인쇄·반포함	
15	1518년(중종 13) 4월 1일	김안국이 언해한 『여씨향약(呂氏鄕約)』, 『정속(正俗)』, 이륜행실(二倫行實), 농서(農書), 잠서(蠶書), 『벽온방(辟瘟方)』, 『창진반(瘡疹方)』 등의 책을 팔도에 인쇄·반포할 것을 청함	찬집청에 내려 시행하도록 함

	시기	내용	비고
16	1518년 7월 2일	『소학』 1,300건을 인쇄하여 조정관료와 종친에게 내림	*『소학』 대량 간행, 1,300건의 목판인쇄
	1518년 11월 25일	김안국이 바친 『논맹혹문(論孟或問)』 등 여러 서적을 인출하도록 명함	
17	1518년	『이륜행실도(二倫行實圖)』 목판 간행	경상도 김천 간행
18	1528년(중종 23) 12월 27일	성종 초년 및 폐조당대(廢朝當代, 연산군시기)의 충신, 효자, 열부의 사적(事蹟)을 『속삼강행실』의 사례에 따라 별도로 1책으로 하여 서계(書啓)시킴	
19	1529년(중종 24) 7월 3일	『천자(千字)』, 『유합(類合)』, 『현토소학(懸吐小學)』 다수 인출하여 각 20건을 내부에 들이도록 함	나머지는 문무루에 소장하도록 함
20	1533년(중종 28) 9월	『춘추좌전상절구해(春秋左傳詳節句解)』를 반사(頒賜)함	
21	1537년(중종 32) 12월 15일	최세진(崔世珍)이 『운회옥편(韻會玉篇)』, 『소학편몽(小學便蒙)』을 찬진하여 간행을 청함	
22	1538년(중종 33) 7월 7일	김안국이 선집한 『이륜행실도(二倫行實圖)』를 인쇄·반포하도록 함	1518년 4월 1일과 연결
23	1539년(중종 34) 5월 17일	최세진이 앞서 『언해효경(諺解孝經)』, 『소학(小學)』, 『훈몽자회(訓蒙字會)』, 『사성통해(四聲通解)』 등을 바치고, 이번에 또 『대유대주(大儒大奏議)』 2권, 『황극경세설(皇極經世說)』 12권을 올림	
24	1539년 8월 24일	『이륜행실도』를 백관(百官)에게 반사함	
25	1542년(중종 37) 4월 5일	사서삼경(四書三經)을 다수 인출하여 평안도, 황해도로 광포(廣布)하도록 함	
26	1542년 5월 7일	김안국, 명에서 구입해온 서책의 인행(印行)할 자를 초계(抄啓)함. 『춘추집전(春秋集解)』, 『대명율독법(大明律讀法)』, 『대명율직인(大明律直引)』, 『여씨독서기(呂氏讀書記)』, 『고문관건(古文關鍵)』, 『황극경세서설(皇極經世書說)』, 『역경집설(易經集說)』, 『지지재집(止齋集)』, 『상산집(象山集)』, 『적성론간록(赤城論諫錄)』, 『고문원(古文苑)』, 『초씨역림(焦氏易林)』, 『초씨역림(焦氏易林)』, 『두씨주해(杜詩註解)』, 『산해관지(山海關志)』, 『안씨가훈(顏氏家訓)』 등의 책임. 이에 따름	
27	1543년(중종 38) 4월	경주부(慶州府)에서 『춘추호씨전(春秋胡氏傳)』, 『서전(書傳)』, 『자경편(自警編)』을 백운동서원(白雲洞書院)으로 인송(印送)함	경주부(慶州府) 간행
28	1545년(명종 즉위년) 7월 21일	이언적(李彥迪)이 『소학언해(小學諺解)』 인반(印頒)을 청함	
29	1550년(명종 5) 2월 11일	소수서원(紹修書院)에 서적을 하사함. 사서오경(四書五經), 『성리대전(性理大全)』 등임	
30	1550년 8월	함께도 감영에서 『이륜행실도』가 재간행	함께도 감영 개간

賜)하도록 했다.

　1518년 김안국이 한글로 번역한『이륜행실도』를 비롯하여 의서(醫書), 농서(農書), 잠서(蠶書) 등의 책을 인쇄하여 전국에 배포하기를 청하자, 중종은 찬집청(撰集廳)에 명하여 이를 시행하게 했다. 또한 같은 해 경상도 김산(김천)에서『이륜행실도』를 목판본으로 간행한다. 1528년 성종 및 연산군 시대의 충신·효자·열녀의 사적(事蹟)을『속삼강행실』의 예에 따라 별도의 1책으로 서계(書啓)시킨다. 1538년 김안국이 찬집한『이륜행실도』를 인쇄하여 반포하게 했으며, 1539년 8월『이륜행실도』를 백관에게 반사했다는 기록이 있다. 1538년 판각한『이륜행실도』를 백관들에게 골고루 나누어 준 것으로 보인다.『이륜행실도』의 간행은 명종 대를 거쳐 조선 후기까지 이어지는데 1550년(명종 5) 8월에 황해도 감영에서『이륜행실』이 간행되기도 했고 조선 후기까지 약 12종 이상의 판본 계통이 드러난다.

　『소학』또한 행실도 못지않게 대량으로 인쇄한 책이다.『소학』의 다양한 유형 중에 김안국과 관련된 것은『소학집설』에 구결을 단『구결소학』이다.『이륜행실도』서두에 있는 정덕 무인년(正德戊寅年, 1518, 중종 13) 강혼(姜渾)이 쓴 서문에는 김안국의 편찬서에 대한 기록이 있다.

　공(公)도 능히 위로는 임금의 뜻을 본받아서, 정치를 시작하는 시초부터 부지런한 마음으로 이 책을 편집해서 간행하여, 고을과 마을에 떳떳한 윤리(倫理)를 부식(扶植)하는 것으로서 백성을 변화시키는 근본을 삼았다. 몸소 표준이 될 만한 스승과 제자를 통솔하여, 그 덕과 업적을 상고하는 한편, 효행과 정렬(貞烈)이 뛰어난 자를 뽑아서 위에 아뢰어 정문(旌門)을 내려 표창하게 했다. 또한 경주, 안동 등 다섯 고을에 정치에 관계되는 서적을 간행한 것이 모두 열한 종목이나 된다. 이

열한 종목을 여기에 열거하면, 『동몽수지(童蒙須知)』는 아이를 깨우치는 글이요, 『구결소학(口訣小學)』은 근본을 북돋아주는 글이며, 『삼강행실』과 『이륜행실』은 인륜을 밝히는 글이다. 『성리대전(性理大全)』은 정학(正學)을 높이는 것이며, 『언해정속(諺解正俗)』과 『언해여씨향약(諺解呂氏鄕約)』은 향속(鄕俗)을 바로잡는 것이며, 『언해농서(諺解農書)』와 『언해잠서(諺解蠶書)』는 본업(本業)을 도타이 하는 것이며, 『언해창진방(諺解瘡疹方)』과 『언해벽온방(諺解辟瘟方)』은 요찰(夭札)을 구(救)하는 것이다.[1]

즉 경주 안동 등 5읍에 서적을 간행하도록 했는데, 『동몽수지』, 『구결소학』, 『삼강행실』, 『이륜행실』, 『성리대전』, 『언해정속』, 『언해여씨향약』, 『언해농서』, 『언해잠서』, 『언해창진방』, 『언해벽온방』 등 모두 11종이나 되었다.

한편 1514년(중종 9) 12월 2일에 발생한 성균관 존경각 화재도 그의 서적 간행 활동에 영향을 주었을 가능성이 있다. 실화로 인한 화재로 존경각에 소장되어 있던 모든 서책이 불타버리고 말았다. 성균관의 대성전(大成殿)에서 안신제(安神祭)를 올리고, 또 속히 새로운 건물을 구축하여 사서오경과 『성리대전』을 인쇄해서 소장하고, 『강목』, 역대의 각종 역대사(歷代史), 제자백가(諸子百家) 및 기타 도서는 문무루(文武樓)에서 이장(移藏)하고, 나머지 부족한 자료는 명에서 구입하여 소장하도록 했다.

편간된 책을 중심으로 구분해 본다면, 김안국의 생애에서 서적 간행 활동은 중앙관료 시기와 지방관찰사 시기로 대별된다. 시기별로 구분해 본다면 기묘사화가 일어났던 1519년 11월 이전과 이후로 나눌 수 있다.

1 　강혼(姜渾), 『이륜행실도(二倫行實圖)』, 「序文」.

기묘사화 이후 김안국은 19년 동안이나 조정에서 물러나 있었고, 1537년 (중종 32) 복귀했을 때는 교서관 제조(提調)를 맡으면서 다시 서적 간행을 건의했다. 이때 건의한 서적은 성리서를 포함해 과거 중국에서 수입한 책이었다. 그의 서적 간행 활동에서 가장 비중이 큰 것은 1518년 4월 자신이 편찬한 『여씨향약』의 주해본, 『농서』와 『잠서』의 언해본, 『정속편』, 『이륜행실도』, 『벽온방』의 언해본, 『창진방』 등 번역 개간한 책을 다시 간행할 것을 청한 것이다. 찬집청에서 다시 교정 개간하여 팔도에 반포하여 풍화를 고쳐시킬 것을 청했고, 임금이 허락했다.

3. 주요서적의 현전본과 서지적 검토

김안국의 서적 편찬과 간행에 관한 내용은 실록에서 1차로 확인할 수 있다. 풍속을 교화하고 의약에 관한 서적을 개간하여 널리 반포하기를 중종에게 건의한 것인데, 모두 7종의 서적이다. 모두 언해서로, 1518년(중종 13) 간행한『여씨향약언해(呂氏鄕約諺解)』,『정속언해(正俗諺解)』,『이륜행실도(二倫行實圖)』와『농서(農書)』,『잠서(蠶書)』,『벽온방(辟瘟方)』,『창진방(瘡疹方)』의 언해본이다. 이 중『여씨향약언해』,『정속언해』,『이륜행실도』만 실물자료가 확인되고 있다. 언해본 자료는 1542년(중종 37) 간행한『분문온역이해방(分門溫疫易解方)』까지 포함하면 모두 8종이나 된다. 이 언해서들과 관련된 실록의 기록은 다음과 같다.

동지중추부사 김안국이 아뢰기를, "신이 경상도관찰사가 되었을 때 그 도의 인심과 풍속을 보니 퇴폐하기 형언할 수 없었습니다. 지금 성상께서 풍속을 변화시킴에 뜻을 두시므로, 신이 그 지극하신 의도를 본받아 완악한 풍속을 변혁하고자 하는데, 가만히 그 방법을 생각해 보니 옛사람의 책 중에서 풍속을 바로잡을 수 있는 것을 택하여 거기에 언해를 붙여 도내에 반포하여 가르치게 하는 것이었습니다. 신이 이 책들의 수찬에 뜻을 두었으나 사무가 번다하여 미처 자세히 살피지 못했으므로 착오가 필시 많을 것입니다. 지금 별도로 찬집청(撰集廳)을 설치하여 문적(文籍)을 인출하고 있으니, 이 책들을 다시 교정하여 팔도에 반포하게 하면 풍화를 고취시킴에 조금이나마 도움이 될 것입니다.『여씨향약(呂氏鄕約)』이나『정속(正俗)』같은 책은 곧 풍속을 순후하게 하는 책입니다.『여씨향약』이 비록『성리대전(性理大全)』에 실려 있으나 주해가 없어 우리나라 사람들은 쉽게 이해하지 못합니다. 그러므로 신이 곧 그 언해를 상세하게 만들어 사람마다 보는 즉시 이해하게 하고, 『정속』도 언자(諺字)로 번역했습니다. 『농서』와 『잠서』 같은 것은 의식(衣食)에 관한 좋은 자료이기 때문에 세종조에 이어(俚語)로 번역하고 팔도에서 개간했습니다. 지금 또한 농업을 힘쓰는 일에 뜻을 두고 있으므로 신 또한 언해를 더했고 『이륜행실(二倫行實)』은 신이 전에 승지(承旨)였을 때 개간을 청했습니다. 삼강의 중요함은 비록 어리석은 사람들이라도 모두 알지만 붕우형제(朋友兄弟)의 윤리는 보통 사람들도 혹 알지 못하는 자가 있기 때문에 신이 『삼강행실도』에 따라 유별로 지어 간행했습니다. 『벽온방(辟瘟方)』 같은 것은, 온역질(瘟疫疾)은 전염되기 쉽고 사람이 많이들 그로 인해 죽기 때문에, 세종조에서는 생명을 중히 여기고 아끼는 뜻에서 이를 이어로 번역하여 중외에 인포(印布)했는데, 지금은 희귀해졌기로 신이 또한 언해를 더해 개간했습니다. 『창진방(瘡疹方)』에 이르러서는 이미 번역하여 개간했으나 중외에 반포하지 않았으므로 요절하는 사람들이 대부분 이 병으로 죽기 때문에 신이 경상도로 갈 때 이를 가지고 가서 본도에서 간행하여 반포했습니다. 원컨대 『구급간이방』을 널리 반포하던 성종조의 예에 따라 많이 인쇄하여 널리 반포하소서" 하니, 전교하기를, "경이 그 도에 있으면서 학교와 풍속을 변화시키는 일에 진심(盡心)한다는 말을 듣고 가상히 여겼다. 또 이러한 책들을 찬하여 가르치는데 이 책은 모두 풍교(風敎)와 관계되므로 찬집청에 내려 개간하여 널리 반포하게 하라."[2]

즉 김안국은 1517년(중종 12) 경상도관찰사로 있을 때 풍속을 바로잡기

---

[2] 『중종실록(中宗實錄)』, 13년 4월 1일(기사).

위한 방편으로 옛 책 중 선택하여 언해를 붙여 반포하여 가르치도록 했다. 11세기 중국 섬서성의 여씨 문중에서 만든 향약을 주자가 첨삭하고 주해를 달아 만든 책인 『여씨향약』과 왕일암의 저술로 왕지화가 14세기 중엽에 서문을 달아 간행한 『정속편』은 풍속을 순후하게 하는 책이다. 그러나 『여씨향약』은 주해가 없어 이해하기 힘들기 때문에 이 두 책을 모두 언해를 상세하게 하여 이해하기 쉽게 만들었다. 또 붕우와 형제의 윤리를 『삼강행실도』에 따라 엮은 『이륜행실도』에 언해를 달았다. 그리고 세종 대에 이어로 번역하고 팔도에서 간행한 『농서』와 『잠서』에 언해를 했으며 역시 세종 대에 이어로 번역하여 중외에 반포했으나 오랜 시간이 지나 희귀본이 되어 『벽온방』에 언해를 붙여 개간했다. 아울러 『창진방(瘡疹方)』을 이미 번역하여 개간했으나 반포되지 않아 경상도로 갈 때 가지고 가서 그곳에서 간행하여 반포했다. 이러한 언해 작업을 끝낸 서적들을 문적을 인출하기 위해 설립한 찬집청으로 하여금 교정하게 하여 팔도에 반포하기를 주청했다. 이에 중종은 풍교와 관계되는 책이므로 찬집청에 보내어 개간·반포하도록 하명했다. 언급된 서적의 주요한 내용과 몇 가지 연구과제를 살펴보면 다음과 같다.

1) 구결본

구결본으로 확인되는 기록은 앞서 살펴본 『이륜행실도』 서문에서 언급된 "구결소학"이다. 현재 전하는 책으로 『소학집설』에 한글과 한문 구결이 달린 책이 활자본과 목판본으로 남아 있다. 한글 구결이 있는 『소학집설』은 을해자본(乙亥字本)으로 권9~10만 남아 있는 1책이다. 변란(邊欄)은 사주단변(四周單邊)이고 반광(半匡)의 크기는 세로 21.9cm, 가로 14.7cm이

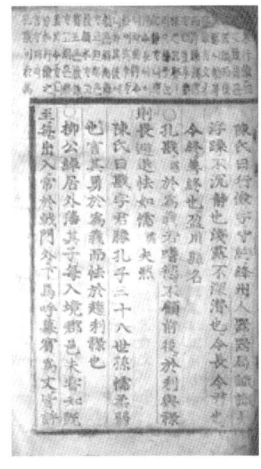 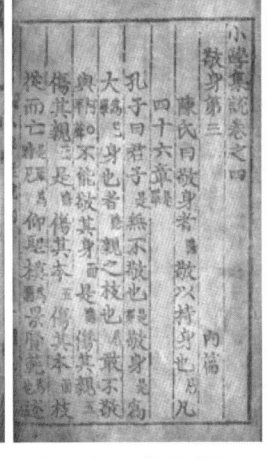 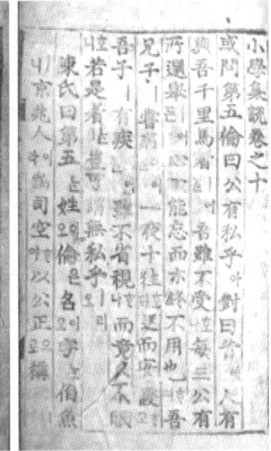

그림 1 | 난상(欄上) 구결본   그림 2 | 한문 구결본(목판본)   그림 3 | 한글 구결본(활자본)

며 행자수(行字數)는 9행 17자이다. 판심(版心)은 상하대흑구(上下大黑口)에 상하내향흑어미(上下內向黑魚尾)이며 판심제(版心題)는 '소학집설(小學集說)'이다. 본문에 한글 구결이 달려 있고 흑구(黑口)와 어미의 형태 등으로 판단해 보면 『이륜행실도』에서 언급한 구결소학이 이 책일 가능성이 높다. 이는 한문 구결이 붙어 있는 을해자 번각본과의 비교 검토도 필요하다.

2) 언해본

(1) 『이륜행실도』

『이륜행실도』는 『삼강행실도』 간행 이후 삼강(三綱)에 포함되지 않은 장유유서(長幼有序)와 붕우유신(朋友有信)의 이륜(二倫)을 권장하기 위하여

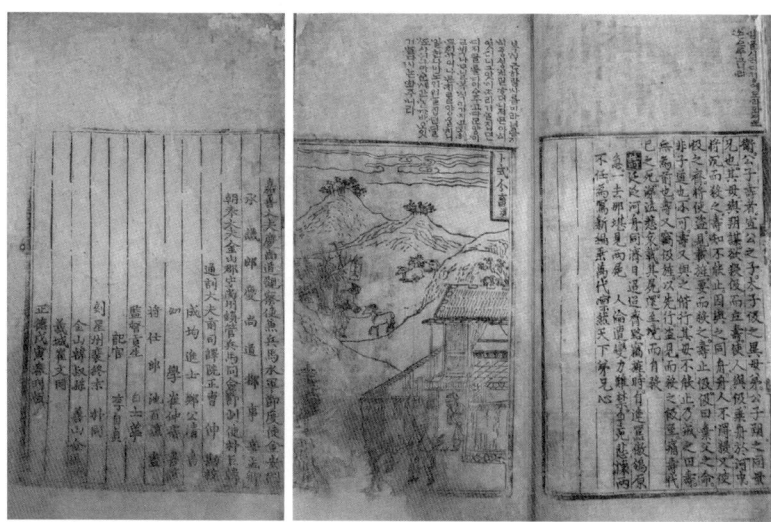

그림 4 | 『이륜행실도』 1518년 간본(옥산서원 소장)

편찬한 책이다. 행실이 뛰어난 인물 중 형제편에 25인, 종족편에 7인, 붕우편에 11인, 사생편에 5인 총 48인의 행적을 가려 뽑아 수록했다. 처음에 김안국의 상계로 편찬했지만 그가 1517년 경상감사로 부임하면서 조신(曺伸)에게 편찬을 부탁했고,[3] 이듬해인 1518년 경상도 김산군(金山郡,

---

3   姜渾, 「二倫行實圖序」, "처음 간행하고 지은 강혼의 서문에는 본조의 『삼강행실』이란 책은 중앙과 지방에 이미 널리 반포되어 사람마다 알고 있으며 충신, 효자, 열녀의 행실을 우러러보고 감격하고 권장하며 힘써 착한 마음을 일으키지 않은 사람이 없었다. 이제 경상도관찰사 김공 안국이 일찍이 정원에 있을 때 경연에 입시하여 임금께 청하기를 『이륜행실』을 지어 『삼강행실』에 첨부함으로 백성들의 보고 느끼는 자료를 구비하게 하소서'라고 했다. 이에 임금도 그 말이 옳다 하고 예조에 명하여 찬집국을 설치케 하고 『이륜행실』을 지어 올리도록 했다. 그러나 이러한 명령이 미처 이행되기 전에 공이 남쪽으로 나가게 되었다. 이에 부탁을 받은 전 사역원정 조신이 찬집에 대한 책임을 맡아서 역대의 여러 현인들의 장유, 붕우의 교제하고 한 사실에서 드빌필 만한 것을 약간 뽑아 힘써 누배는 종족도를 넣어고 붕우도에는 사생도를 붙였다. 그리고 그 사실을 글로 쓰고 그림으로 형용하며 시로 찬양하고 국문으로 번역했으니, 이것은 모두 『삼강행실』을 모

현 김천)에서 첫 판각이 이루어졌다. 현존본 중에는 1539년에 이언적(李彦迪)에게 반사한 옥산서원 소장본이 가장 이른 시기의 것으로 1518년 판각한 책판으로 인쇄했다. 초간본과 동일한 판본은 그 외에도 이화여자대학교도서관, 일본 내각문고, 존경각문고, 텐리대 도서관, 개인 소장 등으로 전하고 있으며, 조선 전기 간행시기를 추정할 수 있는 또 다른 판본으로 1579년(선조 12) 김성일(金誠一)에게 반사한 학봉종택 소장본, 같은 해 용궁현(예천)에 내린 북경대 소장본 등이 있다. 이후로 조선 후기까지 교서관과 각 지방 감영 등에서 지속적인 간행과 반사(頒賜)가 이루어졌다.

초간본인 옥산서원본의 마지막 장에는 김안국, 조신 등 간행 관련 인물이 표시되어 있다. 경상도관찰사 김안국부터 판각을 담당한 성주의 배종말(裵終末), 박동(朴同) 등에 이르기까지 참여 인물의 명단을 수록했다. 강혼의 서문에 "이것을 김산군에서 간행함에 있어서 나에게 서문을 쓰라 하기에 내가 이 책을 받아 읽었다(刊于金山郡 請余爲序 余受而讀之)"라는 기록이 있고 간행 참여 인물에 김산군수 박거린(朴巨鱗)이 기록되어 있으므로 김산군에서 간행되었음을 알 수 있다. 이는 곧 1518년 당시 초간본의 근거가 된다.

(2) 『정속언해』

『중종실록』 13년 4월 1일의 기록에 따르면, 『정속언해』는 김안국이 경상도관찰사로 재직하면서 『여씨향약』과 함께 직접 언해한 책이다. 경상도관찰사로 재직하면서 간행한 판본이 있고, 이후에 언해본을 교정하여 찬집청에서 다시 간행·반포해줄 것을 요청하여 간행한 판본이 있다. 초

방한 것이다."

표 2 | 16세기 전기(중종 대) 선산지역 발행 유학서 및 교화서

번호	서명	서명	판본	간행처	연도	비고
1	佔畢齋集	金宗直	木板本	善山府	1520	攷事撮要
2	孝經		木板本	(善山府)		攷事撮要
3	大學		木板本	(善山府)		攷事撮要
4	中庸		木板本	(善山府)		攷事撮要
5	中庸或問		木板本	(善山府)		攷事撮要
6	松都錄		木板本			攷事撮要
7	正俗諺解	金安國	木板本	(善山府)	중종-선조 전기	攷事撮要
8	三綱行實圖	설순	木板本	(善山府)	중종-선조 전기	攷事撮要
9	朱子增損呂氏鄕約諺解		木板本	(善山府)	중종-선조 전기	攷事撮要
10	新刊增註釋文皇帝內經素問		木板本	(善山府)		攷事撮要
11	增註太平惠民和劑局方	許洪(宋)	木板本	(善山府)	명종-선조 전기	攷事撮要
12	冶隱先生行錄		木板本	善山府	1573	崔應龍 跋文

간본으로 알려진 판본은 개인 소장본이며 서문이나 간기가 없이 본문만 남아 있다. 풍속을 바로잡으려는 목적에서 중국의 『정속편(正俗篇)』에 구결을 달고 언해를 붙여 간행한 책이다. 풍속교화를 바르게 하기 위한 것으로 이 책과 『여씨향약(呂氏鄕約)』, 『이륜행실도(二倫行實圖)』 등이 포함되었다.[4] 『여씨향약』과 함께 원전의 한문에 차자(借字)로 구결을 달고 한글로 언해하여 경상도의 한 고을에서 간행한 것으로 알려졌으며, 중앙에서 약간 수정하여 1519년 중간했다.[5] 16세기에 간행된 『고사촬요』 을해자본에는 경상도 선산 지역의 책판으로 『정속언해(正俗諺解)』를 수록하고 있다. 『삼강행실도』도 간기가 수록된 인본이 나타나지 않아서 책판이 어느

4　『중종실록』, 14년 1월 1일(기사).
5　安秉禧, 「中世語의 한글자료에 대한 綜合的 考察」, 『규장각』 3, 1978, 109-148쪽.

김안국의 서적 편찬과 출판 활동　55

시기에 해당하는지 확인하기 어렵지만 4종의 책이 모두 풍속교화를 목적으로 중종에서 선조 초기에 집중적으로 간행된 자료라는 점에서 대략 그 시기를 추정할 수 있다.

(3) 『여씨향약언해』

『여씨향약언해』는 『주자증손여씨향약』을 언해한 것을 말한다. 『주자증손여씨향약』은 11세기 중국 섬서성의 여씨 문중에서 만든 『여씨향약』을 남송 주희(朱熹)가 첨삭하고 주해를 달아 만든 책이다. 『여씨향약』의 저자는 여대림(呂大臨)과 여대균(呂大鈞)이 언급되는데, 여대림을 언급한 한글 언해본에는 "남뎐은 싸일홈이라 려시ᄂᆞ 녜 어딘 사ᄅᆞᆷ의 셩이니 일홈은 대림이라(37a)"라고 하였고, 여대균(呂大鈞)은 실록에 기록되어 있다.[6] 김안국이 경상도관찰사로 있을 때 정교에 관한 책을 경주, 안동 등 다섯 고을에서 간행했는데 그중에 포함된 것이다. 따라서 초기인본은 1518년일 것이지만 아직까지 초판본이 확정되지 않고 있다. 현재까지는 후쇄본으로서 초간본에 가까운 책으로 "己卯金山上"의 장서기(藏書記)가 있는 일본 존경각문고 소장본을 든다.[7] 그리고 16세기 후반 을해자로 간행된 고려대학교 화산문고본, 1574년 내사기가 있는 서울대학교 일석문고본 및 그 번각본 계통의 목판본이 전한다. 이들은 언해와 원전의 한자에도 차이가 있는데, 일본 존경각본과 1574년 을해자본이 크게 다르고 화산문고본이 중간 위치에 있다. 본문의 차이를 보면 1574년 내사본이 가장 많

---

6 『정조실록』, 21년 6월 2일(신미), "향약의 법은 송(宋)나라의 유학자인 여대균(呂大鈞)에서 시작되었는데, 주자(朱子)가 그 글을 가져다 보태기도 하고 줄이기도 하였으니, 참으로 만세에 통행하는 훌륭한 법입니다."
7 안병희, 「여씨향약언해의 원간본」, 『국어사자료연구』, 문학과지성사, 1992, 310-334쪽.

은 교정을 거쳐 이루어진 것으로 파악되고 있다. 그러므로 현전본의 간행 순서는 존경각문고 목판본, 화산문고 을해자본, 1574년 을해자본과 그 번각본의 순이다. 일석문고의 내사본은 1574년에 부호군 벼슬을 하던 주덕원(朱德元)에게 반사한 것으로 "萬曆二年二月 日 內賜行副護軍 朱德元呂氏鄕約一件 命除謝恩 左承旨臣鄭[手決]"라는 내사기를 확인할 수 있다. 그리고 고려대학교 화산문고를 제외한 을해자본은 모두 일석문고본과 동일한 판본이다. 그중 국립한글박물관 소장본은 본문 하단부 일부가 결락되어 보수했지만 일석문고본과 같은 시기에 정유일(鄭惟一)에게 반사한 기록(萬曆二年二月日 內賜承政院左承旨鄭惟一呂氏鄕約一件 命除謝恩 左承旨臣柳[手決])이 남아 있고 그의 장서인으로 추정되는 「東萊世家」도 확인할 수 있다. 내사기는 없지만 뿌리깊은나무 박물관본, 성암문고본에도 「宣賜之記」 내사인을 확인할 수 있어서 이 시기에 다량의 책이 여러 군데 반사되었음을 알 수 있다. 그리고 일석문고본 뒤표지 이면에는 "乙(亥 月日朱判官所贈 祖父於朱城主交甚厚册以贈之 前一行標書乃亡親手迹 尙新伏增感愴 之至 甲寅季夏十日克欽書)"이라는 내용으로 책의 소종래(所從來)를 기록한 장서기가 남아 있다. 아마도 주덕원이 하사받은 책을 장서기 쓴 사람에게 증정(贈呈)한 것으로 보이는데 '극흠(克欽)'이라는 이름을 확인할 수 있지만 정확한 인명을 알기 어렵다.

3) 간행에 관여한 서적

(1) 신간 『성리대전』

『성리대전서(性理大全書)』는 중국 명대인 1415년(태종 15) 내부각본(內府刻本)

으로 처음 간행되었고, 1419년(세종 1)에 사서오경대전과 함께 조선에 유입된 후 세종 때 번각하여 유통된 책이다. 세종은 경상감사 최부(崔府), 전라감사 심도원(沈道源), 강원감사 조종생(趙從生)에게 명하여『성리대전』및 사서오경대전을 판각해서 책판을 주자소로 올리고 인출하게 했다.『성리대전서』는 이때 경상도에서 번각되었으며 1428년(세종 10) 50부가 간행된 이후 몇 군데 지역에서 다시 번각되거나 후쇄를 거듭하면서 널리 유통되었다. 김안국은 경상도관찰사 시절인 1518년(중종 13) 봄『성리대전』을 새로 간행하면서 서문을 작성했다.『고사촬요(攷事撮要)』에 나타나는 서책시준(書冊市准)과 팔도정도(八道程度)의 각 지역별 책판(冊板) 항목을 살펴보면 1576년 이전에 서울과 경주, 안동, 청도에 각각『성리대전』책판이 남아 있었음을 알 수 있다.

(2)「양천세고」

김안국의 부인인 양천허씨 가문의 세고(世稿)로, 김안국이 1535년(중종 30) 전라도관찰사 재임시기에 작성한 서문이 남아 있다.

(3)『동몽수지』

이 책은 김안국이 경상도관찰사 재임 시기에 산음현에서 판각한 것으로 알려졌다.[8] 인근 지역이지만 이 책의 번각본에 수록된 윤효빙의 발문에는[9] 안음현으로 표기되어 있어서 착오로 알려진 것으로 보인다. 책에 수록

---

8 『국조보감(國朝寶鑑)』 권12, 중종조 2, 12년 정축(1517), "命以童蒙須知 教元子 先是慶尙 觀察使 金安國 以朱子童蒙須知 鋟梓於山陰縣"
9 전재동,「노수신 편 동몽수지의 서지적 분석」,『서지학연구』82, 2020, 225쪽에서 재인용.

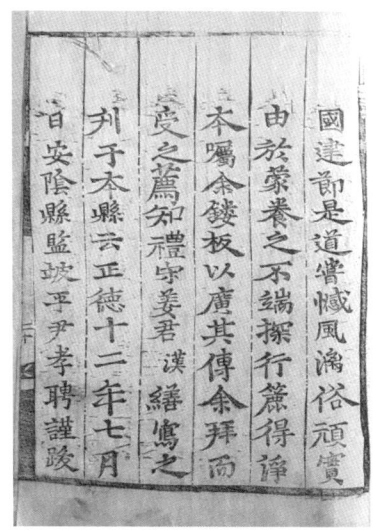

그림 5 | 초간본 『동몽수지』의 중간본

된 윤효빙과 정온의 발문을 통해서 초간본의 작성 배경을 알 수 있다. 현전하는 자료가 비록 중간본이지만 그 원형을 파악하는 데 도움이 된다. 윤효빙의 발문에는 "모재(慕齋) 김상국(金相國)이 이 도(道)를 안찰(按察)할 때 일찍이 풍속이 이지러짐은 실로 몽양(蒙養)의 바르지 못함에서 기인한다는 사실을 개탄하면서 정본(淨本)을 찾아 나에게 판각하여 널리 전하도록 했다"[10] 하고 윤효빙이 안음현감 시절인 1517년(중종 12) 7월에 작성했음을 밝혔다. 따라서 이 책의 초간 지역은 경상도 안음현임을 알 수 있다.

---

10 윤효빙(尹孝聘), 『동몽수지발(童蒙須知跋)』, "右童蒙須知 晦庵朱夫子所著 [⋯] 慕齋金相國 建節凡道 嘗慨風俗漓頑 實由於蒙養之不端 探行簾得淨本 囑 余鏤板 以廣其傳 余拜而受之 薦知禮守姜君漢繕寫之 刊于本縣云 正德十二年七月日 安陰縣監 坡平尹孝聘謹跋"

(4) 『분문온역이해방』

　조선시대 처음으로 간행된 벽온 의서는 세종 때 간행된 『벽온방(辟瘟方)』으로 알려져 있지만, 아직까지 그 실물이 발견되지 않았다. 『벽온방』에 대한 기록은 앞서 살펴본 대로 김안국 등이 1518년(중종 13) 이 책을 한글로 풀이한 『언해벽온방(諺解辟瘟方)』의 간행 기록이다. 1524년(중종 19) 가을부터 그 이듬해 여름까지 온역으로 사망자가 많이 발생하자, 전염병이 발생한 다음 해인 1525년(중종 20) 정월에 『속벽온방(續辟瘟方)』을 언해하여 간행했다. 『속벽온방』은 『벽온방』에 수록되지 않은 치역방을 종합의서인 『의방유취(醫方類聚)』에서 초록한 책으로, 이후 『간이벽온방(簡易辟瘟方)』으로 그 서명이 알려졌다. 16세기에는 15세기보다 더 많은 이상기후로 인한 전염병이 수시로 창궐하여 고통에 시달리는 백성들이 늘어났으며 이를 치료하기 위한 의서가 지속적으로 간행되었다. 1518년 『언해벽온방』, 1524년 『간이벽온방』, 1525년 『속벽온방(續辟瘟方)』 등 다수의 온역치료서가 간행되었다. 특히 1542년(중종 37)에 함경도 종성, 온성, 경원, 부령, 경성, 경흥, 회령 등지에서 온역이 크게 유행했다. 많은 사망자가 발생하며 점차 발병지역이 확대되는 상황에서 온역이해(瘟疫易解)를 하송(下送)하여 구료(救療)하게 한 기록이 있다. 이때 만들어진 책이 『분문온역이해방(分門瘟疫易解方)』이다. 이전에 간행된 서적들만으로는 치료가 제대로 이루어지지 않자, 전래의 여러 치료책을 바탕으로 쉽게 정리된 책이 필요했다. 김안국이 왕명을 받아 『간이벽온방』 편찬에도 참여했던 박세거(朴世擧)를 비롯하여 홍침(洪沈), 문세련(文世璉), 유지번(柳之蕃), 홍세하(洪世河) 등과 함께 편찬하고 예조판서 시기인 1542년에 서문을 작성한 책이다. 실록에는 같은 해 6월 13일에 간행했음을 밝혔다.
　이 책은 기존 『벽온방』에서 구하기 쉬운 약재와 간단한 처방만 뽑은

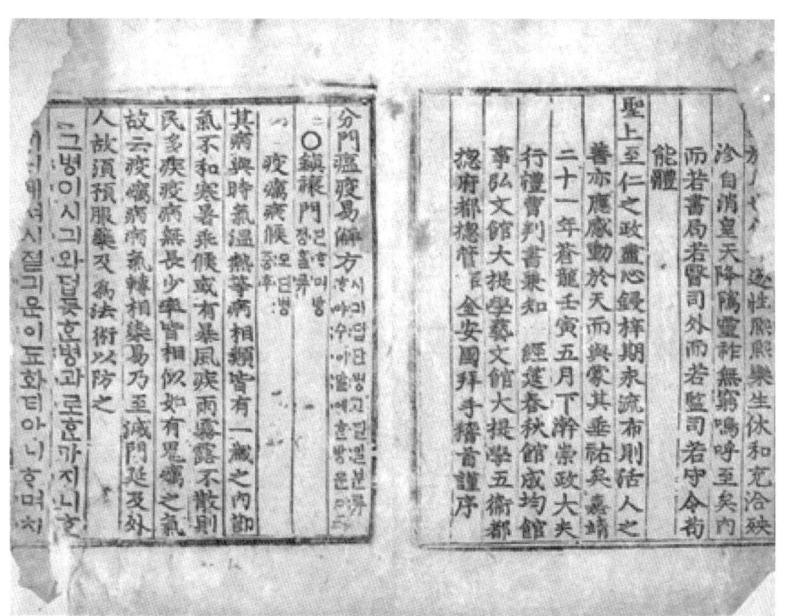

그림 6 | 『분문온역이해방』의 권수제면(서울대학교 규장각한국학연구원 소장)

60여 방에 40여 방을 첨가했다. 진양(鎭禳), 불상전염(不相傳染), 복약방술(服藥方術), 노복(勞服) 등의 4문으로 정리해서 나누었기 때문에 서명에 '분문(分門)'이라는 단어가 추가되었다. 4개 유형으로 구분한 후 이것에 사용하는 약재의 향명(鄕名)과 채취법을 쓰고 언해했다. 『분문온역이해방(分門瘟疫易解方)』은 주술 요법과 상한 치료법에 많은 비중을 두었지만 『간이벽온방』에 비해 처방전은 거의 두 배로 늘였다. 본문의 체제는 『간이벽온방』과 거의 같다. 방문을 서술할 때 한문 원문을 앞에 두고 이어서 언해문을 붙였다. 언해문에는 한문 원문의 음을 작은 글자로 기입했다. 언문을 아는 백성들도 처방을 따라할 수 있도록 언해되어 간행한 것이다.

오늘날에는 처음에 간행된 원간본은 전하지 않고 번각본 일부가 서울

김안국의 서적 편찬과 출판 활동　61

대학교 규장각한국학연구원에 소장되어 있다. 번각본의 자형을 보면 원간본은 을해자로 간행되었을 것으로 보인다. 모두 29장까지만 남아 있고 이후가 결락되었기 때문에 복약방술문(服藥方術門)의 일부와 노복문(勞復門)이 전하지 않는다.

4) 수입 성리서의 간행 추천

김안국은 1518년(중종 13) 사은부사(謝恩副使)로 중국에 가서 각종 성리서인『논맹혹문(論孟或問)』,『주자대전(朱子大全)』,『주자어류(朱子語類)』,『이락연원록(伊洛淵源錄)』,『연평답문(延平答問)』,『전도수언(傳道粹言)』,『장자어록(張子語錄)』,『경학리굴(經學理窟)』,『호자지언(胡子知言)』,『가례의절(家禮儀節)』,『고금표선(古今表選)』 등을 수입하여 조정에 올리면서 국왕에게 간행을 건의했다. 하지만 이듬해 일어난 기묘사화로 인해, 대부분 그가 조정에 복귀하는 1537년(중종 32) 이후에 활자본이나 목판본으로 간행, 보급되었다.

김안국에 이어서 수입된 성리서를 보급하는 데 특히 힘쓴 인물은 문신 이정(李楨, 1512~1571)으로 우부승지·형조참의·좌부승지 등을 역임했다. 이정은 청주·경주·순천의 지방관을 지내면서 퇴계 이황의 자문을 받아 여러 성리서를 간행했다.

수입된 성리서의 유형은 크게 '중국본을 목판본으로 번각한 서적'과 '중국본을 활자로 간행한 서적'으로 구분 가능하다. 활자로 간행한 대표적인 책이『주자대전』,『주자어류』,『가례의절』등이며 이들은 각각 을해자, 병자자 등의 금속활자로 간행하거나 활자본을 바탕으로 번각하여 목판본으로 간행되었다.

『이락연원록』, 『연평답문』, 『전도수언』 등은 그대로 번각한 것이 전하기도 한다. 김안국은 1518년 당시에 북경에서 구해 온 책을 상진하면서 각 책에 대한 간략한 해설을 덧붙였다. 그 내용을 살펴보면 다음과 같다.

『논맹혹문(論孟或問)』은 주자(朱子)가 지은 것으로, 『용학혹문(庸學或問)』과 동시에 편찬한 것인데, 『용학혹문』은 이미 우리나라에 들어왔으나 이 책은 아직 들어오지 않았으므로 사왔으니, 모름지기 널리 인출(印出)하여 홍문관에도 두고 사대부(士大夫)에게도 나누어 주면 사람들이 논어(論語), 맹자(孟子)의 깊은 뜻을 알 수 있을 것입니다. 『가례의절(家禮儀節)』은 명나라 대유(大儒) 구준(丘濬)이 산정(刪定)한 것입니다. 문의(文義)가 빠지고 소략한 것을 보완하여 구비했으니 곧 『주자가례(朱子家禮)』의 우익(羽翼)인데, 또한 인쇄 반포하여 사람들이 강론하여 행하도록 하는 것이 마땅합니다. 『전도수언(傳道粹言)』은 곧 두 정선생(程先生)이 말한 바를 편집한 책입니다. 그리고 『장자어록(張子語錄)』, 『경학리굴(經學理窟)』, 『연평문답(延平問答)』, 『호자지언(胡子知言)』 등은 다 염락(濂洛)의 제현(諸賢)들이 지은 것인데, 다 성학(聖學)에 요절(要切)하므로 감히 상진합니다.[11]

중종은 김안국이 상진한 지 3일 후인 11월 25일 『논맹혹문(論孟或問)』 등 제서(諸書)를 인출하도록 명을 내리기도 했다.

김안국이 조정에 복귀한 이후인 1542년 5월 7일에는 인쇄할 만한 책으로 『춘추집해』, 『대명률독법』, 『여씨독서기』, 『고문관건』, 『황극경세서설』, 『지재집』, 『상산집』, 『적성론간록』, 『고문원』, 『초씨역림』, 『산해

---

11 『중종실록』, 13년 11월 22일(무오).

관지』,『안씨가훈』등의 수입서적을 추천하고 각 책에 대한 해설을 덧붙였다. 실록에는 이를 요약해서 해설을 실었다. 그 일부를 살펴보면 다음과 같다.

『춘추집해(春秋集解)』는 중국의 일민(逸民) 진철(陳喆)이 지은 것인데, 훈해(訓解)가 경전(經傳)에 정(精)하여 크게 드러내어 밝힌 것이 있으므로, 학자가 강습하는 데에 매우 긴요합니다.『대명률독법(大明律讀法)』은 명률을 직접 인용하여 뜻을 풀어 밝혔고 조례(條例)를 신증(新增)하여 보주(補註)했으며, 신례(新例)와 집해(集解) 등을 인재(引載)하여 부고(附考)했으므로, 율문(律文)을 적용할 때에 참고하기에 매우 긴요합니다.『여씨독서기(呂氏讀書記)』는 동래 선생(東萊先生) 여조겸(呂祖謙)이 쓴 것인데, 시경(詩經)을 주해(註解)하고 아울러 여러 설을 모아 수미(首尾)가 두루 관통되어서 참으로 주자(朱子)의 집전(集傳)을 보는 데 도움이 되므로, 경연에서 진강하고 학자가 강습할 때에 참고하기에 유익합니다.『고문관건(古文關鍵)』은 동래 선생 여조겸이 전현(前賢)이 선집(選集)한 고금(古今)의 글을 비주(批註)하여 학자의 모범이 되게 한 것으로『고문진보(古文眞寶)』나『문장궤범(文章軌範)』과 같습니다.[12]

즉 책의 제목과 저자를 밝히고 장단점을 설명한 것으로 문헌 해제의 초기 기록사항을 포함한다고 볼 수도 있다. 김안국의 문집은 이 책들에 대하여 보다 자세한 내용을 담고 있는데,『춘추집해』를 예로 들면 다음과 같다.

---

12 『중종실록』, 37년 5월 7일(정해).

『춘추집해』12책. 이 책은 명나라 일민(逸民) 진철(陳喆)이 지은 것으로 선택한 것이 정밀하고 자세하여 경전에 크게 발명함이 있었습니다. 학자가 강습하는 데에 매우 긴요합니다. 가장 먼저 다수를 인출하여 올리는 것과 문무루, 홍문관, 시강원, 성균관, 의정부에 나누어 보관하는 것 외에 널리 반포하는 것이 마땅합니다.[13]

이와 같이 책수와 특징, 그리고 인쇄 이후 장서처까지 언급하고 있다. 나머지 책들에 대한 내용도 인출의 당위성과 함께 간행 규모 및 장서처와 반사처, 그리고 인출에 드는 종이의 수급까지 다루었다. 『두시주해』 같은 책은 우리나라에 많은 인본이 있으니 인출할 필요가 없다고 했고,[14] 마지막에는 우선 인출해야 할 서적을 언급했는데 『춘추집전』을 가장 먼저 인출하고, 『대명율독법』 6책과, 『대명율직인』 4책을 다음으로 인출한 뒤 그 나머지는 점차 인출하도록 했다. 또한 여러 책에 그릇된 글자가 많으니 홍문관으로 하여금 자세히 교정을 더하여 교서관에 맡겨 아뢴 대로 인출하기를 희망했다.[15]

---

[13] 『모재집(慕齋集)』, 卷9 赴京使臣收買書冊印頒議 한국문집총간 20, 174-176쪽, "春秋集解十二冊 右冊 大明逸民陳喆所著 詮擇精詳 於經傳大有發明 學者講習 甚爲切要 最先多數印出 進上及文武樓 弘文館 侍講院 成均館 議政府分藏外 廣頒似當"

[14] 『모재집』, 卷9 赴京使臣收買書冊印頒議 한국문집총간 20, 174-176쪽, "杜詩註解四冊 右冊 我國多有印本 不必印出"

[15] 『모재집』, 卷9 赴京使臣收買書冊印頒議 한국문집총간 20, 174-176쪽, "右上諸冊內 春秋集解 最先印出 大明律讀法 直引 次可印出 其餘漸次印出 似當 但諸冊訛字甚多 令弘文館次詳加校正 付校書館啓印 何如"

4. 맺음말

김안국은 스승 김굉필의 뒤를 이어 지방 유생들에게 『소학』을 적극적으로 보급하고 각종 교화서 및 성리서를 간행함으로써 조선 성리학의 기초를 다진 대표적 인물로 거론된다. 이 글에서는 그의 성리학적 발자취로서 그 바탕을 이루었다고 할 수 있는 서적 간행 활동을 중점적으로 다루어 보았다. 중종의 재위 기간에 대부분 이루어진 그의 간행 활동은 시기적으로 기묘사화 전과 후로, 공간으로는 중앙과 지방으로 구분된다.

그는 1517년에 경상도관찰사 재직 시 『소학』을 간행했고 합천을 시작으로 72개 경상도 고을 향교에 일일이 소학권독시(小學勸讀詩)를 지어 보내『소학』의 강학을 권장했다. 이와 함께 『여씨향약(呂氏鄕約)』(언해), 『이륜행실도(二倫行實圖)』(언해), 『정속(正俗)』(언해), 『동몽수지(童蒙須知)』, 『벽온방(辟瘟方)』(언해), 『창진방(瘡疹方)』(언해), 『농서(農書)』(언해), 『잠서(蠶書)』(언해) 등을 간행한 것이 두드러진다.

1518년(중종 13)에는 사은부사(謝恩副使)로 중국에 가서 『논맹혹문(論孟或問)』, 『주자대전(朱子大全)』, 『주자어류(朱子語類)』, 『이락연원록(伊洛淵源錄)』, 『연평답문(延平答問)』, 『전도수언(傳道粹言)』, 『장자어록(張子語錄)』, 『경학리굴(經學理窟)』, 『호자지언(胡子知言)』, 『가례의절(家禮儀節)』, 『고금표선(古今表選)』 등 각종 성리서를 수입하여 조정에 올리면서 중종에게 간행을 건의했다. 하지만 이듬해 기묘사화가 일어나고 그가 파직됨에 따라 이 건의가 즉각 시행되지는 못한 것으로 보인다. 현전하는 간본을 보아도 그가 조정에 복귀하는 1537년(중종 32) 이후부터 관련 서적이 간행되고 있음은 이를 반영하는 것이다.

김안국의 활동 시기인 16세기 전반의 성리서 간행 상황을 조선왕조실록과 『한국서지연표』 등의 자료를 통해 정리하고 당시 김안국이 간행한 주요 서적의 현전본에 대한 서지적 검토를 진행한 결과, 각종 행실도(行實圖)를 포함하는 교화서와 『소학』의 간행, 그리고 서적들의 한글 번역이 빈번하게 이루어진 것은 그가 주도한 서적 편찬 간행 활동의 큰 특징으로 볼 수 있다. 그리고 명나라로부터 수입된 15종 이상의 유학서는 그의 평가와 함께 해설이 이루어졌고, 그중 일부는 조선에서 다시 간행되어 후기까지 영향을 준 것이 확인된다. 또한 1514년 성균관의 존경각 화재 사건으로 인한 유학서의 새로운 간행이 있었다는 것도 주목된다. 이러한 김안국의 노력은 후학들을 통해 조선 중후기 성리학의 확산으로 이어진 것으로 보인다.

 앞으로의 과제는 15세기 초 사서오경대전으로 대표되는 성리서의 수입 이후 진행된 조선 성리학의 흐름을 서적의 간행과 유통을 통해서 진단하고 그 맥락을 짚어보는 것이다. 사제관계의 형성이나 사상사적 영향 관계가 책의 간행 작업으로 이어지고 결국 조선의 전 시기에 걸친 학술의 형성에 밑바탕이 되기도 한다. 이는 또 다른 책의 문화사적 접근을 가능하게 한다는 측면에서 의미 있는 작업이 될 것이다.

부록

수입 성리서 간행에 관한 김안국의 의견(출처:『모재집』)

김안국이 자신의 문집『모재집』에서 중국에서 구입한 서적의 인쇄에 대한 의견을 담은 글이다. 이는 추후 보완을 통해 각 책에 대한 평가 내용, 실재 간행 여부, 실물 자료 등을 파악하는 작업이 필요하다.

春秋集解十二冊.

右冊. 大明逸民陳喆所著. 詮擇精詳. 於經傳大有發明. 學者講習. 甚爲切要. 最先多數印出. 進上及文武樓, 弘文館, 侍講院, 成均館, 議政府分藏外. 廣頒似當.

大明律讀法六冊 大明律直引四冊

右二冊. 有釋義解明新增補註條例引載附考新例集解等類. 用律時參考甚要. 我國律官及大小官吏. 不解律文. 用律多誤. 誠非細故. 右二冊. 多數印出. 進上及分藏文武樓, 弘文館, 議政府. 餘件分置用法諸司及八道開城府曁各邑. 俾參考擬律. 似當. 但慮紙地多入. 難於偏頒各官. 則量印出所入紙數. 令備紙印去. 似當.

呂氏讀詩記十冊.

右冊. 宋東萊先生呂祖謙所記詩經註解. 今學者專習朱子集傳. 此記雖與朱傳. 時有異同. 然兼總衆說. 首尾該貫. 實朱傳之羽翼. 於經筵進講及學者講習. 參考有益. 雖不廣印頒布. 量數印出. 進上及分藏文武樓, 弘文館, 侍講院, 成均館, 議政府. 餘件頒賜. 似當.

古文關鍵二冊.

右冊. 東萊先生呂祖謙批註前賢所選集古今文字. 以爲學者模範. 與古文眞寶, 文章軌範同. 量數印出. 進上及文武樓, 弘文館, 成均館分藏外. 餘件略加頒賜. 則紙數少入. 私印者必多. 自然廣布. 似當.

皇極經世書說十二冊.

右冊. 乃皇明朱隱老所著邵子皇極經世書. 關於性理之學. 故旣載於性理大全中. 此說
　　 發明邵書. 考究有據. 議論亦暢. 實邵書之羽翼. 量數印出. 進上及文武樓, 弘文
　　 館, 侍講院, 成均館分藏外. 餘件頒賜. 似當

易經集說十四冊.

右冊. 雖爲決科而編集. 所載諸公議論明暢. 多所發明 義旨. 講讀易經之際. 參考乎
　　 此. 則不無資益. 姑印出六七件. 進上及分藏文武樓, 弘文館, 侍講院, 成均館.
　　 似當.

止齋集八冊.

右冊. 宋朝巨儒陳傅良所著. 議論文章. 有裨後學. 量數印出. 進上及文武樓, 弘文館分
　　 藏外. 餘件略加頒賜. 似當.

象山集六冊.

右冊. 宋朝巨儒陸九淵所著. 先生與朱子一時. 專心於尊德性. 與朱子往復辨論. 雖與
　　 朱子異趣. 心性之學. 因得以講明. 學者崇尙程朱之敎. 參考此集. 則不無有益. 量
　　 數印出. 進上及文武樓, 弘文館, 成均館分藏外. 餘件略加頒賜. 似當.

赤城論諫錄二冊.

右冊. 乃皇朝謝先生鐸與黃先生世顯. 共衷集台州名賢論諫疏奏. 雖不如歷代名臣奏議
　　 之博. 其所論諫. 皆有益治道. 且可爲人臣諫諍納忠之法. 量數印出. 進上及文武
　　 樓, 弘文館分藏外. 餘件略加頒賜. 似當.

古文苑二冊.

右冊. 唐人所編史傳, 文選所無詩文. 雖是文翰所關之書. 於時尙敎習. 不甚急切. 姑印
　　 五六餘件. 進上及分藏文武樓, 弘文館. 似當.

焦氏易林二冊.

右冊. 西漢焦貢所著. 用於周易筮占類古繇辭. 雖不切於學者. 而關於易占. 故中國人尙之. 姑印五六餘件. 進上及分藏文武樓, 弘文館. 亦藏觀象監. 以備命課學占用. 似當.

杜詩註解四冊.
右冊. 我國多有印本. 不必印出.

山海關志二冊.
右冊. 中國郡邑皆有志. 此亦其一. 大明一統志. 盡收入. 此志不甚要緊. 但山海關. 距我國不遠. 且朝貢往來之地. 如關隘形勢. 山川道里. 豈無可考之事. 姑印三四件. 進上及分藏文武樓, 弘文館. 似當.

顏氏家訓二冊.
右冊. 北齊顏之推所著. 以訓戒子弟之書. 多格言雅訓. 朱子多載於小學書. 中間雖有疵語. 略疵取醇. 宜爲化俗之一助. 不可全廢. 印出五六件. 分藏文武樓, 弘文館. 似當.

김정국의 성리서 편찬과 특징
『성리대전서절요』를 중심으로

강문식

1. 머리말

이 글은 16세기 기묘사림(己卯士林)의 일원이었던 사재(思齋) 김정국(金正國, 1485~1541)의 성리학 연구와 이해의 내용을 확인하는 것을 목적으로 한다. 김정국은 16세기 전반 신진학자들의 학문적·정치적 지향을 저술로 정리했던 인물로, 1519년(중종 14) 기묘사화 이후 향촌에 은거하는 동안 교육과 저술 활동을 통해 자신들의 학문과 정치적 지향을 후대에 전수하고자 했다. 김정국의 주요 저술로는 시문집인 『사재집(思齋集)』을 비롯하여, 『성리대전서절요(性理大全書節要)』, 『역대수수승통지도(歷代授受承統之圖)』, 『촌가구급방(村家救急方)』, 『기묘당적(己卯黨籍)』, 『사재척언(思齋摭言)』, 『경민편(警民篇)』 등이 있는데, 그중 이 글에서 주목하는 것은 『성리대전서절요』이다.

『성리대전서절요』는 서명에서 알 수 있듯이 명(明) 영락제(永樂帝) 때 편찬된 『성리대전(性理大全)』에서 중요한 내용을 뽑아 편집한 책이다. 1415년(태종 15) 명나라에서 편찬·간행된 『성리대전』은 1419년(세종 1) 조선에 처음 수입된 이래로 경연(經筵) 진강(進講)을 비롯하여 조선 전기 성리학 학습에서 중요한 텍스트로 이용되었다. 『성리대전서절요』는 『성리대전』이 수입된 이후 100여 년 동안 축적된 조선 학자들의 『성리대전』 이해의 바탕 위에서 정리된 저술이자, 16세기 학자들의 새로운 성리학 이해가 투영된 저술이라고 할 수 있다. 이 점에서 『성리대전서절요』에 대한 연구는 조선 전기 성리학 이해의 실상을 확인하는 데 중요한 의미를 갖는다.

김정국에 관한 선행연구들은 중종 대 관료로서의 활동 양상, 16세기 치세에서의 교유관계 및 위상, 향촌 교화 활동 등 그가 성리학 이념을 정치와 사회에 구현하고자 노력했던 측면에 초점을 맞추었다.[1] 반면 김정국의 성리학 연구, 특히 『성리대전서절요』 연구는 한두 편에 불과할 정도로 소략하다. 우정임은 조선 전기 『성리대전』의 간행·보급 및 이해 과정을 연구하면서 조선 학자가 편찬한 절요서(節要書)의 하나로 『성리대전서절요』의 체재와 내용 구성의 특징을 검토했다.[2] 최민규는 16세기 전반 김정국 등을 중심으로 형성된 이학(理學) 네트워크의 실상과 『성리대전서절요』에 반영된 김정국의 정치사상을 확인하는 연구를 발표했다.[3]

이 글은 선행연구 성과의 바탕 위에서 『성리대전서절요』의 내용 분석을 통해 16세기 전반 조선 학계의 『성리대전』 이해와 활용의 실상을 살펴보고자 한다. 먼저 실록에 기록된 『성리대전』 학습과 연구 관련 기사들을 정리하여 조선 초기 『성리대전』 이해의 추이를 확인할 것이다. 이어 『성

---

1   김정국에 대한 주요 선행 연구는 주제별로 다음의 논문을 참고할 수 있다.
    ① 생애, 교유, 학계의 위상: 劉權鐘, 「思齋 金正國의 生涯와 思想」, 『民族文化』 5, 1991; 李秉烋, 「思齋 金正國의 改革論과 그 性格」, 『歷史敎育論集』 23·24, 1999; 李秉烋, 「朝鮮前期 疏外官人의 隱居生活: 金安國·金正國의 경우」, 『歷史敎育論叢』 31, 2003; 송웅섭, 「사재 김정국의 교유관계와 기묘사림 내에서의 위치」, 『동국사학』 63, 2017.
    ② 『경민편(警民編)』 연구: 金勳埴, 「中宗代 『警民編』 보급의 고찰」, 『이재룡박사 환력기념 한국사학논총』, 1990; 정호훈, 「16,7세기 『警民編』 간행의 추이와 그 성격」, 『韓國思想史學』 26, 2006; 정호훈, 「김정국, 주자학의 규범으로 조선을 바꾸려 하다」, 『내일을 여는 역사』 68, 2017; 정호훈, 「16세기 『警民編』 초기 간본의 검토: 상허 중앙도서관 소장본의 사례」, 『韓國思想史學』 66, 2020; 김호, 「'權道'의 성리학자 金正國: 『警民編』의 역사적 의의」, 『동국사학』 63, 2017.
    ③ 의서(醫書) 편찬 연구: 박수진·김순희, 「〈村家救急方〉의 인용 문헌 연구」, 『書誌學硏究』 42, 2009; 김호, 「16세기 지방의 의서 편찬과 患難相恤의 實踐知」, 『朝鮮時代史學報』 89, 2019.
    ④ 기타: 任相爀, 「『기묘당적』과 『기묘록보유』의 저술 의의에 대한 검토」, 『震檀學報』 132, 2019; 이민경, 「김정국의 『思齋摭言』과 己卯士禍에 대한 서술 시각」, 『동양한문학연구』 53, 2019.
2   우정임, 「조선 전기 『性理大全』의 이해 과정: 節要書의 編纂·刊行을 중심으로」, 『지역과 역사』 31, 2012.
3   최민규, 「김정국의 『性理大全書節要』 편찬과 大體君主論」, 『한국사상사학』 70, 2022.

리대전서절요』의 체재와 내용을 분석·정리한 다음, 이를 바탕으로 이 책이 어떤 성격의 저술이며 내용의 특징은 무엇인지를 고찰하고자 한다.

2. 조선 초기 『성리대전』 이해의 추이

1) 세종 대 『성리대전』 연구와 활용

『성리대전』은 명 황제의 하사 형식으로 조선에 유입되었는데, 1419년(세종 1)과 1426년(세종 8), 그리고 1433년(세종 15) 등 모두 세 차례에 걸쳐서였다.[4] 설순(偰循)은 1426년 수입된 『성리대전』을 검토한 다음, "의논이 정통하고 여러 학설이 구비되어 있으니 진실로 배우는 자들이 마땅히 익혀야 할 책입니다"[5]라고 했다. 또 세종도 『성리대전』에 대해 "선유(先儒)의 여러 학설을 채집하여 절충한 책으로 실로 이학(理學)의 연원(淵源)이니 학자들이 마땅히 먼저 강구해야 할 것"[6]이라고 평가했다. 이와 같은 언급은 당시 『성리대전』이 학자들의 필독서로 인식되고 있었음을 보여준다. 이에 조선 정부는 명에서 수입된 『성리대전』을 저본으로 여러 차례 간행을 추진했으며, 주요 관료들과 교육 기관에 간행한 『성리대전』을 반사했다.[7]

주지하는 바와 같이 『성리대전』은 송(宋)·원(元) 대 성리학의 주요 저술과 학설이 종합된 저술로, 그 내용을 이해하기에 어려움이 많았다. 이에 세종은 1428년(세종 10) 3월 경연에서 당시 집현전 응교(應敎) 김돈(金墩)

---

[4] 『세종실록』, 1년 12월 7일(정축), 8년 11월 24일(계축), 15년 12월 13일(임술).
[5] 『세종실록』, 8년 12월 8일(정묘).
[6] 『세종실록』, 17년 10월 25일(계해).
[7] 조선 전기 『성리대전』의 수입 및 간행·보급에 관한 내용은 우정임(2012), 앞의 글, 266-277쪽 참조.

표 1 | 세종 대 의례·법제 관련 문제의 『성리대전』 활용 사례

전거	논의 주제	『성리대전』 활용 내용
『세종실록』 18년 8월 8일(신미)	의정부의 도적 처벌 강화 건의	『성리대전』에 기록된, 주희(朱熹)·호굉(胡宏)·나종언(羅從彦) 등이 엄정한 형벌 시행을 주장했던 내용을 인용하여 형벌 강화의 정당성을 뒷받침함
『세종실록』 19년 5월 14일(계묘)	사망한 교리 이함녕(李咸寧)의 아들 이장생(李長生)은 관직이 없고, 동생 이정녕(李正寧)은 성원군(星原君)에 봉해져 있을 때 조상 제사를 누가 주관해야 하는가의 문제	집현전에서 『성리대전』의 내용을 근거로, 일시적인 관직의 높고 낮음 때문에 종자(宗子)와 지자(支子)의 명분을 어지럽게 해서는 안 된다고 주장하면서 이장생이 제사를 주관하게 할 것을 건의
『세종실록』 19년 5월 20일(기유)	손자가 계조모(繼祖母)의 상복을 입어야 하는가 여부	의정부·예조에서 『성리대전』에 포함된 『가례(家禮)』에 계조모에 대한 상복 규정이 없는 것은 예가 아니기 때문에 제정하지 않은 것이라고 해석하고, 이를 근거로 계조모에 대한 복제를 시행하지 말 것을 주장
『세종실록』 19년 6월 3일(신유)	양자를 들여 후사를 세우는 문제 → 의정부에서 동종(同宗)의 지자(支子)를 세워서 후사를 삼게 하고 여러 족손(族孫) 중에서 골라 세우는 것도 허용할 것을 건의	의정부에서 『성리대전』의 "신(神)은 동류[類]가 아니면 제사를 받지 않으니 옛사람이 아들이 없으면 친족으로 뒤를 잇게 한 것은 기운이 서로 감통됨을 취한 것이다. […] 딸의 아들로 후사를 잇는 자가 많은데 비록 기류(氣類)는 가깝지만 성(姓)이 다르니 결단코 행할 수 없다"라는 내용을 중요 근거로 제시

에게 『성리대전』 연구를 지시했다.[8] 이에 김돈은 조선에 파견된 명 사신에게 찾아가 『성리대전』에 관한 의문점들을 질문했을 만큼 상당히 열성적으로 연구에 임했고,[9] 그 결과 2년여가 지난 1430년 8월부터 경연에서 『성리대전』의 한 부분인 『율려신서(律呂新書)』가 진강되었다.[10] 또 1432년 2월에도 『성리대전』의 경연 진강이 시작되어, 약 2년 후인 1434년 3월에

8　『세종실록』, 10년 3월 2일(갑신).
9　『세종실록』, 10년 4월 16일(무진).
　　김돈이 명 사신을 찾아간 것은 당시 국내에는 『성리대전』에 대해 질문할 만한 학자가 드물었기 때문이다. 하지만 김돈이 찾아가는 당시 명 사신들도 제대로 답변하지 못했는데, 이는 『성리대전』이 중국 학자들에게도 매우 어려운 책이었음을 잘 보여준다.
10　『세종실록』, 12년 8월 23일(신묘).

강의를 모두 마쳤다.[11] 이처럼 세종 대 경연에서 『성리대전』 강의가 지속적으로 이루어진 사실은 김돈의 『성리대전』 연구가 일정 정도 성과를 거두어 경연 진강의 토대가 마련되었음을 보여준다.

한편, 세종 대에는 법제 및 의례 관련 문제의 해결에 『성리대전』이 활용되기도 했는데, 그 사례를 정리하면 〈표 1〉과 같다. 이처럼 세종 대에 법령 제정이나 제사·상복·양자 등 사대부가 의례와 관련된 문제를 결정하는 데 『성리대전』이 중요한 근거로 활용되었다. 각종 의례·제도 정비에 『성리대전』이 자주 활용된 사실은 당시 관료들이 『성리대전』의 내용을 비교적 잘 숙지하고 있었음을 보여준다. 이는 세종 대 『성리대전』의 보급과 연구에 어느 정도 성과가 있었음을 의미한다고 생각된다.

2) 성종 대 경연의 『성리대전』 강의

세종 대 이후 『성리대전』에 대한 관심이 다시 높아지고 경연 강의가 활성화된 것은 성종 대이다. 1480년(성종 11) 10월 이극배(李克培)와 강희맹(姜希孟)은 『성리대전』이 '이학의 연원(淵源)'이므로 반드시 강해야 하지만 그 깊은 뜻과 미묘한 취지를 다 이해하기 어려우므로 홍문관 관원 중에서 영민한 자를 선발하여 예습하게 해서 경연에 대비할 것을 건의했다.[12] 이후 『성리대전』 진강 준비가 구체적으로 어떻게 이루어졌는지는 기록이 없어서 확인하기 어렵지만, 약 5개월이 지난 1481년 3월에 성종이 조강(朝講)에서 『자치통감(資治通鑑)』 강독을 마친 후 『성리대전』을 강하겠다

---

11 『세종실록』, 14년 2월 6일(을미), 16년 3월 5일(임오).
12 『성종실록』, 11년 10월 20일(병인).

표 2 | 『성종실록』에 수록된 『성리대전』 진강 기사

일시	강독 내용	주요 진강 내용	강관(講官)
1489.3.10. (무진)	사십팔성도 (四十八聲圖)	『예기(禮記)』와 순(舜)·계찰(季札) 등의 언설을 인용하여, 성률(聲律)을 통해 정치의 득실을 알 수 있다고 주장	김응기 (金應箕)
1489.3.14. (임신)	육십조도(六十調圖)	성률의 제도는 임금이 오상(五常)의 덕(德)을 기르는 바라고 전제한 다음, 『옥해(玉海)』·『문헌통고(文獻通考)』 등을 참고하여 세종 조의 음악 회복을 건의	김응기
1490.8.21. (신축)	"그 놓아둔 것을 거두고 그 좋은 것을 보존한다 (收其放而存其良)."	임금이 마음을 조존(操存)하는 공이 잠시라도 끊기면 성색(聲色)과 화재(貨財)에 빠져 마음이 병드는 경우가 많음을 강조	정광세 (鄭光世)
1491.10.21. (갑자)	"어진 재상은 영행(佞幸)·교납(交納) 하지 않지만, 간신은 교결(交結)·영행한다(賢相不與佞幸交納 姦臣交結佞幸)."	현신(賢臣)은 정직한 도리로 임금을 섬기기 때문에 사람들이 그를 헐뜯지만, 간신은 남에게 아첨하고 아부하기 때문에 사람들이 그를 칭찬하는 것이니, 임금은 헐뜯거나 칭찬하는 것으로 사람의 진퇴를 결정해서는 안 된다고 주장	김응기
		당나라 소선지(蕭銑之)와 고려의 김용(金鏞)이 모두 반역을 일으켰다 죽임을 당했음에도 당 현종과 공민왕이 그들을 잊지 못하고 눈물을 흘린 일을 예로 들면서 간신들이 아첨으로 임금의 환심을 굳게 맺음이 이와 같다고 지적	조위 (曺偉)
1491.11.6. (무인)	"옛 성왕이 간귀(姦宄)를 교화하여 선량하게 만든 것은 끊지 않았기 때문이다(古之聖王 所以能化 姦宄爲善良者 由不之 絶也)."	임금이 간귀한 사람을 끊지 않았기 때문에 착한 사람으로 변화시킬 수 있었고, 처음부터 거절 했다면 변화시킬 수 없었을 것이라고 하면서, 임금은 함홍(含弘)의 도량으로 아랫사람을 거느려야 한다는 점을 강조	홍응 (洪應)
1491.11.11. (계미)	군덕(君德)	군덕은 임금이 스스로의 마음을 바르게 하는 요체이니 항상 삼가고 생각해야 한다고 주장	손순효 (孫舜孝)
1491.11.16. (무자)	"신하가 임금에게 아첨하고 뜻을 맞추어서는 안 된다(臣之於君 不可阿諛逢迎)."	정인사(正因寺)에 쌀과 베를 내린 일에 대해 왕이 이극배(李克培)에게 자문을 구했으니, 이극배가 그만두도록 간언하지 않았을 뿐만 아니라 선왕의 전례를 끌어대어 왕에게 아첨하고 뜻을 맞추었으니, 이는 대신이 왕을 바르게 인도하는 도리가 아니라고 비판	안팽명 (安彭命)
1491.12.7. (기유)	"군자는 절의를 지키고 대의(大義)에 죽는다(君子 伏節死義)."	"평일에 곧은 말을 하고 과감히 간하는 사람이 없으면 위란(危亂)에 임하여 절개를 지키고 대의에 죽는 인사가 없다"라는 소자첨(蘇子瞻)의 말을 인용한 후, 간관의 말이 비록 정도에 지나치더라도 너그럽게 용납할 것을 주장	표연말 (表沿沫)
1491.12.12. (갑인)	"왕자(王者)는 백성을 부유하게 하고, 패자(覇者)는 나라를 부유하게 한다."	왕(王) 패(覇)의 도(道)는 백성과 나라를 부유하게 하는 데 있음을 전제한 다음, 연분(年分) 등급을 정할 때 감사의 말만 따른다면 이는 '왕자가 백성을 부유케 한다'는 뜻에 어긋나니, 경차관(敬差官)의 계본(啓本)을 따르는 것이 옳다고 주장	이거 (李琚)

는 전교를 내린 것을 볼 때,[13] 이극배·강희맹 등이 건의한 『성리대전』 진강 준비가 어떤 식으로든 진행되었음을 유추해볼 수 있다. 이후 『성리대전』 진강이 언제부터 시작됐는지는 정확히 알 수 없지만, 1484년(성종 15) 5월에 김응기(金應箕)에게 『율려신서』를 진강하도록 했던 것을 통해 경연 강의가 이루어진 사실을 확인할 수 있다.[14]

『성종실록』에는 1489년 3월부터 1491년 12월까지 모두 9건의 『성리대전』 진강 기사가 수록되어 있는데, 이를 정리하면 〈표 2〉와 같다.

앞서 살펴본 바와 같이 조선 초기 학자들은 『성리대전』을 '이학의 연원'으로 평가했다. 하지만 『성종실록』에 기록된 『성리대전』 진강 사례들을 보면 성리학 이론에 대한 강의는 거의 없고, 군주와 신하들이 현실 정치에서 모범이나 경계로 삼아야 할 내용이 중점적으로 다루어졌던 것을 볼 수 있다. 이는 1차적으로 국왕을 대상으로 진행된 경연 강의였기 때문에 『성리대전』 중에서도 국왕이 반드시 익혀야 할 내용, 즉 국왕의 수신과 도덕성, 인재를 판단하는 안목 등 국정 운영에 필수적인 내용에 초점이 맞추어진 결과라고 할 수 있다.

성종 대 신진학자들이 성리학의 원칙과 윤리의 실천을 중시하는 학풍을 지녔던 것도 『성리대전』 진강의 경향성과 관련이 있다고 할 수 있다. 주지하는 바와 같이 15세기 말~16세기 초에 등장한 김종직(金宗直)·정여창(鄭汝昌)·김굉필(金宏弼) 등은 관료의 도덕성을 중시했으며, 이를 위해 수신의 교과서인 『소학(小學)』을 철저히 학습하고 그에 담긴 성리학의 윤리와 규범을 일상생활에서 실천해야 한다는 점을 강조했다. 이와 같은 성종 대 학자들의 학문적 지향을 고려해볼 때, 이들은 『성리대전』을 연구

---

[13] 『성종실록』, 12년 3월 23일(정유).
[14] 『성종실록』, 15년 5월 12일(무술).

할 때도 심오한 이론보다는 현실에서 성리학 규범을 실천하는 데 도움이 되는 내용에 더 많은 관심을 가지고 집중했을 것이고, 이런 경향이 경연 진강에도 영향을 끼쳤을 것으로 생각된다.

성종 대 『성리대전』의 연구와 강의를 주도한 학자들이 중앙 정부의 관료였다는 점도 이 시기 『성리대전』 진강에서 국정 관련 내용이 강조된 중요한 원인이라고 할 수 있다. 이들은 향리에서 학문 연구에만 전념하던 학자들이 아니라 국정 운영을 직접 담당했던 관료들이었기 때문에 학문 연구에서 현실 정치와 연결되는 경세적 측면에 깊은 관심을 가질 수밖에 없었을 것이다. 그 결과 이들은 『성리대전』을 연구하고 강의할 때 성리학 이론 자체보다는 성리학 이론에 입각한 국정 운영의 원칙, 군주와 신하의 바른 자세와 책무 등 현실 정치에 적용할 수 있는 내용을 더욱 중요하게 생각했던 것으로 볼 수 있다.[15]

3) 중종 대 『성리대전』 학습과 경연 준비

중종 대에 들어서도 『성리대전』은 경연의 중요한 교재로 주목받았다. 1509년(중종 4) 6월 중종은 홍문관 관원 및 젊은 문신을 가려 뽑아서 『성리대전』을 읽게 할 것을 지시했다.[16] 이에 대해 예조에서는 대제학과 함께 의논하여 『성리대전』을 전습(傳習)할 문신을 선발할 것을 건의했다.[17]

---

15 중종 대에 홍언필은 성종 대의 『성리대전』 진강에 대해 "치도(治道)에 관계되는 것만 뽑아 진강했습니다"라고 했는데[『중종실록』, 36년 11월 23일(을사)], 이는 성종 대 『성리대전』 진강이 실서를 상황서 비새일 씨비다 네 힐 수 있다.

16 『중종실록』, 4년 6월 10일(경오).

17 『중종실록』, 4년 6월 22일(임오).

이때의 『성리대전』 학습자 선발은 기본적으로 홍문관 관원을 대상으로 했다는 점에서 경연 진강에 대비하기 위한 사전 조치였다고 생각된다.

1512년(중종 7) 1월 우승지 이사균(李思鈞)은 독서당(讀書堂)에 선발된 관원들이 『예기(禮記)』와 『성리대전』의 해석하기 어려운 곳을 함께 의논하며 연구하도록 할 것을 건의했다. 이듬해 9월에는 김응기(金應箕)·신용개(申用漑) 등이 경연 진강에 대비하여 『성리대전』을 학습할 문신으로 김세필(金世弼)·김안국(金安國)·유운(柳雲)·성운(成雲)·김양진(金揚震)·홍언필(洪彦弼) 등을 선발하여 보고했다.[18] 또 1516년(중종 11) 6월에는 조광조(趙光祖)가 야대(夜對)의 진강 서적으로 『성리대전』을 추천했다.[19] 이상과 같이 중종 대에는 초기부터 『성리대전』 진강을 위한 여러 조치가 지속적으로 추진되었다.

하지만 중종 초반의 경연에서 『성리대전』 진강이 이루어지지는 못했다. 1517년 2월 20일의 야대에서 홍언필은 "요사이 『성리대전』을 강론하고 싶어도 해석할 사람이 없으니, 지금 이학이 이렇게 거칠어졌습니다"라고 하면서, 그 대책으로 나이가 젊고 학문할 만한 사람을 명(明)에 유학시켜 배워 오도록 할 것을 건의했다.[20] 홍언필의 발언은 중종 초반에 『성리대전』 진강을 위한 조치들이 있었음에도 불구하고 강의를 담당할 인물을 얻는 것이 상당히 어려웠음을 보여준다.

1518년(중종 13) 11월 조광조는 석강(夕講)에서 『성리대전』에 정통하면 세상을 다스리는 방법으로 다른 것을 기다릴 필요가 없다고 주장한 다음, 『성리대전』 학습을 진흥할 방안으로 ① 적합한 문관을 선발하여 강

---

18 『중종실록』, 8년 9월 24일(기축).
19 『중종실록』, 11년 6월 2일(임자).
20 『중종실록』, 12년 2월 20일(병인).

독하게 할 것, ② 김안국·이자(李耔)·김정(金淨) 등을 함께 참여하게 해서 문관들이 질의하도록 할 것, ③ 한 달에 3번 홍문관에 다 같이 모여 강론할 것 등을 건의했고, 중종이 이를 수용했다.[21] 이에 따라 승정원에서는 『성리대전』을 학습할 문신 26명을 선발하고, 조광조의 건의 내용을 바탕으로 『성리대전』 강독에 관한 절목(節目)을 제정했다.[22] 절목 내용을 정리하면 다음과 같다.

- 강독 분량은 하루에 2~3장을 기본으로 하며, 이해가 쉬운 곳은 장수에 구애받지 않는다, 10일마다 홍문관에 모여 변정(辨正)하고, 월말에 홍문관 장무관(掌務官)이 그달에 질정(質正)한 장수를 써서 보고한다.
- 3·6·9·12월에 강독한 사람의 이름을 써서 입계(入啓)하고, 그중 4~5인을 지정하여 읽은 곳을 강론하게 한다.
- 홍문관의 대제학·제학과 김안국·이자·김정·조광조 등이 질정하는 날에 함께 참여한다.

한편, 조광조는 1519년(중종 14) 4월에 다시 한번 문신을 가려 뽑아서 『성리대전』을 강독하게 할 것을 건의했는데, 그 내용 중에 "일찍이 문신을 시켜 『성리대전』을 강독하게 했지만, 근래에는 사고 때문에 아직 강독

---

21 『중종실록』, 13년 11월 4일(경자).
22 『중종실록』, 13년 11월 6일(임인). 이때 선발된 26명의 관원은 다음과 같다. 공서린(孔瑞麟), 김정국(金正國), 신광한(申光漢), 김구(金絿), 민수원(閔壽元), 기준(奇遵), 정응(鄭䧹), 권운(權雲), 구수복(具壽福), 윤구(尹衢), 이인(李認), 정순붕(鄭順朋), 민수천(閔壽千), 류돈(柳墩), 한충(韓忠), 윤사임(尹士任), 최산두(崔山斗), 성옥형(丁玉亨), 박세희(朴世熹), 황효헌(黃孝獻), 이약빙(李若氷), 장옥(張玉), 이충건(李忠健), 이희민(李希閔), 조인(曺漪卿), 김식(金湜).

을 끝내지 못했습니다"라는 말이 있다.[23] 이는 1518년(중종 13) 11월부터 추진한 『성리대전』 강독이 계획대로 잘 진행되지 못했음을 보여준다.

조광조의 건의를 접한 중종은 같은 해 5월에 주강(晝講)에서 『소학』을 마친 후 『성리대전』을 읽겠다는 뜻을 밝히고, 강의를 담당할 만한 사람을 가려서 보고할 것을 승정원에 지시했다.[24] 이에 승정원에서는 21명의 관원을 선발하여 보고했는데, 그 명단은 아래와 같다.[25]

남곤(南袞), **김안국**, 이자, 김정, **조광조**, 김세필(金世弼), 신광한, **김정국**, 김구, 홍언필, 김식, 한충, 박세희, 기준, 정응, 장옥, 조우(趙佑), 이희민, 황효헌, 권운, 이충건

위 명단에서 밑줄 친 13명은 1518년 11월에 선발됐던 26명에 포함됐던 사람들이고, 굵은 글씨로 표시한 4명은 홍문관에서 질정할 때 함께 참여했던 이들이다. 이처럼 중종 대 전반기에는 중간중간 부침이 있기는 했지만 『성리대전』의 경연 진강을 위한 준비 학습이 꾸준하게 추진되었다.

하지만 1519년 11월 기묘사화가 일어나면서 『성리대전』 학습은 더 이상 이어지지 못했고, 경연에서의 『성리대전』 진강 또한 결국 이루어지지 못했다.[26] 1541년(중종 36) 11월에 위의 21명 중 한 사람이었던 홍언필이 "지난번에 『성리대전』을 진강하려고 했지만 아는 사람이 없어 아직까지

---

23 『중종실록』, 14년 4월 6일(기사).
24 『중종실록』, 14년 5월 11일(계묘).
25 『중종실록』, 14년 5월 17일(기유).
26 김중권, 「朝鮮朝 經筵에서 中宗의 讀書歷에 관한 考察」, 『서지학연구』 41, 2008, 198-199, 205쪽.

못했습니다"²⁷라고 한 것은 기묘사화 이후 『성리대전』 학습이 중단된 상황을 단적으로 보여준다.

---

27 『중종실록』, 36년 11월 23일(을사).

3. 『성리대전서절요』의 체재와 내용

『성리대전서절요』(이하『절요』)는 김정국이『성리대전』에서 중요한 내용을 선별하여 편찬한 책이다. 김정국은『절요』서문에서 이 책을 편찬한 목적에 대해『성리대전』이 60여 권에 이르는 거질이어서 조선에는 이 책을 가진 학자가 드물고 혹 갖고 있어도 이를 다 열람한 이는 거의 없다고 지적한 다음, 이에『성리대전』의 내용 중 모범이 될 만한 요체를 뽑아『절요』를 편찬했다고 했다.28

『절요』는 4권 2책으로 구성되어 있으며 수록된 항목의 수는 총 136개이다. 각 권의 수록 항목을 정리하면 〈표 3〉과 같다.

각 권의 구분에서 특별한 기준은 보이지 않으며, 다만 선별한 내용을『성리대전』의 순서대로 정리하면서 각 권의 분량이 어느 정도 균등

---

28 『성리대전서절요(性理大全書節要)』,「序文」(金正國 撰).
「서문」에서 김정국은 "물러나 한가하게 있을 때[退休之日]"에 이 책을 편찬했다고 했는데, 이는 기묘사화 이후 은거기에『절요』를 편찬한 사실을 보여준다. 우정임은 "중종 19년(1524) 가을에「성리절요서(性理節要序)」를 지었다"라는 주세붕「연보(年譜)」의 기록을 근거로『절요』가 1524년에 편찬됐다고 했다[우정임(2012), 앞의 글, 288쪽]. 하지만 주세붕의「신간성리절요서(新刊性理節要序)」를 보면 1546년 상진(尙震)이『절요』를 중간(重刊)할 때 이 서문이 지어진 것을 확인할 수 있다[周世鵬,『武陵雜稿』권6,「新刊性理節要序」]. 따라서 주세붕「연보」에 기록된 서문 작성 연도는 오류이며,『절요』의 편찬 시기도 1524년으로 단정하기 어렵다.
한편, 김정국은 관직 복귀 후 1538년(중종 33) 전라도관찰사로 재직할 때 목활자로『절요』를 처음 간행했으며, 8년 후인 1546년(명종 1)에 상진이 영남에서『절요』를 목판으로 중간했다. 현전하는『절요』판본으로는 1538년 목활자본 완질이 국립중앙박물관, 청주고인쇄박물관, 성암고서박물관 등에, 1546년 목판본 완질이 국립중앙도서관에 소장되어 있으며, 그 밖에 두 판본의 영본들이 고려대학교 도서관, 영남대학교 도서관, 서울대학교 규장각한국학연구원 등에 소장되어 있다. 본 연구에서는 국립중앙도서관 소장 목판본을 이용했다.

표 3 | 『성리대전서절요』 각 권의 수록 항목

권	항목명
1	太極圖總論, 通書, 樂, 西銘, 家禮, 律呂新書, 鬼神, 性理, 道, 仁, 仁義禮智, 道統, 孟子, 周子, 程子, 張子, 邵子, 羅從彦, 李侗, 胡安國, 朱子, 張栻, 爲學之方, 存養
2	知行, 力行, 敎人, 人倫, 史學, 論詩, 論文, 老子, 莊子, 董子, 文仲子, 韓子, 歐陽子, 蘇子, 舜, 宣王, [唐虞三代]總論, 管仲, 苟息, 狐偃, 趙衰, 子産, 毛遂, 趙括, 魯仲連, 藺相如, 屈原, [春秋戰國]總論, 秦始皇, 茅焦, 陳涉, [秦]總論
3	西漢高帝, 文帝, 武帝, 宣帝, 項羽(附 范增), 蕭何, 韓信, 張良, 彭越, 曹參, 周勃, 王陵, 趙堯, 賈誼, 鼂錯, 張湯, 霍光, 魏相, 趙充國, 丙吉, 劉向, 蕭望之, 龔勝, 王莽, [西漢]總論, 光武, 嚴光, 李固, 杜喬, 荀淑, 竇武, 何進, 陳蕃, [東漢]總論, 曹操, 諸葛亮, 苟彧, 普元帝, 溫嶠, 王導, 謝安, 陶潛, [晉]總論, 唐太宗, 中宗(附武后), 玄宗, 狄仁傑, 陽城, 張巡, [唐]總論, 馮道
4	仲淹, 王安石, 李綱, [宋]總論, 君道, 君德, 聖學, 儲嗣, 君臣, 臣道, 治道, 禮樂, 宗廟, 宗法, 諡法, 封建, 學校, 用人, 人材, 求賢, 諫諍, 賞罰, 王伯, 節儉, 賑恤, 禎異, 論兵, 論刑, 夷狄

하도록 맞춘 것으로 보인다. 그런데 『절요』의 내용을 보면 이 책은 크게 세 부분으로 나누어 볼 수 있다. 그것은 ① 학문과 실천에 관한 언설(권1~2 〈소자(蘇子)〉), ② 역사 인물과 사실에 대한 사평(史評)(권2 〈순(舜)〉~권4 〈[송(宋)]총론(總論)〉), ③ 국가 운영의 원칙(권4 〈군도(君道)〉~〈이적(夷狄)〉) 등이다. 이 장에서는 위 분류를 기준으로 『절요』의 내용을 정리해보고자 한다.

1) 학문과 실천에 관한 언설: 권1~2 〈소자(蘇子)〉

『절요』 권1의 첫 부분에는 『성리대전』에 실린 개별 저술에서 선별한 내용이 수록되어 있다. 『성리대전』 권1~25에는 송 대 성리학자들이 지은 9편의 단독 저술이 실려 있는데,[29] 『절요』에는 이 중 『태극도(太極圖)』, 『통

---

29 『성리대전』 권1~25에 수록된 단독 저술은 다음과 같다.
『태극도(太極圖)』(권1), 『통서(通書)』(권2~3), 『서명(西銘)』(권1), 『정몽(正蒙)』(권5~0),

서(通書)』,『서명(西銘)』,『가례(家禮)』,『율려신서(律呂新書)』등 5편의 저술에서 발췌한 내용이 6개 항목으로 정리되어 있다. 선별된 내용을 보면,『통서』·『가례』·『율려신서』는 각각의 서문을 수록했고,『태극도』와『서명』은 총론 중에서 저술의 대지(大旨)를 언급한 내용을 인용했다. 즉,『성리대전』의 개별 저술에서 발췌한 내용은 해당 저술의 편찬 목적과 서술 방향, 전반적인 성격과 의의 등을 설명한 글이 중심을 이루고 있다.

다음으로『성리대전』의「이기(理氣)」,「귀신(鬼神)」,「성리(性理)」편에서 인용한 내용이 실려 있다. 이 세 편은 성리학 이론을 집중적으로 다룬 부분으로,『성리대전』전체 70권 중 12권(권26~37)을 차지할 만큼 비중이 상당히 크다. 그러나『절요』에서 차지하는 비중은 매우 작아서,「귀신」에서 4개 조목,「성리」에서 7개 조목 등 총 11개 조목만 선별되어, 〈귀신(鬼神)〉·〈성리(性理)〉·〈도(道)〉·〈인(仁)〉·〈인의예지(仁義禮智)〉의 5개 항목으로 정리되었을 뿐이다. 〈귀신〉에는 주로 기(氣)의 측면에서 귀신의 개념을 설명한 내용이 실려 있다. 〈성리〉에서는 '기질지성(氣質之性)'에 관한 내용이 중심을 이루고 있는데, 특히 학습을 통한 기질의 변화와 본성 회복이 강조되었다. 〈도〉에는 모든 만물에 태극(太極)의 도가 갖추어져 있음을 언급한 내용이 실려 있다. 또 〈인〉과 〈인의예지〉에 실린 글들은 사덕(四德) 간의 관계, 특히 인(仁)이 인의예지(仁義禮智)를 모두 포괄한다는 점을 강조하고 있다. 이처럼 〈귀신〉부터 〈인의예지〉까지의 항목은 성리학의 핵심 개념을 설명한 내용이 중심을 이루고 있다. 즉, 성리학의 깊이 있는 이론보다는 반드시 익혀야 할 기본 개념을 명확히 숙지하도록 하는 것이 이 부분의 편집 목적이었다고 생각된다.

『황극경세서(皇極經世書)』(권7~13),『역학계몽(易學啓蒙)』(권14~17),『가례(家禮)』(권18~21),『율려신서(律呂新書)』(권22~23),『홍범황극내편(洪範皇極內篇)』(권24~25).

표 4 | 『성리대전서절요』 권1, <귀신(鬼神)>~<인의예지(仁義禮智)> 발췌 내역

성리대전			성리대전서절요	
권차	편명	세부 항목	발췌 조목 수	항목명
권28	귀신(鬼神)	-	4	귀신(鬼神)
권31	성리(性理)(3)	기질지성(氣質之性)	3	성리(性理)
권34	성리(性理)(6)	도(道)	1	도(道)
권35	성리(性理)(7)	인(仁)	1	인(仁)
권36	성리(性理)(8)	인의예지(仁義禮智)	1	
			1	인의예지(仁義禮智)

『성리대전』 권38의 「도통(道統)」・「성현(聖賢)」과 권39~42의 「제유(諸儒)」편은 공자 이후 송 대까지 유학(儒學)의 도통 계승 과정을 정리한 내용이다. 김정국은 『절요』에서 이 부분을 매우 중요하게 다루었다. 먼저 「도통」 편에서 7개 조목을 발췌하여 같은 이름의 항목으로 정리했는데, 주돈이(周敦頤)가 맹자(孟子) 이후 천년 동안 단절되었던 유학의 도통을 계승했고 그 학문을 이정(二程) 형제와 장재(張載)・주희(朱熹) 등이 차례로 이어받았다는 내용이 중심을 이루고 있다. 이어 「성현」・「제유」에서 발췌한 내용을 〈맹자(孟子)〉・〈주자(周子)〉・〈정자(程子)〉・〈장자(張子)〉・〈소자(邵子)〉・〈나종언(羅從彦)〉・〈이통(李侗)〉・〈호안국(胡安國)〉・〈주자(朱子)〉・〈장식(張栻)〉 등의 항목으로 정리했다.

특히 주목되는 것은 「성현」에서 맹자에 관한 내용만 뽑아 수록한 다음 「제유」에서 선별한 주돈이 관련 내용을 그 뒤에 바로 배치한 점으로, 주돈이가 맹자의 학문을 계승했다는 점이 직관적으로 드러나도록 하려는 의도였다고 생각된다.[30] 또 주희 이후 학자들에 관한 내용은 모두 생략했

---

30 『성리대전』에는 권38의 「성현(聖賢)」에서 '맹자(孟子)' 다음에 '공맹문인(孔孟門人)' 항

표 5 | 『성리대전』「학(學)」(권43~56) 발췌 내역

『절요』항목명	주요 내용
위학지방 (爲學之方)	학문은 사람이 하늘로부터 부여받은 성(性)을 보존하는 방법으로, 방심(放心)을 거두어들이고 양심(良心)을 보존하는 일이며, 학문은 작은 일을 실천하는 것에서 시작되어야 함을 강조
존양(存養)	존양의 핵심이 '경(敬)'에 있음을 지적하고 '경'의 개념을 설명
지행(知行)	앎과 실천의 단계를 설명. 이미 알고 있는 작은 일부터 먼저 실천하는 것이 중요하며, 이것이 더 큰 앎을 이루어가는 과정이라는 점을 강조
역행(力行)	입지(立志)를 우선으로 하고 지경(持敬)을 근본으로 하여 정밀하게 살펴야 의(義)와 리(利)를 변별할 수 있다는 점을 지적
교인(敎人)	학교 교육에서 성현(聖賢)의 학문을 궁구하고 함양해야 한다는 점, 학문의 본질은 자신의 몸을 '성(誠)'하게 하는 것이며 '근근(勤謹)'의 자세로 학문에 임해야 한다는 점, 성현의 준칙이 담긴 경전을 학습해야 한다는 점 등을 지적
인륜(人倫)	성현의 가르침은 오륜(五倫)을 벗어나지 않으며, 부부(夫婦)·장유(長幼)·붕우(朋友) 관계도 결국은 천리(天理)에 의해 결합된 것임을 강조. 또 스승의 도를 확립하는 것이 인재의 융성과 조정을 바르게 하는 것의 기초가 된다는 점을 지적
사학(史學)	선악을 기록하여 후대에 전하는 역사 기록과 그 책임을 맡은 사관(史官)의 중요성 강조. 주요 역사 사건 및 역사 서술에 대한 정이(程頤)·주희(朱熹) 등의 평가 수록
논시(論詩)/ 논문(論文)	좋은 시와 문장은 학문의 축적에서 나오는 것이지 인위적으로 배워서 이룰 수 있는 것이 아니라는 점을 강조

는데, 이는 주희 단계에서 학문이 완성되었고 지금의 학자들이 따라야 할 전범은 주희라는 점을 강조하고자 했던 것으로 보인다.

『성리대전』에는 권43부터 권56까지 총 14개 권에 걸쳐서 「학(學)」편이 수록되어 있다. 『절요』에는 이 중 권43~47에서 선별한 〈위학지방(爲學之方)〉과 〈존양(存養)〉이 권1의 마지막 부분에, 권48~56에서 선별한 〈지행(知行)〉 등 7개 항목이 권2의 앞부분에 실려 있다. 각 항목의 주요 내용을 정리하면 〈표 5〉와 같다.

『성리대전』 권57~58은 「제자(諸子)」편으로 노자(老子)부터 소식(蘇軾)

목이 하나 더 있고, 그 뒤에 권을 바꾸어 권39의 「제유(諸儒)」에서 첫 번째로 '주돈이(周敦頤)'가 배치되어 있다.

까지 15명에 대한 글이 실려 있다. 이 중 김정국은 노자·장자(莊子)·동중서(董仲舒)·왕통(王統)·한유(韓愈)·구양수(歐陽脩)·소식 등 7명에 관한 내용을 선별하여『절요』에 수록했다. 각 인물에 대한 비판적 평가가 주류를 이루고 있으며, 비교적 긍정적인 내용을 수록한 동중서·한유·구양수의 경우에도 "큰 학업에 마음을 기울였지만 끝내 도의 전체를 보지 못하고 재이(災異)의 학술로 흘러간 점은 애석하다(동중서)", "「원도(原道)」의 말에 흠이 있다(한유)" 등과 같이 한계를 지적한 내용이 함께 실려 있다. 특히 소식에 대해서는 그의 학문을 불교와 왕안석(王安石), 양주(楊朱)·묵적(墨翟)에 비견하며 신랄하게 비판한 주희의 평가를 집중적으로 수록했다.

2) 역사 인물·사실에 대한 사평(史評): 권2 〈순(舜)〉~권4 〈|송(宋)|총론(總論)〉

『성리대전』에는 권59~64의 6개 권에「역대(歷代)」편을 편성하여 당우삼대(唐虞三代)부터 송 대까지 주요 군주와 관료들의 행적과 학문, 역사적 사실 등에 관한 평가 내용을 수록했다.『절요』에는「역대」에서 선별한 내용이 권2 후반부터 권4의 앞부분까지 실려 있는데, 조목 수가 96개로『절요』전체 분량(270개 조목)의 3분의 1이 넘는다. 이는 김정국이『절요』를 편찬할 때「역대」를 매우 중요하게 생각했음을 잘 보여준다.

『성리대전』에서는「역대」의 내용을 '당우삼대(唐虞三代)'·'춘추전국(春秋戰國)'·'진(秦)'·'서한(西漢)'·'동한(東漢)'·'삼국(三國)'·'진(晉)'·'당(唐)'·'오대(五代)'·'송(宋)' 등 왕조별로 구분하여 정리했고, 각 왕대마다 마지막에 '총

표 6 | 『성리대전서절요』「역대」 수록 내역

『성리대전』「역대」		『절요』 수록 항목		『절요』 제외 항목
구분	항목 수			
당우삼대 (唐虞三代)	10	3	舜, 宣王, 總論	7	堯, 禹, 湯, 文王, 武王, 伊尹, 傅說
춘추전국 (春秋戰國)	20	11	管仲, 荀息, 狐偃, 趙衰, 子産, 毛遂, 趙括, 魯仲連, 藺相如, 屈原, 總論	9	魯衛, 趙文子, 商鞅, 樂毅, 孫臏, 廉頗, 蘇秦, 張儀, 范雎
진(秦)	4	4	秦始皇, 茅焦, 陳涉, 總論	0	
서한(西漢)	54	25	高帝, 文帝, 武帝, 宣帝, 項羽(附 范增), 蕭何, 韓信, 張良, 彭越, 曹參, 周勃, 王陵, 趙堯, 賈誼, 鼂錯, 張湯, 霍光, 魏相, 趙充國, 丙吉, 劉向, 蕭望之, 龔勝, 王莽, 總論	29	景帝, 元帝, 董公, 婁敬, 陳平, 叔孫通, 四皓, 季布, 劉章, 張蒼, 酈寄, 張釋之, 周亞夫, 袁盎, 賈山, 馮唐, 鄒陽, 枚乘, 田叔, 竇嬰, 灌夫, 田蚡, 卜式, 公孫弘, 汲黯, 疏廣, 疏受, 黃霸, 匡衡
동한(東漢)	17	9	光武, 嚴光, 李固, 杜喬, 荀淑, 竇武, 何進, 陳蕃, 總論	8	和帝, 鄧禹, 吳漢, 黃憲, 朱穆, 陳寔, 趙苞, 臧洪
삼국(三國)	5	3	曹操, 諸葛亮, 荀彧	2	漢昭烈, 吳孫權
진(晉)	12	6	晉元帝, 溫嶠, 王導, 謝安, 陶潛, 總論	6	顧榮, 賀循, 殷浩, 符堅, 桓溫, 崔浩
당(唐)	16	7	唐太宗, 中宗(附 武后), 玄宗, 狄仁傑, 陽城, 張巡, 總論	9	高祖, 肅宗, 憲宗, 王珪, 魏徵, 馬周, 褚遂良, 陸贄, 楊綰
오대(五代)	3	1	馮道	2	後唐明宗, 後周世宗
송(宋)	35	4	仲淹, 王安石, 李綱, 總論	31	太祖, 太宗, 眞宗, 仁宗, 神宗, 欽宗, 孝宗, 寧宗, 尙敏中, 王隨, 楊億, 韓琦, 司馬光, 呂公著, 范純仁, 鄒浩, 曾肇, 宗澤, 王伯彦, 黃潛善, 趙鼎, 洪皓, 張浚, 張俊, 韓世忠, 劉光世, 岳飛, 秦檜, 胡銓, 張九成, 李椿

론(總論)'을 배치했다.[31] 이에 비해『절요』에서는 김정국이 선별한 인물들

---

[31] 『성리대전』「역대」에 수록된 왕조 중에서 '삼국'과 '오대'에는 총론이 설정되어 있지 않다.

을 왕조 표시 없이 순서대로 수록했으며, 인물명을 항목명으로 사용했다. 그리고 각 왕대의 총론은 모두 포함했다. 『절요』의 「역대」편 수록 내역을 정리하면 〈표 6〉과 같다.

「역대-당우삼대」에서 선별한 글은 군주의 덕성과 인재 분별의 중요성, 요(堯)·순(舜)의 선양(禪讓)과 문왕(文王)·무왕(武王)의 정벌에는 사(私)가 없다는 점 등과 같이 군주와 관련된 내용이 중심을 이루고 있다. 여기에는 당우삼대의 군주들이 후대 왕이 따라야 할 이상적 모범임을 강조하려는 의도가 반영되어 있다고 생각된다.

「역대-춘추전국」에서 선별한 내용의 핵심은 춘추전국 시대에 능력 있는 인재들이 많이 있었지만 이들이 자신의 군주를 삼대(三代)의 군주같이 되도록 보필하지 못했음을 지적한 점이다. 김정국은 그 이유를 그들의 학문 수양이 바르지 못했던 것에서 찾았다. 신하들, 특히 재상들이 군주의 마음을 바로잡고 이상적인 군주가 되도록 보좌하기 위해서는 재상의 학문적 성취와 축적이 선행되어야 함을 강조한 것이다.

「역대-진(秦)」에서는 진나라 때 군신(君臣)의 기강이 무너지고 왕도정치가 붕괴되어 인정(仁政)이 사라졌음을 비판한 내용이 『절요』에 실려 있다. 『절요』에 인용된 〈[진(秦)]총론〉에서는 그렇게 된 이유가 선비들이 왕도정치의 근본을 알지 못했기 때문이라고 지적했는데, 이는 곧 학문의 부족, 유학(儒學)의 결여를 의미한다.

「역대-서한」에서 선별되어 『절요』에 실린 인물은 모두 25명인데, 이 중 긍정적 평가가 실린 이는 장량(張良)·왕릉(王陵)·조충국(趙充國)·공승(龔勝) 등 4명에 불과하고 나머지 인물들에 대해서는 대체로 부정적인 평가가 수록되어 있다. 부정적 평가의 이유는 군주 보필의 한계, 군신 의리의 방각, 정치의 요체에 대한 무지, 재상의 직무 태만, 무능, 교만, 소인 제거 실패 등 다양한데, 이와 같은 평가의 궁극적인 이유는 대부분 '학문의 부족'으로 귀결되고 있다. 재상들에 대한 비판은 결국 그들을 재상으로 임용한 군주의 책임 문제와 연결된다. 즉, 학문과 능력을 갖춘 인재를 분별하고 발탁하여 재상으로 임명하는 것이 군주의 가장 중요한 책임임을 강조하는 의미가 담겨 있다고 볼 수 있다.

「역대-동한」에서 선별된 내용 중에는 광무제(光武帝)에 관한 평가가 주목된다. 광무제가 인재 등용, 특히 재상 임용에 한계가 있었으며, 재상의 직책을 알지 못했기 때문에 재상에게 맞지 않는 일을 맡겼다고 비판했다. 그런데 〈[동한]총론〉에는 광무제가 유학을 숭상한 것에 대해 긍정적으로 평가한 내용도 함께 실려 있다. 특히 광무제가 타고난 자질은 한(漢) 고조(高祖)보다 못했지만, 선비를 따라 유학을 익히고 의리에 신중했기 때문에 천하를 평정한 후 바른 정치를 펼칠 수 있었다고 하면서, 광무제의 중요한 정사가 모두 유학에서 나왔음을 강조했다.

「역대-삼국」에서 발췌된 내용 중에는 제갈량(諸葛亮)을 긍정적으로 평가한 글들이 눈에 띈다. 이 글들에는 제갈량에게 유학자다운 기상이 있었으며 "삼대(三代) 시절 제왕을 보좌할 만한 그릇"이라고 높이 평가한 내용이 실려 있다. 「역대-동한」과 「역대-삼국」에서 선별된 인물 중 제갈량을 제외한 나머지에 대해서는 대부분 '학문과 재능의 부족', '바르지 못한 출처(出處)' 등 한계를 지적한 내용이 수록되어 있다.

「역대-진(晉)」에서 선별된 내용 중에는 도잠(陶潛)에 대한 긍정적 평가가 주목된다. 도잠의 뜻과 식견이 높았고 진나라 재상의 후예로서 다른 왕조에 몸을 굽히지 않았음을 높이 평가했다. 또 도잠을 굴원(屈原)·장량·제갈량과 함께 군신의 의리를 소중히 했던 네 명의 현자(賢者)로 규정했다.

「역대-당」에서 선별된 글을 보면, 적인걸(狄仁傑)을 제외한 모든 인물들에 대해 부정적인 평가 일색이다. 그리고 군주가 신하의 현명함을 알면서도 등용하지 않는다면 선을 권장할 방법이 없고 간교함을 알면서도 제거하지 않는다면 악을 징계할 방법이 없다고 지적하여, 군자·소인의 분별뿐만 아니라 그에 따른 정당한 조치도 군주의 중요한 책무임을 강조했다.

「역대-오대」 중에서는 풍도(馮道)에 대한 내용만 수록했다. 여러 왕조를 섬긴 이력을 가진 풍도에 대해 신하의 불충으로서 이에 비길 사람이 없다고 신랄하게 비판했다.

『성리대전』「역대-송」에는 송 대의 주요 인물 34명에 대한 평가와 총론이 실려 있다.『절요』에는 이 중에서 범중엄(范仲淹)·왕안석(王安石)·이강(李綱) 등 3명과 총론에서 발췌한 내용만 수록되어 있어서 외견상으로는 김정국이 송 대를 비중 있게 다루지 않은 것처럼 보인다. 하지만 수록 내용을 검토해보면 외형적인 숫자와는 다른 모습이 확인된다. 우선 인물평에 있어 왕안석을 제외하면 긍정 평가가 대부분이어서 부정 평가가 큰 비중을 차지했던 이전 왕조들과 차이가 있다. 특히 범중엄에 대해서는 그를 장량·제갈량·적인걸 등과 함께 '백대(百代)에 뛰어난 인물'로 규정한 내용이 수록되어 있다. 또 〈[송]총론〉에는 송나라가 이전의 왕조들보다 훌륭했던 이유를 다섯 가지로 제시한 내용이 실려 있다.[32] 이 글에서 평자는 송나라가 훌륭할 수 있었던 것은 충후(忠厚)와 염치(廉恥)를 나라의 기강으로 삼았고 슬기로운 군주가 나라의 기틀을 세워 규모가 다른 나라들과는 달랐기 때문이라고 했다. 이는 김정국이 모범으로 생각했던 국가의 모습이 바로 송나라였음을 잘 보여준다. 즉, 김정국은 송에 대한

---

[32] 〈[송]총론〉에서 제시한, 송이 다른 왕조보다 훌륭한 다섯 가지 이유는 ① 100년 동안 내란이 없었던 점, ② 4명의 친제가 100년을 새워간 점, ③ 송나라 신북 시 시상의 가세들에 변동이 없었던 점, ④ 100년 동안 대신을 죽이는 일이 없었던 점, ⑤ 지극한 정성으로 오랑캐를 대한 점 등이다.

표 7 | 『성리대전』「군도(君道)」의 발췌 비율(조목 수 기준)

『절요』 항목명	『성리대전』 조목 수	『절요』 조목 수	발췌 비율 (%)	『절요』 항목명	『성리대전』 조목 수	『절요』 조목 수	발췌 비율 (%)
군도(君道)	46	14	30.4	저사(儲嗣)	5	2	40
군덕(君德)	8	2	25	군신(君臣)	9	1	11.1
성학(聖學)	20	5	25	신도(臣道)	33	5	15.1

평가 내용을 『절요』에 소개함으로써 조선이 지향해야 할 국가상의 전범을 제시했다고 할 수 있다.

3) 국가 운영의 원칙: 권4 〈군도(君道)〉~〈이적(夷狄)〉

『절요』 권4는 「역대-송」에서 발췌한 6개 조목을 제외하면 모두 『성리대전』 「군도(君道)」(권65)와 「치도(治道)」(권66~69)에서 선별한 내용으로 채워져 있다. 『절요』 전체 분량의 약 4분의 1 정도를 차지하며 조목 수로는 전체 270개 중 약 3분의 1 정도인 88개로 앞서 본 「역대」 편 발췌 내용(96개) 다음으로 많다.

『성리대전』 「군도」 편의 구성을 보면, 「군도」라는 편명 아래에 군도에 관한 일반적인 내용을 정리한 다음, 그 하부 항목으로 '군덕(君德)'·'성학(聖學)'·'저사(儲嗣)'·'군신(君臣)'·'신도(臣道)' 등 5개를 두어 각각의 내용을 서술했다. 『절요』에서는 「군도」 편명 아래에 서술된 글에서 발췌한 내용을 〈군도(君道)〉라는 항목으로 정리했고, '군덕(君德)' 이하 5개 하부 항목에서 발췌한 내용도 동일한 이름의 항목에 수록했다. 『성리대전』 「군도」 편에서 발췌된 조목 수와 발췌 비율을 정리하면 〈표 7〉과 같다.

표 8 | 『성리대전』「군도(君道)」의 발췌 내용

『절요』항목명	주요 내용
군도(君道)	군주가 신하를 대하는 방도[격에 맞는 예우, 간언(諫言) 수용], 군주 자신의 수양, 현능(賢能)한 인재의 분별과 등용에 관한 내용 수록
군덕(君德)	성(誠)과 경(敬)이 군덕(君德)의 핵심이라는 점을 강조
성학(聖學)	재상의 군주 보필에서 가장 중요한 핵심은 '함양과 훈도'라는 점을 강조. 군주의 마음을 바르게 하는 것이 정치의 핵심이며, 정심(正心)의 요점은 학문에 있음을 지적
저사(儲嗣)	성학(聖學)의 연장선에서 군주의 후계자 교육의 중요성을 강조
군신(君臣)	군주는 인재를 알아보는 것으로 밝음을 삼아야 하고, 신하는 맡은 직책의 책임을 완수하는 것으로 어짊을 삼아야 한다는 점을 지적
신도(臣道)	군신 간 위계를 엄격하게 할 것, 신하는 자신의 공훈을 내세워서는 안 되고 군주에게 공을 돌려야 할 것, 대신은 군주의 방심(放心)을 바로잡는 것을 책무로 삼아야 할 것 등을 강조

⟨표 7⟩을 보면, 조목 수나 발췌 비율 모두에서 ⟨군도⟩ 항목이 가장 중요하게 다루어졌음을 볼 수 있다. 이어 군주의 학문에 관한 내용인 ⟨성학⟩과 군신관계의 올바른 모습을 다룬 ⟨신도⟩가 각각 5개 조목으로 뒤를 잇고 있다.

다음으로 『성리대전』 「군도」편에서 발췌한 조목의 주요 내용을 정리하면 ⟨표 8⟩과 같다. 전체적으로 볼 때 군주의 학문과 수신, 인재를 분별하고 등용할 수 있는 군주의 능력, 대신의 학문과 군주 보필 등에 관한 내용이 중심을 이루고 있다.

『성리대전』 「치도」편은 '치도총론(治道總論)'을 비롯하여 총 23개의 하부 항목으로 구성되어 있는데, 『절요』에서는 이 중 19개 항목에서 내용을 발췌·정리했으며,[33] 항목명은 「치도」편 하부 항목의 이름을 그대로 사용했다. 『성리대전』 「치도」편에서 발췌된 조목 수와 발췌 비율을 정리하면

---

[33] 『성리대전』 「치도」편의 항목 중에서 『절요』에 한 조목도 수록되지 않은 것은 '논관(論官)'·'법령(法令)'·'전부(田賦)'·'이재(理財)' 등 4개이다

표 9 | 『성리대전』「치도(治道)」의 발췌 비율(조목 수 기준)

『절요』 항목명	『성리대전』 조목 수	『절요』 조목 수	발췌 비율 (%)	『절요』 항목명	『성리대전』 조목 수	『절요』 조목 수	발췌 비율 (%)
치도총론 (治道總論)	77	7	9.1	구현(求賢)	14	4	28.6
				간쟁(諫諍)	17	5	29.4
예악(禮樂)	50	4	8	상벌(賞罰)	7	1	14.3
종묘(宗廟)	11	1	9.1	왕패(王伯)	11	1	9.1
종법(宗法)	17	1	5.9	절검(節儉)	7	2	28.6
시법(諡法)	5	1	20	진휼(賑恤)	10	2	20
봉건(封建)	14	1	7.1	정이(禎異)	9	2	22.2
학교(學校)	17	6	35.2	논병(論兵)	28	2	7.1
용인(用人)	29	13	44.8	논형(論刑)	14	2	14.3
인재(人材)	10	2	20	이적(夷狄)	10	2	20

〈표 9〉와 같다.

〈표 9〉를 보면, 『성리대전』「치도」에서 선별된 내용 중 김정국이 가장 강조했던 부분은 〈학교(學校)〉·〈용인(用人)〉·〈인재(人材)〉·〈구현(求賢)〉 등 인재의 양성과 선발, 임용에 관한 항목이다. 이는 치국(治國)의 성패가 현명하고 능력 있는 인재의 양성과 등용에 달려 있다는 시각이 반영된 것이라고 할 수 있다. 이 중에서도 특히 중시된 부분은 〈학교〉와 〈용인〉이다. 〈학교〉에서는 인재 양성과 임용이 긴밀하게 연결되어 있던 고대(古代)의 학교 제도를 높이 평가한 내용이, 〈용인〉에서는 군자·소인의 명확한 분별의 중요성이 강조되었다. 『성리대전』「치도」편에서 발췌한 각 항목의 내용을 정리하면 <표 10>과 같다.

이상 『성리대전』「군도」편과 「치도」편에서 발췌한 내용을 정리해보

표 10 | 『성리대전』「치도(治道)」의 발췌 내용

『절요』항목명	주요 내용
치도총론 (治道總論)	치도(治道)의 기본 원칙 제시: ① 성인(聖人)의 의도와 마음을 본받을 것, ② 군주의 직책은 재상을 논하는 것이고 재상의 직책은 군주를 바로잡는 것, ③ 공정한 임용과 상벌을 통한 기강 진작과 풍속 교화가 좋은 정치의 선결 요건, ④ 정치에서 가장 중요한 것은 군주의 마음
예악(禮樂)	예(禮)와 악(樂)은 형식과 정신을 모두 갖추어야 하며, 예와 악 사이에서 한쪽으로 치우치지 않는 균형과 조화가 이루어져야 한다는 점 강조
종묘(宗廟), 종법(宗法) 시법(諡法), 봉건(封建)	각각의 기본 개념, 제도의 성쇠 과정 등을 설명한 내용 수록
학교(學校)	고대(古代)에는 학교 교육을 통해 인간의 본성과 윤리의 확립이 이루어졌고, 학교에서 양성된 현능(賢能)한 인재를 정부에 천거하여 관리로 임용함으로써 풍속의 교화와 태평성세를 성취할 수 있었다고 설명. 또 고대와는 달리 후대의 학교 교육은 성현의 학문을 배우지 않고 문장을 익히는 것에 그칠 뿐이라고 비판
용인(用人)	군자(君子)와 소인(小人)을 명확히 분별할 것과 군자를 등용하여 정사를 위임할 것을 강조. 군주가 군자·소인을 분별하는 능력을 갖추는 것이 가장 중요하다는 점과 인재 등용에서 가장 중요한 선무(先務)는 재상에 적임자를 구하는 것임을 지적
인재(人材)	삼대(三代)에는 빛나는 덕을 온전히 한 선비가 많았지만, 그 이후 계속해서 쇠락했음을 지적. 이어 이윤(伊尹)과 부열(傅說)의 예를 들면서 비상한 재능이 있어야 비상한 공훈을 이룰 수 있다는 점을 강조
구현(求賢)	구현(求賢)의 성공 여부는 군주가 독실한 마음으로 현자(賢者)를 좋아하고 구하는 것에 달려 있음을 강조. 또 인재 양성과 등용을 위한 제도적 뒷받침의 필요성, 덕행(德行)이 인재 선발의 기준이 되어야 한다는 점 등을 역설
간쟁(諫諍)	군주가 언로(言路) 확대에 힘써야 한다는 점을 지적. 군주가 간언을 수용하면 군주의 지혜가 밝아지고 군자가 뜻을 펼칠 수 있게 된다고 하여 군주의 간언 수용이 좋은 정치의 출발점이 된다는 점을 강조
상벌(賞罰)	공정한 상벌 시행이 백성들의 마음을 복종시킬 수 있다는 점을 지적
왕패(王伯)	"진실한 마음으로 천리(天理)의 바름을 얻는 것이 요순(堯舜)의 도이고, 사사로운 마음으로 인의(仁義)의 어느 한쪽에 의지하는 것이 패도(覇道)"라고 하여 왕도와 패도의 차이를 설명
절검(節儉)	당(唐) 현종(玄宗)의 사례를 통해 군주가 절검의 명예를 구해서는 안 되며 진실한 마음으로 일상에서 절검을 실천해야 한다고 주장
진휼(賑恤), 정이(禎異), 논병(論兵), 논형(論刑), 이적(夷狄)	국정 운영의 현실적인 문제들과 관련된 내용 수록

면, 인재의 양성과 등용, 군주의 군자·소인 분별, 왕과 관료들이 국정 운영에서 원칙과 지침으로 삼아야 할 내용 등이 큰 비중을 차지하고 있음을 확인할 수 있다. 이 점은 앞서 살펴본 『성리대전』「역대」편의 발췌 내용과 더불어, 편찬 목적이나 성격의 측면에서 『절요』가 현실 정치와 밀접한 관련이 있는 책임을 잘 보여준다고 할 수 있는데, 이에 관해서는 다음 장에서 검토하도록 하겠다.

4. 『성리대전서절요』의 성격과 특징

1) 국정 운영 지침서: 정치의 원칙과 전범

2장에서 살펴본 바와 같이 『성리대전』은 조선 전기에 경연의 주요 교재 중 하나로 강조되었다. 세종·성종 대에는 경연에서 실제로 『성리대전』 진강이 이루어졌으며, 중종 대에도 『성리대전』 강의를 담당할 강관의 선발과 교육이 꾸준히 추진되었다. 『절요』의 편자 김정국은 중종 대에 『성리대전』 연구와 경연 강의를 담당할 문신을 선발할 때 두 차례 모두 포함되었던 인물이다.[34] 이는 김정국이 『성리대전』에 대한 이해가 깊었으며, 따라서 『성리대전』의 내용 중 경연에서 중요하게 다루어야 할 것이 무엇인지를 잘 파악하고 있었을 가능성을 보여준다.

경연에서 다루어야 할 『성리대전』의 내용과 관련하여 중종 대 조광조와 홍언필의 발언을 주목할 필요가 있다. 먼저 조광조는 1519년(중종 14) 5월 11일의 주강(晝講)에서 『성리대전』의 경연 진강 시행을 건의하면서 『성리대전』의 내용 중 수학 같은 것은 비록 여러 해를 공부해도 공을 이루기 어려우므로 이런 것은 읽지 않아도 된다는 입장을 피력했다.[35] 또 1541년(중종 36) 11월에 홍언필은 성종 대 경연에서 『성리대전』을 진강할

---

[34] 2장에서 본 바와 같이 김정국은 1518년(중종 13) 11월 6일과 1519년 5월 17일 등 두 차례에 걸쳐 『성리대전』 강의를 담당할 문신으로 선발되었다. 하지만 첫 번째 선발이 있은 지 13일 후인 11월 19일에 김정국은 황해도관찰사로 임명되었고[『중종실록』, 13년 11월 19일(을묘)], 이후 기묘사화가 발생할 때까지 관찰사로 재직했다. 따라서 김정국이 학문적 능력을 인정받아 『성리대전』 강의 담당 문신으로 두 차례나 선발되기는 했지만, 관찰사 임무 수행으로 인해 경연 준비 과정에 직접 참여하지는 못했을 것으로 생각된다.

[35] 『중종실록』, 14년 5월 11일(계묘).

때 치도(治道)에 관계되는 내용만 뽑아서 읽었음을 지적하고, 이를 따라서 중종도 『성리대전』 중 치도에 관계되는 내용을 가려서 읽을 것을 건의했다.

조광조와 홍언필의 주장을 종합해보면, 경연에서 『성리대전』을 진강할 때는 심오하고 어려운 이론보다는 치도, 즉 국정 운영의 지침이 되는 내용을 위주로 강의해야 한다는 것이 이들의 입장이었다고 할 수 있다. 조광조와 홍언필은 모두 중종 대에 『성리대전』 진강을 담당할 문신으로 선발되었던 이들이다.[36] 또 당시 김정국이 기묘사림을 중심으로 이학의 가치를 공유하는 인적 네트워크를 형성하고 있었다는 선행연구를 고려할 때,[37] 김정국도 조광조·홍언필과 동일한 입장, 즉 『성리대전』을 진강할 때 치도 관련 내용을 위주로 강의해야 한다는 입장을 가졌을 것으로 생각된다.

여기에서 주목할 것은 『절요』에 수록된 내용이 '치도 관련 내용 위주의 『성리대전』 진강'이라는 홍언필·조광조 등의 주장에 잘 부합한다는 점이다. 3장에서 검토한 바와 같이 『절요』의 내용은 ① 학문과 실천에 관한 내용, ② 역사 인물과 사실에 대한 사평(史評), ③ 국가 운영의 원칙 등 크게 세 부분으로 나누어볼 수 있다. 이 중에서 치도, 즉 국정 운영의 지침이라는 측면에서 주목해볼 부분이 바로 ②와 ③이다.

『절요』 권2~4에 실린 ②의 내용, 즉 『성리대전』 「역대」에서 발췌한 항목들은 당우삼대(唐虞三代)부터 송 대까지 중요한 역사 인물과 사건에 대해 성리학의 관점에서 평가한 내용을 정리한 것으로 사론집(史論集) 성격을 갖는다. 이 내용이 『절요』에 수록된 것은 편찬자 김정국이 그 평가에

---

36 『중종실록』, 14년 5월 17일(기유).
37 최민규(2022), 앞의 글.

동의했다는 것을 의미하며, 이는 곧 김정국이 「역대」에서 발췌한 역사적 사실과 평가의 내용을 국정 운영에서 따라야 할 모범과 피해야 할 경계로 삼고자 했음을 보여준다. 이때 김정국이 생각한 모범의 대상은 삼대(三代)와 송(宋)이었고, 그 외 왕조들, 특히 한(漢)·당(唐)은 경계의 대상이었다.

「역대」에서 발췌한 내용을 보면 한·당의 인물들, 특히 한(漢) 대 인물이 많은 수를 차지하고 있어서 외견상 김정국이 한·당을 긍정하고 그 제도와 문물을 따르고자 했던 것처럼 보인다. 하지만 3장에서 검토한 바와 같이 실제 내용에서는 한·당의 인물이나 국정에 대해서는 부정적인 평가가 훨씬 많은 것을 볼 수 있다. 반면 송 대 인물의 경우 『절요』에 수록된 수는 비록 적지만 대부분 긍정적인 평가가 인용되었다. 이런 모습은 모범과 경계의 측면에서 김정국의 지향이 어느 쪽을 향하고 있었는지를 잘 보여준다.

다음으로 『절요』 권4에 수록된 ③의 내용, 즉 『성리대전』의 「군도(君道)」·「치도(治道)」에서 발췌한 항목들에는 군주와 신하들이 준수해야 할 국정 운영의 원칙과 지침에 관한 내용이 기록되어 있다. 3장에서 자세히 검토한 바와 같이, 「군도」에서 발췌한 〈군도(君道)〉~〈신도(臣道)〉의 여섯 항목에는 군주와 신하가 지켜야 할 도리와 책무, 군주의 학문과 수신, 군주의 후계자 교육 등에 관한 내용이 수록되어 있다. 또 「치도」에서 발췌한 〈치도총론(治道總論)〉 이하 19개 항목에는 군주와 신하가 담당해야 할 책무, 예악(禮樂) 시행의 원칙, 학교 교육과 인재의 양성·등용, 간쟁과 상벌, 그리고 〈절검(節儉)〉·〈진휼(賑恤)〉·〈논병(論兵)〉·〈논형(論刑)〉 등 국정 운영의 현실적인 문제들과 관련된 내용이 발췌·정리되어 있다.

이상과 같이 『절요』에서는 군주와 재상이 모범과 경계로 삼아야 할 역사 인물과 사실에 대한 평가, 국정 운영에 적용할 수 있는 기본 원칙과 지침에 관한 내용이 전체의 3분의 2 이상을 차지하고 있다. 따라서 『절요』는 치도에 관한 책, 즉 '국정 운영 지침서'로서의 성격을 갖는다고 할 수 있다. 그리고 앞서 보았듯이 김정국을 비롯한 기묘사림들이 『성리대전』 진강에서 치도 관련 내용을 강조했던 점을 고려할 때, 『절요』는 군주의 학문을 위한 책, 즉 경연에서의 『성리대전』 강의를 위한 참고 자료로서 의미를 갖는다고 생각된다.

물론 김정국이 『절요』를 경연과 관련지어 언급한 적은 없다. 하지만 중종 대에 기묘사림들이 『성리대전』의 경연 강의를 위해 많은 노력을 기울였고, 김정국이 기묘사화 이후 은거 기간에 『절요』를 편찬했다는 점에서 두 과정의 상관성을 생각해볼 수 있다. 즉, 김정국은 기묘사화를 겪으면서 군주의 학문이 갖는 중요성을 더욱 절실하게 느꼈고, 이에 기묘사림이 중시했던 『성리대전』에서 군주의 학문과 수신에 도움이 되고 국정 운영의 지침으로 삼을 만한 내용을 선별하여 『절요』를 편찬했을 가능성이 충분히 있다. 이 점에서 『절요』는 국왕에게 『성리대전』 중 치도 관련 내용을 강의하기 위한 참고 자료의 성격을 갖는다고 할 수 있다. 그리고 바로 이것이 김정국이 『절요』를 편찬한 궁극적인 목적으로 보인다.

국정 운영의 원칙을 정확히 인지하는 것은 국왕에게만 요구되는 것이 아니라 국왕을 보좌하여 국정을 담당하는 관료들에게도 마찬가지이다. 이 점에서 『절요』는 군주뿐만 아니라 관료의 입장에서도 중요한 의미를 갖는 책이라고 할 수 있다. 즉 『절요』를 통해 조선의 학자·관료는 국정 운영의 기본 원칙, 신하의 바른 도리와 재상의 책무, 군주를 바르게 보필하는 방도 등을 확인할 수 있었다. 이를 고려할 때 『절요』는 순수하게 학문 연구에만 몰두하는 학자보다는 국정에 직접 참여하는 관료 학자를 위한 책이라고 할 수 있다. 그리고 이 점에서 '국정 운영의 지침서'라는 『절요』의 성격은 더욱 뚜렷이 드러난다.

2) 정치의 요체: 군주와 재상의 학문

앞 절에서 『절요』는 치도(治道)에 관한 내용이 중심을 이루고 있다는 점에서 국정 운영 지침서의 성격을 갖는다고 했다. 그런데 『절요』의 내용을 검토해보면, 김정국이 정치의 요체로서 대단히 강조하고 있는 점이 하나 발견된다. 그것은 바로 군주와 재상의 학문적 성취이다.

『절요』 권4의 〈성학(聖學)〉에는 군주의 학문이 어떠해야 하는가에 대해 구체적으로 설명한 내용이 실려 있다. 모두 5개 조목으로 구성되어 있는데, 그중 3~5번째 조목에 군주의 학문에 대한 주희(朱熹)의 견해가 인용되어 있다. 그에 따르면, 군주의 마음을 바로잡는 요점은 학문을 익히는 것이며, 그 학문은 성현(聖賢)의 말을 음미하여 의리(義理)의 마땅함을 찾고 고금(古今)의 변화를 살펴서 잘잘못의 기미를 찾아낸 다음 이를 반드시 내 몸에 되돌려서 실천하는 것이어야 한다.[38] 또 성탕(成湯)과 무왕(武王)의 자질이 요순(堯舜)에 미치지 못했지만 학문과 실천을 통해 덕과 총명의 전체(全體)를 회복하여 요순의 경지에 이르렀음을 설명했다. 이어 군주의 학문과 실천의 구체적 내용으로 마음의 단속을 근본으로 삼을 것, 경서(經書)와 사서(史書)를 학습하고 유학을 가까이할 것, 대신을 자주 불러서 정치의 도리와 급선무를 논의할 것, 뭇 신하들을 접견하여 정사(政事)의 잘잘못과 민생의 휴척(休戚)을 확인할 것, 인재의 정사(正邪)·장

---

[38] 『성리대전서절요』 권4, 〈聖學-③〉, "朱子曰 天下之事 其本在於一人 而一人之身 其主在於一心 故人主之心一正 則天下之事 無有不正 人主之心一邪 則天下之事 無有不邪. […] 然所謂學 則又有邪正之別焉, 味軍實╱┘以㷤里之富 察古╱丈變 以駄得失之幾 而必反之身以踐其實者 學之正也. […] 故講學 雖所以爲正心之要 而學之邪正 其繫於所行之得失 而不可不審者 又如此."

단(長短)을 분별할 것 등을 제시했다.³⁹

　이상의 내용은 군주의 학문이 올바른 국정 운영의 근본 요소가 된다는 점을 잘 보여준다. 이와 더불어 『절요』의 〈성학〉에서는 정이(程頤)의 말을 인용하여 군주의 학문 성취를 위해서는 신하들의 보필이 반드시 필요하다는 점도 강조했다. 그에 따르면 성왕(成王)이 이미 이루어진 공업을 잘 지켜 훌륭한 치적을 이룰 수 있었던 것은 주공(周公)의 보필이 있었기 때문이며, 따라서 오늘날에도 군주를 보필하고 수양시키는 도리를 지극히 해야 한다고 했다. 이어 군주 보필의 핵심은 '함양(涵養)과 훈도(訓導)'에 달려 있으며, 이를 위해 현명하고 덕을 갖춘 선비를 선발해서 강관(講官)으로 임명하여 군주가 항상 어진 사대부를 접견하도록 해야 한다고 주장했다. 또 군주에게 도의와 신의를 가르쳐 지나친 욕망을 절제하게 할 것과 군주가 바른 것만 보고 듣도록 해야 함을 강조하면서, 그렇게 하지 않으면 평범한 군주는 교만 방자해지고 영명한 군주는 자만에 빠지게 된다고 경계했다.⁴⁰

39　『성리대전서절요』 권4, 〈聖學-⑤〉, "若成湯武王 則其聰明之質 固已不能如堯舜之全矣. 惟其能學而知 能吏而行 能擇善而固執 能克己而復禮 是以有以復其德性聰明之全體 以卒亦造堯舜之域 以爲億兆之父母. 蓋其生質 雖若不及 而其反之之至 則未嘗不同 孔子所謂 及其成功一也 正此之謂也. 誠能於日用之間 語默動靜 必求放心 以爲之本 而於玩經觀史 親近儒學 已用力處 益用力焉 數召大臣 切劘治道 俾陳要急之務 至於群臣進對 亦賜溫顔 反覆詢訪 以求政事之得失 民情之休戚 而又因以察其人材之邪正短長 庶於天下之事 各得其理."

40　『성리대전서절요』 권4, 〈聖學-①〉, "古之人君 守成業而致盛治者 莫如周成王 其所以成德 則由乎周公. 周公之輔成王也 幼而習之 所見必正事 所聞必正言 左右前後必正人 故習與智長 化與心成. 今輔養之道 不可不至也. 所謂輔養之道 非徒告詔以言 過而後諫也 又在涵養薰陶之而已矣. 今夫一日之間 接賢士大夫之時多 親寺人宦官之時少 則氣質自化 德器自成 謹選賢德之士 以待勸講. […] 夫傅德義者 在乎防聞見之非 節嗜欲之過 保身體者 在乎適起居之宜 存畏謹之心 故左右近侍 宜選老成厚重小心之人 服飾器用 皆須質朴之物 俾華巧靡麗不至於前 淺俗之言不入於耳. […] 苟非知道畏義所養如此 則中常之君 無不驕肆 英明之主 自然滿假 此古今同患 治亂所由也."

『절요』에서는 군주의 학문 성취에 신하의 보필이 필요하다는 점을 역사적 사례를 통해 증명하고 있다. 『절요』 권3에는 서한(西漢)의 문제(文帝)와 무제(武帝)에 대한 장식(張栻)의 평가가 기록되어 있다. 먼저 문제에 대해서는 타고난 자질이 아름답고 일 처리가 주밀하며 생각이 원대하여 즉위 초의 정사에 볼 만한 것이 많았다고 했다. 이어 만약 문제가 도학(道學)을 익힌 신하들의 보좌를 받았다면 삼대(三代)의 유풍(遺風)을 회복할 수 있었을 것인데, 그러지 못했기 때문에 한때의 소강(小康)을 이루는 데 그쳤을 뿐 후세에 모범이 될 만한 일은 남기지 못했다고 지적했다.[41] 반면 무제에 대해서는 그가 사치하고 무력을 남용하여 전쟁을 일으켰음에도 진시황처럼 멸망하지 않은 이유를 네 가지로 제시했는데, 두 번째와 세 번째 이유로 육경(六經)을 현양하고 유생(儒生)을 초빙한 것과 윤대(輪臺)의 조서(詔書)를 통해 자신의 잘못을 반성한 것을 들었다. 그리고 이 중 '윤대의 조서'에 존망의 기틀이 달려 있었는데, 그렇게 반성할 수 있었던 것은 무제가 육경을 익히고 유생들의 말을 들었기 때문이라고 했다.[42]

『절요』 권3에 실린 〈[동한]총론〉에는 장식이 한(漢)의 고조(高祖)와 광무제(光武帝)를 비교하여 평가한 내용이 실려 있다. 여기에서 장식은 고조가 타고난 자질은 더할 수 없이 높았지만 학문이 부족했기 때문에 즉위한 후 천하를 유지하고 경영한 일들이 대부분 거칠고 엉성했다고 비판했다.

---

41 『성리대전서절요』 권3, 〈[西漢]文帝-①〉, "南軒張氏曰 文帝初政 良有可觀 蓋制事周密 爲慮深遠 懇惻之意 有以得人之心 三代而下 亦未易多見也. […] 以文帝天資之美 初政小心畏忌之時 得道學之臣佐之 治功之起 豈不可追三代之餘風. 惜其大臣 不過絳灌申屠嘉之徒 獨有一賈誼爲當時英俊 而誼之身 蓋自多所可恨 而卒亦不見庸也. 故以帝之賢 僅能爲一時之小康 無以垂法於後世."

42 『성리대전서절요』 권3, 〈[西漢]武帝-①〉, "于歲有取於輪臺之詔 以爲存亡之幾所係也. 然其能卒知悔者 則以其平日 猶知誦習六經之言 聽儒生之論 至於力衰而意怠 則善端有時而萌故耳."

반면 광무제에 대해서는 비록 타고난 자질은 고조에 미치지 못했지만 어려서부터 여러 선비를 따라 유학을 익히고 의리를 신중하게 행했기 때문에 천하를 평정한 후 바른 정치를 펼쳤다고 평가했고, 광무제의 중요한 정사가 모두 유학에서 나왔다는 점을 강조했다.[43]

이상에서 검토한 〈성학〉의 내용 및 한의 문제와 무제, 고조와 광무제에 대한 비교 평가는 군주의 학문과 공업의 성취에 있어서 군주 개인의 자질과 능력보다 도학을 익힌 신하들의 보필을 받는 것이 훨씬 중요하고 필수적이라는 점을 분명하게 보여준다. 특히 영명한 군주도 신하의 보필을 받아 함양하고 훈도하는 과정을 거치지 않으면 자만에 빠지게 된다고 경계한 내용은 자질과 능력이 뛰어난 군주가 그것만 믿고 신하의 보필을 멀리하며 독단했을 때 초래되는 위험성을 잘 지적한 것이라고 할 수 있다.

이처럼 『절요』는 군주의 학문 성취에서 신하의 역할이 중요하다는 점을 강조했다. 그에 따라 신하, 특히 재상의 능력과 업적을 평가하는 기준으로 학문을 중요하게 생각했다. 재상이 군주의 학문 성취를 보필하는 책무를 다하기 위해서는 자신이 먼저 올바른 학문적 성취를 이루어야 한다는 것이다. 이런 관점에서 『절요』에는 한·당 대 재상들의 행적을 평가한 내용이 다수 수록되어 있다. 특히 군주 보필에 한계를 보였던 재상들에 대해서 그 근본적 원인이 학문 부족에 있음을 지적한 내용이 많다.

『절요』 권2의 〈호언(狐偃)·조최(趙衰)〉에는 이들이 성현(聖賢)의 수신치국(修身治國)의 도리를 배우지 않았기 때문에 진문공(晉文公)을 의리와 예

---

43 『성리대전서절요』 권3, 〈[東漢]總論-②〉, "大抵高祖天資極高 所不足者學爾 卽位之後 所以維持經理者 類皆疏略. […] 光武天資 雖不逮高祖 而自少時 從諸生講儒學謹行義 故天下旣定 則知兵之不可不戢 […] 凡此皆思慮縝密 要自儒學中來."

의의 군주로 이끌지 못했다고 비판한 진덕수(眞德秀)의 평가가 실려 있다.[44] 또 〈[춘추전국]총론〉에 수록된 허형(許衡)의 글에서는 춘추전국 시대 200여 년 동안 군주를 존귀하게 하고 백성을 보호하기에 충분한 능력을 가진 인재들이 많았음에도 이들이 겨우 자신의 군주를 보좌하고 자기 국토를 보존하는 정도에만 그쳤던 것은 당시가 유학의 도가 액운을 맞았던 시기였기 때문이라고 지적했다.[45] 이 밖에도 한의 소하(蕭何)·곽광(霍光)·소망지(蕭望之) 등에 관한 항목에도 이들이 재상으로서 책무를 다하지 못한 근본적인 이유가 학문 부족에 있음을 지적한 내용이 수록되어 있다. 이상의 사례들은 재상의 학문이 군주의 학문 성취와 바른 정치 시행을 결정짓는 열쇠가 됨을 보여준다. 이 점에서 『절요』는 재상의 학문을 군주의 학문과 함께 정치의 요체 중 하나로 강조했다고 할 수 있다.

3) 기묘사화에 대한 반성

주지하는 바와 같이, 김정국은 1519년(중종 14) 기묘사화(己卯士禍)로 삭직된 후 지방에 은거하면서 학문 연구와 저술, 교육에 전념하다가 1537년(중종 32)에 다시 복직되었다. 그리고 다음 해인 1538년에 『절요』가 간행된

---

44 『성리대전서절요』 권2, 〈狐偃·趙衰〉, "西山眞氏曰 狐偃趙衰 晉文之以父師事之者也 從亡十有九年 其所以輔翼扶持者 不有餘力矣. 然聖賢修身治國之道 二子蓋未嘗講也. 故其始覇也 請王者之隧 圍天子之邑 勤天王之狩 使二子嘗從事於格心之學 素以義禮迪其君 詎至於是哉."

45 『성리대전서절요』 권3, 〈春秋戰國]總論〉, "庸齋許氏曰 春秋上下二百餘年 其間人材 有一節一行之可稱者 固難以指而數, […] 然考諸人之事業 其大者 僅能輔其君以上奠尊 欽其保全境內 幸免社稷之變遷而耳. […] 當時之時 陰陽氣運之厄 方有以成吾道之厄 雖有偉人特起 欲以天下爲己任 吾知其材力無所施."

것을 볼 때『절요』는 기묘사화 이후 은거 기간에 편찬됐다고 볼 수 있다. 이 점을 고려하면 김정국의『절요』편찬에는 기본적으로 이전부터 계속된 김정국의『성리대전』연구와 이해가 바탕이 되었겠지만, 기묘사화의 경험을 통해 얻은 교훈도 일정한 영향을 주었을 것으로 생각된다. 이와 관련하여 주목되는 것은『절요』에 수록된 글 중에서 기묘사화와 관련지어 의미를 해석해볼 수 있는 내용이 여러 건 발견된다는 점이다.

『절요』권3의 〈[당]총론〉에는 당(唐) 대의 붕당(朋黨)을 한(漢) 대의 상황과 비교하여 설명한 유안세(劉安世)의 평이 실려 있다. 이 글에서 유안세는 앞 시대의 일을 살펴보면 붕당이었는데 제거하지 못한 경우와 붕당이 아니었음에도 잘못 분간하여 제거한 경우가 있다고 하였다. 예를 들어 동한(東漢)에서 발생한 '당고(黨錮)의 화(禍)'는 붕당이 아니었는데 붕당으로 잘못 분간한 사례이고, 당 말기의 우승유(牛僧孺)·이덕유(李德裕) 등은 진짜 붕당이었지만 제거하지 못한 사례라고 지적했다.[46] 이 내용은 기묘사화 당시 조광조 등이 붕당의 명목으로 처벌됐던 상황을 염두에 두고 선별한 것이 아닌가 생각된다. 즉 유안세의 사평(史評) 인용에는 조광조 등 기묘사화 당시 희생된 이들을 동한 시대 '당고의 화'에 비견함으로써 조광조 등은 붕당이 아니었음을 밝히려는 의도가 반영되었다고 할 수 있다.

『절요』권3의 〈두무(竇武)·하진(何進)·진번(陳蕃)〉에는 동한 말에 두무·하진 등이 권력을 장악한 환관들을 척결하려다 실패한 것에 대한 장식의 비평이 실려 있다. 여기에서 장식은 당시 환관들의 형세는 이미 공고해

---

[46] 『성리대전서절요』권3, 〈[당]總論-②〉, "元城劉氏曰 嘗考前世已然之事 蓋有眞朋黨而不能去 亦有非朋黨而不能辨者. […] 東漢之衰 姦人先以黨事誅戮禁錮天下之賢者 而在朝皆小人也 故漢以之亡 此所謂非朋黨而不能辨者也. 唐之季世 牛李之徒 迭進相傾 巧相傾覆 而善人君子 廢斥無餘 其所用者 皆庸鄙不肖者也 故唐以之亂 此所謂眞朋黨而不能去者也."

졌던 반면 두무의 무리는 아직 뿌리가 든든하지 못했음에도 소인을 제거하는 계책을 속히 결행하고자 서둘렀으며 일을 처리한 방식도 너무 서투르고 경중·선후를 잃어 도리어 환관들의 간악한 모의를 불러일으켰다고 지적했다.⁴⁷ 또 〈[동한]총론〉에도 '당고의 화'를 당한 선비들의 한계를 지적한 장식의 평이 실려 있다. 당고의 선비들이 일을 과감하게 추진하기만 했을 뿐 신중하게 고려함이 없었고, 성인(聖人)의 문하에 종사(從事)하지 않았기 때문에 비록 행한 일은 바르고 절의는 준엄했지만 의기(意氣)의 충동에서 발로된 것이었을 뿐 의리의 편안함을 따른 것은 아니라고 비판했다.⁴⁸

김정국이 위와 같은 비평을 『절요』에 수록한 것은 기묘사화의 실패 원인에 대한 인식과 관련이 있다고 생각된다. 즉 두무와 하진, 당고의 선비 등 역사적 사례를 통해 조광조 등의 개혁 추진이 실패한 이유가 충분한 준비 없이 급진적으로 서둘렀던 것에 있고, 더 근원적으로는 그들의 학문이 개혁을 주도할 만큼 충분히 무르익지 않았기 때문임을 지적하고 반성하는 의미가 담겨 있다고 볼 수 있다.

한편 『절요』에는 조광조 등의 언론 활동이 보였던 한계를 지적한 것으로 해석할 수 있는 비평도 수록되어 있다. 3장에서 언급했던 바와 같이 『절요』 권4의 〈간쟁(諫諍)〉은 군주가 신하들의 간쟁을 잘 수용해야 한다는 내용이 중심을 이루고 있다. 그런데 〈간쟁〉의 첫 번째 조목에 간쟁

---

47 『성리대전서절요』 권3, 〈竇武/何進/陳蕃-②〉, "武等雖漸引類於朝 而植根未固 上則太后之心未明禍亂之源 下則中外之情未識朝廷之尊 而武等之謨 但欲速決爲誅小人之計. […] 擧動草草 今日誅數輩 明日誅數輩 輕重失其權 先後失其序 非天討矣. 且使人人自疑 反締其黨與而速其姦謀 善處大事者 顧如是邪."

48 『성리대전서절요』 권3, 〈[東漢]總論 ①〉, "東京黨錮諸君子 盡嘉其志氣之美 而惜其所處之未盡. […] 然惟其未知從事於聖門也 故所行雖正 立節雖嚴 未免發於意氣之所動 而非循乎義理之安. […] 豈非於學有不足歟."

을 하는 신하의 바른 태도를 지적한 정이(程頤)의 언설이 실려 있어 주목된다. 이 글에서 정이는 "숨기는 일을 들추어내는 것으로 곧음을 삼아 거세고 과감하게 말하는 자는 대부분 거부당했지만, 온후하면서도 분명하게 분별하는 자의 말은 대부분 받아들여졌다"[49]라고 하여 간쟁할 때 군주가 잘 받아들일 수 있는 방식으로 접근하는 것이 필요하다는 점을 강조했다.

신하의 올바른 간쟁 방식을 언급한 위의 비평이 『절요』에 수록된 것은 조광조 등의 언론 활동에 대한 반성적 시각을 보여준다고 할 수 있다. 즉 김정국은 조광조 등이 원칙과 의리만 앞세우며 과격한 언론 활동을 펼쳤던 것이 중종의 반감을 초래했고, 그것이 결국 기묘사화로 이어졌다고 이해했던 것으로 보인다.[50] 그리고 향후 대간의 언론 활동에서도 이 점을 유념하여 같은 실패가 반복되어서는 안 된다는 경계의 의미 또한 담겨 있다고 생각된다.

『절요』 권3의 〈순숙(荀淑)〉에는 '당고의 화' 이후 선비의 기상이 약화되었음을 지적한 주희의 비평이 수록되어 있다. 이 글에서 주희는 건안(建安) 연간 이후 사대부들이 조씨[조조(曹操)]가 있는 것만 알고 한나라 황실이 있음은 알지 못했던 것은 당고의 살육이 초래한 재앙이라고 해석하고, 순씨(荀氏) 집안을 그 예로 들었다. 순숙(荀淑)은 양기(梁冀)가 권세를 부릴 때 바른 말을 했지만 그 아들 순상(荀爽)은 동탁(董卓)의 조정에 참여

---

49 『성리대전서절요』 권4, 〈諫諍-①〉, "古之善諫者 必因君心所明 而後見納 是故許直强果者 其說多忤 溫厚明辯者 其說多行."
50 김정국은 『사재척언』에서 조광조 등이 소격서 혁파를 주장할 때 중종을 지나치게 압박한 처사에 대해 비판적인 입장을 피력한 바 있다[송웅섭, 「사재 김정국의 교유관계와 기묘사림 내에서의 위치」, 『동국사학』 63, 2017, 37쪽]. 이는 김정국이 조광조 등의 과격한 언론 활동을 부정적으로 인식하고 있었음을 잘 보여준다.

했고 손자 순욱(荀彧)은 조조의 신하가 되고서도 잘못인 줄을 몰랐다고 비판하고, 이는 강직하고 정대하며 곧고 방정한 기상이 흉학(凶虐)함에 꺾였기 때문이었다고 지적했다.[51]

김정국이 당고의 화와 관련된 주희의 비평을 인용한 것에는 당고의 화가 초래했던 부정적 결과가 기묘사화 이후 조선에서도 나타날 수도 있음을 경계하는 의미가 있다고 생각된다.[52] 비록 기묘사화로 인해 조광조 등의 개혁 추진은 실패했지만, 이 때문에 선비들의 기상이 꺾여서는 안 되며, 더 나아가 개혁 추진을 포기해서는 안 된다는 김정국의 입장이 주희의 사평을 통해 피력된 것이라고 해석해볼 수 있다.

개혁의 지속이라는 측면과 관련하여 『절요』 권4 〈구현(求賢)〉의 내용도 주목해볼 필요가 있다. 〈구현〉에는 인재 선발 방법을 논한 주희의 언설이 실려 있는데, 이 글에서 주희는 고대에는 '덕행(德行)'을 위주로 인재를 양성했기 때문에 성주(成周) 시대 인재의 풍성함과 풍속의 아름다움을 후세가 따라갈 수 없었다고 했다. 이어 한나라 초기까지는 유풍(遺風)이 남아 있었고 위진남북조 시대의 구품중정법(九品中正法)도 여전히 옛 법

---

[51] 『성리대전서절요』 권3, 〈荀淑〉, "朱子曰 近看溫公論東漢名節處 覺得有未盡處. 但知黨錮諸賢趨死不避 爲光武明章之烈 而不知建安以後 中州士大夫只知有曹氏 不知有漢室 却是黨錮殺戮之禍 有以敺之也. 且以筍氏一門論之 則荀淑正言於梁氏用事之日 而其子爽 已濡跡於董卓專命之朝 及其孫彧 則遂爲唐衡之壻曹操之臣 而不知以爲非."

[52] 『중종실록』을 검토해보면, 당고(黨錮)에 대한 중종 대 학자들 인식의 핵심은 군자의 당과 소인의 당을 명확히 분별함으로써 소인들이 '붕당'의 명목을 내세워 군자들을 해치는 '당고의 화'와 같은 일이 현실에서 일어나지 않도록 해야 한다는 것이었으며, 김정국 역시 여기에서 벗어나지 않았던 것으로 보인다. 특히 이들은 연산군 대 사화를 당고의 화에 비견하면서 그 참혹함이 당고보다 심했다고 평했다[『중종실록』, 34년 5월 8일(을해)]. 이 점에서 볼 때 김정국에게 기묘사화는 가장 부정적인 정치 현상의 하나로 인식했던 '당고의 화'를 직접 겪은 것이었다고 할 수 있다. 따라서 집정中에게 남고는 매우 현실적인 문제였으며, 『절요』에 당고 관련 내용을 다수 수록한 것도 기묘사화의 경험과 밀접한 관련이 있다고 할 수 있다.

에 가까웠지만, 수·당 시대에 이르러 전적으로 문장으로만 선비를 선발하면서 덕을 숭상하는 일이 사라졌다고 비판했다.[53]

　김정국이 주희의 위 언설을 인용한 것은 '덕행'을 위주로 하는 교육과 선발 제도의 회복을 강조한 것으로 볼 수 있다. 이는 중종 대 조광조 등이 추진한 현량과(賢良科) 시행의 연장선에서 제기된 주장으로 해석할 여지가 있다. 즉 기묘사화로 인해 현량과가 폐지되었지만, 덕행을 기준으로 인재를 선발한다는 원칙을 고려할 때 현량과는 그 원칙에 부합하는 제도이므로 다시 복구되어야 한다는 입장을 피력한 것으로 볼 수 있다.

---

53 『성리대전서절요』 권4, 〈求賢-④〉, "朱子曰 德行之於人 大矣. […] 故古之敎者 莫不以是 爲先. 若舜命司徒以敷五敎 命典樂以敎冑子 皆此意也. 至於成周而法始大備 故其人材之盛 風俗之美 後世莫能及之. 漢室之初 尙有遺法. […] 魏晉以來 雖不及古 然其九品中正之法 猶爲近之. 及至隋唐 遂專以文詞取士 而尙德之擧 不復見矣."

5. 맺음말

이 글은 16세기 전반 조선 학계에서 『성리대전』을 어떻게 이해하고 활용했는가를 확인하는 것을 목적으로 했다. 이를 위해 먼저 조선 초기 『성리대전』 연구와 이해의 추이를 정리한 다음, 16세기 전반을 대표하는 학자의 한 사람인 김정국의 저술 『성리대전서절요』의 내용을 분석하고 그 성격과 특징을 고찰했다.

조선 초기 『성리대전』 연구는 세종·성종·중종 대에 집중적으로 나타났으며, 주로 관학(官學)을 중심으로 이루어졌다. 세종 대에는 집현전(集賢殿) 관원 김돈(金墩)이 중심이 되어 『성리대전』 연구를 진행했고, 그 결과를 바탕으로 경연에서 『성리대전』을 진강했다. 또 법령 제정이나 의례(儀禮) 문제를 논의할 때 『성리대전』이 중요한 근거로 사용되었다. 성종 대에는 1480년(성종 11)부터 홍문관 관원 중 적임자를 뽑아 『성리대전』을 예습하여 경연에 대비하도록 했으며, 이를 바탕으로 『성리대전』의 경연 강의가 이루어졌다. 당시의 『성리대전』 진강은 심오한 이론보다는 국왕의 수신과 도덕성, 인재를 판단하는 안목 등 국정 운영에 필요한 내용에 초점이 맞추어졌다. 중종 대에도 『성리대전』 학습과 강의를 담당할 문신을 선발하고 학습 절목(節目)을 제정하는 등 『성리대전』 연구의 활성화를 위한 여러 조치를 시행했다. 하지만 경연에서 『성리대전』 강의는 이루어지지 못했고, 기묘사화(己卯士禍) 이후에는 관학의 『성리대전』 연구도 활성화되지 못했다.

『성리대전서절요』는 김정국이 기묘사화 이후 은거하던 기간에 편찬한 책으로, 그가 『성리대전』에서 선별한 주요 내용이 136개 항목으로 나뉘어 수록되어 있다. 이 책은 내용상 ① 학문과 실천에 관한 내용[권1~2 〈소자

(蘇子)〉], ② 역사적 인물과 사실에 대한 사평(史評)[권2〈순(舜)〉~권4〈[송]총론〉], ③ 국가 운영의 원칙[권4〈군도(君道)〉~〈이적(夷狄)〉] 등 세 부분으로 나누어 볼 수 있다.

『절요』의 내용 분석을 통해 이 책의 성격과 특징을 크게 세 가지로 정리할 수 있다. 첫째, 국정 운영의 지침서이자『성리대전』진강을 위한 참고 자료라는 점이다. 김정국을 비롯한 중종 대 기묘사림들은 경연에서 『성리대전』을 진강할 때 치도(治道), 즉 국정 운영의 지침이 되는 내용을 위주로 강의할 것을 주장했다.『절요』의 내용 또한 국왕과 관료들이 현실 정치에서 모범과 경계로 삼아야 할 역사적 사례, 국정 운영에서 준수해야 할 원칙과 지침 등이 큰 비중을 차지하고 있어서, 일종의 '국정 운영 지침서'의 성격을 갖는다. 이 점은 '치도 위주의 경연 강의'라는 기묘사림의 주장에 부합하므로『절요』는『성리대전』의 경연 강의를 위한 참고 자료의 성격을 갖는다고 할 수 있다.

둘째,『절요』에서 군주와 재상의 학문적 성취를 정치의 요체로 중시한 점이 주목된다. 김정국은 군주의 학문을 올바른 정치의 근본 요소로 제시했다. 그리고 군주의 학문 성취에 있어 군주 자신의 자질과 능력보다 도학(道學)을 익힌 신하의 보필을 받는 것이 훨씬 중요하고 필수적이라는 점을 강조했다. 이에 따라 김정국은 신하, 특히 재상의 학문적 성취를 중요하게 생각했으며, 군주 보필의 한계를 보였던 재상들에 대해 그 원인이 학문 부족에 있었다고 지적했다.

셋째, 기묘사화의 경험이 영향을 끼친 것으로 보이는 내용이『절요』에 실린 점도 중요한 특징이라고 생각된다. 동한(東漢) 시기 두무 등이 환관 척결을 경솔하게 추진하다 실패한 것과 당고의 선비들이 과감했지만 신중하지 못했던 점을 비판한 장식(張栻)의 언설을 수록한 것은 조광조 등의 급진성이 기묘사화를 초래했음을 지적하고 반성하는 의미가 있다고 할 수 있다. 또 '당고의 화' 이후 선비의 기상이 약화됐음을 지적한 주희의 비평을 인용한 것에는 기묘사화로 인해 선비의 기상이 꺾이거나 개혁 추진이 포기돼서는 안 된다는 김정국의 입장이 투영되어 있다고 할 수 있다.

1546년(명종 1)에 『절요』를 중간(重刊)한 상진(尙震)은 이 책에 대해 "사재(思齋)의 초본(抄本)은 요약되면서도 극진하다"[54]라고 평가했다. 또 상진의 부탁으로 중간된 『절요』의 서문을 썼던 주세붕(周世鵬) 또한 "영남과 호남의 선비들이 집집마다 이 책을 암송하게 되면 장차 공자(孔子)·안자(顔子)·자사(子思)·맹자(孟子)·정자(程子)·주자(朱子)의 학문이 해동(海東)에서 더욱 성하게 되고 요(堯)·순(舜)·우(禹)·탕(湯)·문왕(文王)·무왕(武王)의 다스림이 성조(聖朝)에서 더욱 융성해짐을 보게 될 것이 분명하다"라고 하면서 그 가치를 높이 평가했다.[55]

하지만 상진과 주세붕의 평가나 기대와는 달리 『절요』는 이후 조선 학자들에게 큰 주목을 받지 못했다. 그 이유는 크게 두 가지로 생각해볼 수 있다. 첫째, 16세기 중반 이후 조선 학계의 성리학은 이기심성론(理氣心性論) 중심의 이론 연구가 대세를 이루었다는 점이다. 그 결과 성리학 이론에 관한 내용이 소략한 『절요』는 학자들의 학문적 필요를 충족시켜주기 어려웠고, 그 결과 학자들의 관심에서 멀어졌다.

둘째, 『주자대전(朱子大全)』의 보급과 연구 활성화이다. 1543년(중종 38)에 조선본 『주자대전』이 처음 간행된 이래로 여러 차례 간행되면서 널리 보급되었고, 여기에 이황(李滉)의 『주자서절요(朱子書節要)』 편찬을 계기로

---

[54] 周世鵬, 『武陵雜稿』 별집 권6, 「新刊性理節要序」, "今四宰尙公 嘗謂世鵬曰 思齋抄本 約而盡."
[55] 周世鵬, 『武陵雜稿』 별집 권6, 「新刊性理節要序」, "二南之士 家誦是書 將見孔·顔·思·孟·程·朱之學 益盛於海東 而堯·舜·禹·湯·文·武之治 愈隆於聖朝 無疑矣."

이후 조선 학계의『주자대전』연구가 크게 활성화되었다. 그 결과 16세기 중반을 기점으로 성리학 연구의 핵심 텍스트가『성리대전』에서『주자대전』으로 바뀌었다. 이에 따라『성리대전』자체에 대한 학자들의 관심과 학습이 크게 줄어들면서『절요』또한 별다른 주목을 받지 못했다.

부록

〈김정국 연보〉*

	연도 및 나이	행적
1	1485년(성종 16) 1세	• 윤4월 28일 출생 • 아버지는 김련(金璉), 어머니는 양천허씨(陽川許氏)로 허지(許芝)의 딸
2	1494년(성종 25) 10세	• 아버지상을 당함. 아버지의 유명(遺命)에 따라 조유형(趙有亨)에게 양육됨
3	1496년(연산군 2) 12세	• 어머니상을 당함. 형 김안국을 따라 여묘(廬墓)함
4	1507년(중종 2) 23세	• 생원시(生員試)와 진사시(進士試)에 급제
5	1509년(중종 4) 25세	• 4월, 문과(文科) 장원 급제. 승문원 교검(承文院校檢) • 6월, 홍문관 부수찬(弘文館 副修撰)** 지제교 겸 경연검토관(知製教兼經筵檢討官) • 겨울, 사간원 정언(司諫院正言)
6	1510년(중종 5) 26세	• 이조좌랑(吏曹佐郎)
7	1512년(중종 7) 28세	• 홍문관 부교리(弘文館副校理) 지제교 겸 경연시독관(知製教兼經筵侍讀官) 춘추관 기주관(春秋館記注官)
8	1513년(중종 8) 29세	• 1월, 김굉(金硡)·김적(金磧) 등과 함께 소릉(昭陵) 복위 주장 • 3월, 홍문관 교리(校理) • 5월, 사간원 헌납(司諫院獻納). 국왕은 대체(大體)를 살피는 데 힘써야 하며 옥사(獄事)에 일일이 간여해서는 안 된다는 점을 상언 ※ 이후 이조(吏曹)·공조(工曹)·호조(戶曹)의 정랑(正郎)과 승문원 교리(承文院校理) 등 역임
9	1515년(중종 10) 31세	• 5월, 이조정랑. 중종의 구언(求言)에 응하여 재변을 다스리는 방도를 진술한 상소를 올림
10	1516년(중종 11) 32세	• 의정부 검상(議政府檢詳)
11	1517년(중종 12) 33세	• 8월, 의정부 사인(議政府舍人) • 10월, 사간원 사간(司諫院司諫) 군기시 부정(軍器寺副正), 성균관 사성(成均館司成)
12	1518년(중종 13) 34세	• 1월, 홍문관 전한(弘文館典翰) 지제교 겸 경연시독관 춘추관 편수관(春秋館編修官) 승문원 참교(承文院參校) • 5월, 홍문관 직제학(直提學) • 5월, 통정대부(通政大夫) 승정원 동부승지(承政院同副承旨) 겸 경연참찬관(經筵參贊官) 춘추관 수찬관 • 8월 우승지(右承旨) • 11월 좌승지(左承旨) • 11월 황해도관찰사 겸 병마수군절도사(黃海道觀察使兼兵馬水軍節度使) ※ 황해도관찰사 재직 중에 『경민편(警民編)』 12조와 『학령(學令)』 24조를 지어 간행

	연도 및 나이	행적
13	1519년(중종 14) 35세	• 11월, 황해도관찰사 겸 해주목사(海州牧使) • 12월, 기묘사화(己卯士禍) 발생. 대간의 탄핵을 받아 삭직된 후 고양군(高陽郡) 망동리(芒洞里)에 은거. 이 시기에 『성리대전서절요(性理大全書節要)』, 『역대수수승통지도(歷代授受承統之圖)』, 『촌가구급방(村家救急方)』 등 저술
14	1538년(중종 33) 54세	• 2월, 직첩(職牒)을 돌려받음. 용양위 대호군(龍驤衛大護軍) 지제교 겸 오위장(五衛將) • 4월, 전라도관찰사 겸 병마수군절도사(全羅道觀察使兼兵馬水軍節度使) • 9월, 시정의 폐단을 제거하는 방안을 정리한 상소를 올림
15	1539년(중종 34) 55세	• 5월, 병조참의(兵曹參議) 지제교, 공조참의(工曹參議) • 7월, 가선대부(嘉善大夫) 경상도관찰사 겸 병마수군절도사(慶尙道觀察使兼兵馬水軍節度使)
16	1540년(중종 35) 56세	• 1월, 예조참판(禮曹參判) • 4월, 병조참판(兵曹參判) • 5월, 형조참판(刑曹參判) • 6월, 세자좌부빈객(世子左副賓客)을 겸직하게 하자 형제가 함께 빈객을 맡는 것은 상피(相避)에 어긋난다는 점을 들어 사직을 청함. 중종이 이를 수용하여 김정국이 빈객에서 체직(遞職)됨 • 7월, 동지중추부사(同知中樞府事)
17	1541년(중종 36) 57세	• 4월, 동지돈령부사(同知敦寧府事) • 5월 20일, 졸(卒)

* 사재선생묘지(思齋先生墓誌)(김안국 찬), 『중종실록』 등 참조.
** 김안국의 「묘지명」에는 수찬(修撰)으로 되어 있으나, 『중종실록』, 4년 6월 11일(신미) 기사에는 김정국을 부수찬에 임명했다고 기록되어 있다.

유희춘의 사상과 성리서류 편찬

권오영

1. 머리말

유희춘(柳希春, 1513~1577)은 조선 중기의 주자학자이자 문신이다. 그는 16세기 사화의 시기를 살았고, 을사사화 이후 20여 년간 유배생활을 하면서 주자학 연구와 저술에 몰두했다. 그는 경적(經籍)에 박학다식한 학자였고, 학문이 해박하여 경전과 역사서에 밝다는 평을 받았다. 특히 그는 주희(朱熹)를 성인(聖人)으로 인정했고, 『주자대전』과 『주자어류』 등을 교정하고 서적 편찬을 통해 주자학의 확산에 힘썼다.

지금까지 유희춘에 대한 연구는 『미암일기(眉巖日記)』를 주 자료로 활용하여 16세기 사회사, 생활사, 출판문화 등에 대한 다양한 연구가 이루어졌으나, 사상사 분야에서는 연구가 많이 이루어지지 못했다. 그의 학문과 사상에 대해서는 정재훈·정호훈 등의 연구가 있다. 정재훈은 유희춘이 '존심(存心)'에 치중하던 육구연의 심학적 태도를 배제하고 '존심'과 '궁리(窮理)'에 동일한 가치를 부여했다고 했다.[1] 정호훈은 유희춘의 학문적 업적은 정통 주자학의 처지에서 주자학을 조선사회에 확산시키는 데 필요한 근거를 마련한 점에 있다고 했다.[2]

유희춘의 저술인 『미암집(眉巖集)』과 『미암일기』에는 경학에 관한 내용은 물론, 성리학 내용과 주자서 해석에 대한 유희춘의 견해가 많이 담겨 있다. 이 글에서는 기존의 연구 성과를 수용하면서, 『미암집』과 『미암일기』 등을 주 자료로 활용하여 그의 사상을 탐구하고자 한다.

우선 유희춘의 가학 전통과 학통(學統)에 대해 검토하고자 한다. 이어

---

1 鄭在薰, 「眉巖 柳希春의 生涯와 學問」, 『남명학연구』 3, 1993, 76쪽.
2 정호훈, 「眉巖 柳希春의 학문 활동과 『治縣須知』」, 『한국사상사학』 29, 2007, 55쪽.

그의 주자인식(朱子認識)과 이학사상(理學思想)에 대해 탐구하고자 한다. 이 글을 통해 그의 주자학과 주자서 주석 및 조선 주자학의 형성 과정 등을 알 수 있을 것이다. 아울러 조선 주자학의 도통 정립 과정에서 김안국과 서경덕의 학통이 조선 후기 학계에서 주도권을 상실하고, 이황과 이이의 학통이 학계를 주도해나간 배경을 이해할 수 있을 것이다.

2. 가문과 학통

1) 가문과 삶

유희춘은 본관이 선산(善山)으로 전라도 해남에서 태어났다. 자는 인중(仁仲), 호는 미암(眉巖),[3] 인재(寅齋), 연계권옹(漣溪倦翁)이고, 시호는 문절(文節)이다.

유희춘은 유문호(柳文浩, 감포만호)의 현손이고 유양수(柳陽秀, 진사)의 증손이며, 유공준(柳公濬, 생원·진사)의 손자이다. 그의 집안은 5대조 유해(柳瀣) 이상은 모두 고관대작을 지냈으나 고조부 이하 4세 동안 현관(顯官)을 배출하지 못했다.

유희춘의 아버지는 유계린(柳桂鄰)이고 어머니는 탐진최씨(耽津崔氏)로 사간원 사간 최부(崔溥)의 딸이다.[4] 부인은 홍주송씨 송덕봉(宋德峯, 1521~1578)으로, 1536년(중종 31) 결혼했다. 부인 송씨는 송준(宋駿)의 딸로 이름은 종개(鍾介)이고 자는 성중(成仲)이다. 유희춘은 결혼 후 처가인 담양에서 생활했다.

유희춘의 선대는 고조부 대에 영남에서 전라도 광양(光陽)으로 이사했고 다시 순천(順天)으로 이주했다. 그리고 아버지 유계린 때에 순천에서

---

[3] 유희춘이 태어나 살던 곳인 해남 금강산(金剛山)의 남록(南麓)에 있는 집 뒤편의 바위가 아미(蛾眉)와 같아서 자호(自號)를 미암(眉巖)이라 했다. 유희춘은 만년에 담양의 대곡촌(大谷村)으로 이주했다. 『미암집(眉巖集)』 부록 권2, 諡狀(李好閔), "公海南所居, 乃金剛山之南麓, 家後有巖如蛾眉, 故自號眉巖, 晩年移居潭陽人谷村."

[4] 崔溥는 '최보'로 읽기도 한다. 溥의 본음이 '보'이기 때문이다. 그러나 최부의 외손자인 유희춘이 편찬한 『신증유합』에 溥의 음이 '부'로 되어 있어 '부'로 읽는다.

해남으로 이주했는데 이는 아버지가 해남에 살던 최부의 사위가 되었기 때문이다. 최부의 선대는 강진에서 대대로 살았으나 아버지 최택(崔澤)이 여양진씨(驪陽陳氏)와 혼인을 하면서 나주로 이사했다. 다시 그 아들 최부가 1470년(성종 1) 해남정씨(海南鄭氏, 貴珹의 딸)와 혼인하면서 해남으로 이주했다.

유희춘의 아버지 유계린은 총명했고 문리가 투철했다. 그는 경사(經史)를 두루 열람하여 한번 외우면 종신토록 잊지 않았다. 또 글을 지으면 입론(立論)에 뛰어났고 항상 사(邪)를 억누르고 정(正)을 허여하기를 힘썼다. 그는 나이 30세 때부터 출입을 드물게 하고 다만 자제 교육에만 힘썼고[5] 손님이 오면 접대할 뿐이었다. 그는 세상 풍속이 경박함을 미워하고 남에게 절개를 굽히지 않았다. 문상을 하거나 재난을 구제하는 등 부득이한 일이 아니면 1년 내내 한 번도 대문을 나서지 않았다. 당시 어떤 태수(太守)가 "옛사람이 말하기를, '큰 은자(隱者)는 성시(城市)에 숨는다'라고 했는데 바로 유계린이 이에 해당한다"라고 했다.[6]

유계린은 일찍이 아들 유성춘(柳成春)과 유희춘에게 경계하여 말하기를, "어깨를 으쓱하고 아첨하며 웃는 것이 여름철 밭에서 일하는 것보다 더 고통스러운 것이다. 놀고 거처함에 법도가 있으니, 반드시 덕 있는 데로 나아가라. 너희들이 훗날 처음 벼슬길에 나아가더라도 마땅히 바름을 지키는 데 편안히 여겨 남에게 절개를 굽혀서는 안 된다"라고 했다.[7] 또한 그는 "벼슬하기 어려움이 산보다 어렵고 물보다 험하다. 사람이 작록(爵祿)을 사양하고 스스로 숨지 못하는 까닭은 다만 좋은 밭 열 이랑이 없

---

5 『미암일기초(眉巖日記抄)』 3(제6책) 城隱先生碣陰;『미암집』 권4, 庭訓, 十訓.
6 『미암집』 권4, 庭訓, 十訓.
7 『미암집』 권4, 庭訓, 十訓.

기 때문이다. 참으로 먹고 살 만한 전원(田園)이 있는데도, 도도한 벼슬 바다에 나아가기만 하고 그칠 줄 모르다가 결국 풍파를 맞는 것은 무슨 마음이겠는가"라고 했다.⁸

유계린은 유희춘에게 경계하기를, "네 운명은 정괘(井卦) 구오(九五)에 해당한다. 괘사(卦辭)에서, '한번 고개를 숙이고 한번 하늘을 우러르니 초수(楚水)와 회산(淮山) 땅에 한이 더욱 길구나' 했으니, 이것은 멀리 귀양 갈 조짐이다. 벼슬길은 꼭대기까지 가면 안 되고, 중도에 몸을 거두어 전원으로 돌아감이 좋다"라고 했다.

유계린은 3남 중에서 유희춘을 특별히 아끼어 매번 몸소 업고 거닐며 "우리 집안을 일으킬 아이는 이 아들이다"라며 경계하기를, "한집안 안에서는 마땅히 그 마음을 공정하게 해야 하니 진실로 한번 치우치게 되면 일이 어그러지고 윤리가 밝아지지 않는다"라고 했다.⁹

유희춘은 1521년(중종 16) 여름부터 아버지로부터 하루에 『통감절요』 두 장씩을 배웠다. 어린 유희춘은 『통감절요』를 읽으면서 고금의 인물을 논하여 다른 사람이 하지 못하는 생각을 제출하여 아버지로부터 칭찬을 들었다.¹⁰

유계린은 유희춘에게 일찍이 이나(李那)의 「훈자시(訓子詩)」를 손수 써서 가르침을 주었다.¹¹

---

8 『미암집』 권4, 庭訓, 十訓.
9 『미암집』 권4, 庭訓, 十訓.
10 『미암일기초』, 신미 5월 22일.
11 『미암집』 권4, 庭訓, 十訓.

북풍이 몰아치고 눈이 휘날리는데	朔風號怒雪飄揚
네 기한을 생각하니 서글픈 맘 그지없노라	念汝飢寒感歎長
색은 몸을 망치나니 모름지기 삼갈 것	色必敗身須戒愼
말이 저를 해치거니 다시금 조심하여라	言能害己更詳量
난봉 친구 사귀면 끝내 무익한 법	狂荒結友終無益
교만하여 남 업신여기면 되레 제가 상하느니	驕慢輕人反有傷
만사를 충성과 효도 밖에 구하지 말라	萬事不求忠孝外
일조에 빛난 이름이 임금님께 달하리라	一朝名譽達吾王[12]

유희춘의 어머니 탐진최씨는 성품이 총오(聰悟)하고 품행이 반듯하며 엄숙한 여성이었다. 젊어서부터 길쌈을 부지런히 하여 손에서 놓지를 않아 아버지 최부의 사랑을 받았다. 평생 집안의 상례(喪禮)를 여러 차례 치렀고, 유계린의 배필이 되어 시부모를 정성으로 섬겼으며 남편을 손처럼 대하여 서로 공경했다. 남편이 죽은 후 시어머니 설씨(薛氏)가 죽자 탐진최씨는 몸소 순천에 가서 장례를 맡아서 치렀다. 그리고 고아가 된 자녀를 모두 예의로 가르쳤다.[13]

유희춘은 이러한 부모에 대해 아래와 같이 자신의 마음을 표현했다.

아버지께선 일찍이 시 한 장을 썼으니	慈父曾書詩一章
하루아침에 명예가 임금에 이르렀네	一朝名譽達君王
이제 십 년 동안 임금의 사랑받았으니	如今十載承天寵
이 모두 당시의 바른 교육 덕분이네	盡是當年敎義方

---

12 『동문선』 권17, 七言律詩, 寄子安命.
13 『미암일기초』 3(제6책) 貞夫人崔氏碣陰.

어머니의 기운은 금남의 난초이니	阿孃氣是錦南蘭
만년엔 나에게 웅담환을 주셨다네	晚歲貽孤熊膽丸
십년의 금규에 임금 은총 두터운데	十載金閨恩眷渥
공연히 말로에 남단을 사모하게 하네	空令季路慕南壇[14]

유희춘은 자신을 낳고 기르고 가르쳐준 부모에 대한 효심과 벼슬하면서 받은 임금의 사랑을 표현했다. 아버지가 써준 이나의 시 한 편은 평생 그가 정도직행(正道直行)의 길을 가게 했다. 그는 대신(大臣)의 도움 없이 학문적 능력으로 특별히 국왕의 지우(知遇)를 받아 당시 사람들이 '천자문생(天子門生)'이라 했다.[15]

유희춘은 1538년(중종 33) 별시 문과에 병과로 급제했다. 그는 1542년(중종 37) 시강원 설서로 재임할 때에 인종(仁宗)의 학문을 도왔다. 그는 『대학연의(大學衍義)』를 강하다가 제환공(齊桓公)과 제경공(齊景公)의 기사에 이르러 말하기를 "제환공이 한번 천하를 광정(匡正)하였으니 성하다고 이를 수 있습니다. 그러나 정희(鄭姬)를 사랑하여 효공(孝公)을 세웠으니 이것은 바야흐로 성대하면서 난의 조짐이 있는 것입니다. 제경공의 권력이 전씨(田氏)에게 옮겨가니 쇠했다고 이를 수 있습니다. 그러나 아들을 택하여 후사를 세웠으니 이미 쇠했으나 흥하는 이치가 있습니다. 천지의 기(氣)도 그러하여 성하(盛夏)에 일음(一陰)이 이미 생기니 이것은 치세(治世)에 일찍이 어지러움의 싹이 없지 않고 궁동(窮冬)에 일양(一陽)이 바야흐로 자라니 이것은 난세(亂世)에 일찍이 다스림의 조짐이 없지 않은 것

---

11 유희춘 지음, 박명희 외 동교 공역, 『미암집』 권2, 詩, 「言歸伯仲禮」 追感 － 首(전남대학교 호남학연구원·조선대학교 고전연구원, 2013).

15 『미암일기초』, 병자 9월 26일

입니다"라고 했다. 그러면서 이러한 뜻은 주희의 「재거감흥(齋居感興)」시 8장에 갖추어져 있다고 했다. 그는 「재거감흥」시 20편은 의리가 깊고 오묘하여 『시경』3백 편에 버금간다고 했다.[16]

유희춘은 1544년(중종 39) 수찬·정언 등을 역임했다. 1546년(명종 1) 을사사화 이후 김광준(金光準)·임백령(林百齡)이 윤임(尹任) 일파의 제거에 협조를 요청했으나 그는 응하지 않았다.

1547년 9월에 양재역(良才驛)의 벽서사건이 일어나자 유희춘은 이에 연루되어 처음 제주도에 유배되었다가 곧 함경도 종성으로 다시 유배되었다. 종성 시절에는 첩 구질덕(仇叱德)의 내조를 받았다. 그는 유배지에서 19년간을 보내면서 독서와 저술에 몰두했다. 1565년(명종 20) 충청도 은진에 이배되었다가, 1567년 선조(宣祖)가 즉위하자 석방되었다.

유희춘은 이후 직강·응교·교리·장령·집의·사인·전한 등 여러 벼슬을 거쳐 대사성·부제학·전라도관찰사 등을 지냈다. 1575년(선조 8) 예조·공조참판을 거쳐 이조참판을 지내다가 사직했다.

유희춘은 선조 초년에는 경연에서 경연관으로 경사(經史)를 강론했는데, 오랫동안 선조를 모시면서 자문을 할 적마다 반드시 증거를 대어 말하여 분명하지 않은 것이 없었다. 그는 기억력이 아주 뛰어나 경서나 역사서를 한번 보기만 하면 외었고, 당대의 박학한 학자인 기대승(奇大升)·김계휘(金繼輝) 등도 모두 그에게 첫째 자리를 양보했다고 한다.

유희춘은 만년까지도 3백 책의 글을 손질하여 주희와 정호(程顥)·정이(程頤)의 학문을 잇고 싶다고 했다.

---

16 『악록문집(岳麓文集)』 권2, 墓碣銘, "有明朝鮮國資憲大夫行弘文館副提學知製教兼經筵參贊官春秋館修撰官同知成均館事贈崇政大夫議政府左贊成兼判義禁府知經筵春秋館事眉巖柳先生神道碑銘幷序."

사람들 노쇠함 슬퍼하나 난 씩씩하니	人嗟衰病我崢嶸
천계 찾아들 때에도 뜻은 평안하다오	天癸來時意自平
수염이 희어도 머리카락 윤기가 많고	鬚白尙多頭潤黑
치아는 빠져도 눈이 밝아서 기쁘다네	牙殘却喜眼精明
가슴에 숨긴 만 권의 말 뻑뻑함이 없고	胸藏萬卷脣無澁
삼경에 편히 자니 코 골지 않는다네	睡穩三更息屛聲
다시금 삼백 책의 글을 손질하여	更欲修書三百冊
주자와 정자의 사업을 잇고 싶어라	擬將事業紹朱程[17]

 유희춘은 특히 『주자대전』과 『주자어류』에 대해 깊이 연구했다. 그가 벼슬살이를 할 때 많은 관료들이 독서를 하다가 의문이 생기면 찾아와서 물었다. 홍문관 학사들은 물론 김덕룡·김귀영·박계현·민기문·이담·허엽·이헌국·권덕여·신응시·윤두수·심수경·우성전·원혼·박공순 등이 그들이었다.[18]

 유희춘은 어려서 발병을 앓아서 잘 걷지를 못했고 노년에는 더욱 걸음걸이가 어려웠다[尫羸]. 만년에는 두 다리가 산통(酸痛)이 더욱 심해 행동하기 어려워 선조의 부름에도 나아가지 못하게 되자 운명으로 돌렸다.[19]

 유희춘은 55세 때인 1567년(선조 1)에 중당(中唐) 때 시인인 유우석(劉禹錫, 772~842)의 시를 본떠 시를 지었다.

| 남북쪽 바닷가의 황량한 땅에 | 南溟北海凄涼地 |

---

17 유희춘 지음, 박명희·안동교 공역, 『미암집』 권2, 詩, 七言律詩補遺, 天癸吟.
18 『미암일기초』, 을해 11월 21일.
19 『미암집』 권18, 경연일기, 10월 초10일; 『미암일기초』 5(제10책).

이십삼 년 동안 버려졌던 이 몸	二十三年棄置身
친구 생각에 공연히「문적부」읊다가	懷舊空吟聞笛賦
귀향하니 되레 신선이 된 듯하네	到鄉翻似爛柯人
침선 곁에 일천 돛대 지나감 보나	沈舟縱見千帆過
병든 나무 한 점의 봄을 머금었네	病樹猶含一點春
오늘밤 장락궁 가에서 종소리 들으니	今夜聞鐘長樂畔
술 마시지 않아도 정신이 상쾌하네	不憑杯酒暢精神[20]

위 시에서 "이십삼 년 동안 버려졌던 이 몸"은 유우석이 사천성(四川省)으로 좌천되었다가 23년 만에 낙양(洛陽)으로 돌아온 일을 유희춘 자신에 비유한 것이다. 유희춘은 자신이 불행할 때 영달한 사람들이 곁에 있었지만 결코 실망하지 않았다는 것을 표현했다. "침선 곁에 일천 돛대 지나감 보나(沈舟縱見千帆過)"는 유우석의 시어인 "파선된 배 옆에 일천 돛대가 지나가고(沉舟側畔千帆過)"라는 내용을 인용하여 읊은 것이다.

유희춘은 20여 년의 유배생활로 고생도 많았지만, 인생의 10년마다 경사스러운 일도 있었다. 그는 '병(丙)' 자가 든 해(1526, 1536, 1556, 1566, 1576)에 항상 좋은 일이 생겼다.[21]

유희춘은 학문이 매우 정밀하고 행실이 극히 독실했으나 세정(世情)에는 다소 어두웠다. 그는 가사(家事)를 다스릴 줄 몰랐고, 의관과 버선이

---

[20] 유희춘 지음, 박명희·안동교 공역, 『미암집』 권2, 詩, 七言律詩補遺. 效劉中山詩 丁卯以後. 유우석의 원시는 "巴山楚水凄涼地, 二十三年棄置身. 懷舊空吟聞笛賦, 到鄉翻似爛柯人, 沈舟側畔千帆過. 病樹前頭萬木春, 今日聽君歌一曲, 暫憑盃酒長精神"(『劉夢得文集』, 外集 권제1, 酬樂天揚州初逢席上見贈).

[21] 『미암일기초』, 병자 2월 13일, "余下生, 每於丙年有慶, 丙戌年自避厄處, 入本宅, 依膝下, 丙申年受室, 丙辰年男子婚, 丙寅年沙漠量移中土, 今年孫男旣婚, 而又當有他吉也. ○乃十四, 二十四, 四十四, 五十四, 六十四, 皆第四年."

때가 묻고 해져도 부인이 새것으로 바꿔주지 않으면 꾸밀 줄을 몰랐다. 거처하는 방은 책을 펴놓은 책상 외에는 비록 먼지와 때가 끼어 더러워도 쓸고 닦지 않았다. 남을 만나 세상일을 말할 때에는 매우 무식한 사람 같았지만, 이야기가 격물치지(格物致知)와 성의정심(誠意正心)하는 공부와 신심(身心)을 다스리는 방법에 이르면 뛰어난 의견과 해박한 지식이 다른 사람의 상상을 뛰어넘어 세밀히 분석하여 통쾌하고 명백하니 듣는 이들이 정신이 쏠려 피곤한 줄 몰랐다.[22]

유희춘은 "내 자손이 만일 10년 동안 산에 들어가 나의 학문을 생각한다면 유업(遺業)을 이어 후손의 길이 열릴 것이다"라고 했다.[23]

유희춘은 슬하에 1남 1녀를 두었다. 아들은 유경렴(柳景濂)이고 찰방을 지냈다. 자부는 김인후의 셋째 딸이다. 유희춘이 종성으로 귀양 갈 때에 김인후가 작별하면서 말하기를, "자네가 멀리 귀양 가고 처자가 의탁할 데가 없으니, 자네의 어린 아들을 내가 마땅히 사위로 삼겠다. 염려하지 말게"라고 했다. 당시 유경렴의 나이가 김인후의 딸과 서로 맞지 않는데도 김인후는 마침내 유경렴을 사위로 삼았다.[24] 유희춘의 딸은 선전관 윤관중(尹寬中)에게 출가했다.

유희춘은 「유후명(遺後銘)」을 지었다.

> 형산(荊山)의 박옥(璞玉)이 겉은 돌이지만 속은 옥(玉)이라네
> 민산(岷山)의 홍옥(紅玉)은 처음에는 은미(隱微)하지만 끝에는 홍대(洪大)하리라[25]

---

22 『성수부부고』 권??, 說部 1, 慵翁識小錄 上.
23 『미암집』 권4, 庭訓, 庭訓內篇.
24 『동각잡기(東閣雜記)』 하, 本朝璿源寶錄 ?.

1577년 유희춘이 졸(卒)하자, 선조는 매우 슬퍼하며 특별히 부조를 내리게 하고 전라감사에게 호상(護喪)하라고 했다.[26]

홍문관 부제학 유희춘이 졸했다. 희춘은 대대로 해남현에 살았는데, 고적(孤寂)한 신분으로서 떨쳐 일어나 문학(文學)으로 출세했다. 을사사화 때 희춘은 김광준(金光準)과 이웃에 살았으며, 임백령(林百齡)은 같은 고향 출신으로 친분이 있었으므로 내지(內旨)를 받들어 따르도록 은밀히 타일렀으나, 희춘은 응하지 않았다. 그리고 중학(中學)의 모임에서 송희규(宋希奎) 등과 함께 민제인(閔齊仁)·김광준의 의논을 배척했다. 광준 등은 희춘이 자신들의 위협에 따를 것이라고 생각했으나, 그에게 크게 좌절당하자 원한이 더욱 무거워져 기필코 죽이려 했다. 처음에 제주도로 귀양을 보냈는데 논자들이, "제주도는 해남에 가깝다"하여 북계(北界)의 종성(鍾城)으로 이배(移配)시키니, 고향의 집과는 3천 리가 떨어진 거리였다. 20년이 지나서야 가까운 곳으로 옮겼고, 1년이 지나 상(선조)이 즉위하자 사면을 입어 다시 등용되었다. 그는 유배지에 있을 때, 곤궁한 처지에서도 태연스럽게 여겨 깊이 사색하고 저술하며 입으로는 글을 외고 손으로는 책을 베껴 밤낮을 쉬지 않았다. 변방의 습속은 글자를 아는 사람이 적었는데, 희춘의 가르침으로 인하여 이로부터 글을 배우는 사람이 많아졌다.

조정에 돌아오자 오랫동안 경연에서 임금(선조)을 모시면서 지성으로 아뢰어 속에 품고 있는 것을 다 말하니, 상은 그의 정밀하고 박식

---

25 『미암집』 권4, 庭訓, 庭訓內篇.

26 『선조실록』, 10년 5월 15일(임인), "副提學柳希春卒. 別致賻, 下書全羅監司護喪, 且令一路各官, 護送喪柩."

한 것을 기뻐했다. 그리고 자문(諮問)할 적마다 대답하는 데 있어 반드시 옛일을 끌어다 증거하여 분명하지 않은 것이 없으니, 상은 그의 기특함을 칭찬했다. 희춘은 기억력이 남보다 뛰어나 경서(經書)나 사서(史書)를 한번 보기만 하면 외우니, 당대의 박학(博學)한 유신(儒臣)인 기대승(奇大升)·김계휘(金繼輝) 등이 모두 첫째 자리를 양보했다. 천성이 온화하고 후하여 모나지 않았으며 조용하고 검소하여 마치 빈한한 선비처럼 처신했다. 다만 서적을 몹시 좋아하여 음악과 여색에 빠진 것처럼 했다. 연로해지자 물러가기를 청하면서 사직하는 소장이 간절했으나, 상은 곧 아끼어 머물게 하고 많은 물품을 하사했다. 물러간 뒤에 다시 부제학을 제수하자 사양했으나 허락하지 않았다. 이때에 특별히 자헌(資憲)의 품계(品階)로 올리고, 또 교지를 내리기를, "경이 오랫동안 경연에서 수고한 것을 생각하여 특별히 자헌으로 올렸으니, 경은 올라와서 사은(謝恩)하지 않을 수 없을 것이다. 더구나 지금 봄옷도 마련되었을 것이고 날씨마저 온화하여 여행하기에 매우 온편할 것이니, 속히 올라와서 나의 뜻에 부응하라" 했는데 교지를 받고 감격하여 사은하고 물러가려 했는데, 도착하자 병이 나서 끝내 졸하니, 상이 슬퍼하며 좌찬성을 증직하도록 했다.

유희춘은 사장(詞章)을 좋아하지 않았다. 그가 찬술(撰述)하고 편집한 것이 매우 많았는데, 그가 올린 『유선록(儒先錄)』·『신증유합(新增類合)』은 모두 간행하도록 했다. 또 『육서부주(六書附註)』·『강목고이(綱目考異)』·『역대요록(歷代要錄)』·『속몽구(續蒙求)』·『천해록(川海錄)』·『주자대전어류전석(朱子大全語類箋釋)』 등의 책은 모두 경전(經傳)을 보충하고 고금(古今)을 파헤친 것으로 후학들에게 도움이 있었다. 만년에 교지를 받들어 『경서구결언석(經書口訣諺釋)』·『선수대학석의(先奏大學釋義)』를

찬정(撰定)했고, 나머지는 미처 완성하지 못하고 작고했다.[27]

유희춘은 사후 좌찬성에 추증되었으며, 담양의 의암서원(義巖書院), 무장의 충현사(忠賢祠), 종성의 종산서원(鍾山書院) 등에 제향되었다.

2) 학통

유희춘은 어려서 아버지 유계린에게 글을 배웠고, 정자화(鄭自和)에게는 한시(韓詩)를 배웠다.[28] 유희춘은 김종직(金宗直)-김굉필(金宏弼)-최산두(崔山斗)·최부의 학통을 이었다. 그의 외할아버지 최부는 김종직의 제자이다. 최부는 해남에 있는 해남정씨에게 장가를 들었다. 당시 해남은 문헌을 숭상하는 고을이 아니었다. 이에 최부는 윤효정(尹孝貞)·임우리(林遇利)·유계린을 가르쳐 해남을 문헌의 고을로 만들었다. 유계린은 최부의 사위이고 유희춘의 아버지이다. 유희춘은 외조의 문집인『금남집』을 편찬했다. 그는 이 책에서 최부의 기절(氣節)의 경특(勁特)과 경륜(經綸)의 규모와 의론(議論)의 정절(精切)을 볼 수 있다고 했다.[29] 또한 유희춘은 최부의『표해록』을 편찬했는데 최부가 경술(經術)과 기절로써 성종의 지우(知遇)를 받았다고 했고[30] 박학(博學)과 장절(壯節)로 일세에 이름이 났다고 했다.[31] 따라서 유희춘은 김종직·김굉필의 학통을 아버지와 외조부 등을

---

27 『선조수정실록』, 10년 5월 1일(무자).
28 『미암일기초』, 정묘 12월 17일.
29 『금남집』, 識.
30 『금남집』, 漂海錄識.
31 『금남집』, 漂海錄跋.

통해 잇고 있다고 할 수 있다.

최산두는 김굉필이 순천에 귀양 와 있을 때 유희춘의 아버지 유계린과 함께 김굉필의 문하에 나아가 공부했다. 최산두가 1504년(연산군 10)에 생원이 되어 25세에서 30세까지 성균관에서 공부를 하여 도덕과 문장으로 이름이 나자, 김인후(金麟厚)·유희춘 등이 그의 문하에 나아가 공부했다. 최산두를 통해 호남학계에 '김굉필→최산두·유계린→유성춘(柳成春)·유희춘'으로 이어지는 학통이 형성되었다. 최산두는 해남의 윤구(尹衢)·유성춘과 한때 명성이 나란했으므로 당시 사람들이 '호남삼걸두구춘(湖南三傑斗衢春)'이라 일컬었다.

유희춘은 최산두의 문장과 심흉(心胸)에 대해 아래와 같이 시로 표현했다.

신재 선생의 두세 편의 부는	新齋兩三賦
동방의 옛사람도 이르지 못한 것	東方古未到
지금도 그 넓은 마음 생각하면	祗今想廣襟
가을철 팽려호처럼 넉넉했네	彭蠡秋正浩[32]

위 시에서 최산두의 부는 「통감부(通鑑賦)」 등을 가리키는데 그 글이 호방(豪放)하고 동탕(動盪)하여 당시 학계에 널리 알려진 작품이다.

최산두는 유희춘과 만나 주흥(酒興)이 도도한 연석(宴席)의 정취(情趣)를 한껏 펼쳐보기도 했고, 유희춘은 스승 최산두의 시에 차운하여 사제

---

[32] 유희춘 지음, 박명희·안동교 공역, 『미암집』 권2, 詩, 五言絶句補遺, 和金河西麟厚韻 以相思一夜梅花發 忽到窓前疑是君爲韻.

간의 도타운 정을 노래하기도 했다.³³

한 사람이 읊조리면 또 한 사람 노래하니	有其嘯也有其歌
보내고 맞는 정이 날로 더욱 두텁구나	迎送情懷日夕多
멀리 떠나가는 소매 붙들지 못하니	未把東西分去袂
훗날 꽃 피거든 다시 찾아와 놀아보세	他年花發樂遊阿

유희춘은 1571년 최산두를 제하는 글을 지어 올렸다.

옛날 약관일 때에	昔在弱冠
책 지고 스승 뵈오니	負笈尋師
스승은 옛날 생각하여	先生念舊
나를 자식처럼 대했네	視余猶兒
거처를 문 곁에 두고	館置門傍
콩잎국을 함께 들면서	藜羹共之
재물을 다 쏟아가며	傾困倒廩
종일 이끌어주었으나	盡日提攜
여종을 번거롭게 할까 봐	恐煩炊婢
오래 있지 않아 돌아갔네	未久求歸
서신으로 왕복하며	書疏往復
성심껏 가르쳐주었으니	敎導愈勤
장차 한 명성 이루면	將成一名
뵙고 큰 은혜 갚으려 했다네	往謝鴻恩

33　白淑兒, 「新齋 崔山斗의 詩世界」, 『고시가연구』 18, 2006, 223-224쪽.

어찌하여 오 년 만에	如何五載
갑자기 유명을 달리하셨는지	遽隔幽明
등제 후 벼슬에 종사하느라	登第從仕
향화도 올리지 못했고	未奠瓣香
이십 년간 유배 살다가	漂淪三紀
북쪽 변방에서 돌아왔다네	還自北荒
사람 보내어 제사 지냈건만	曾遣人祭
어찌 성의 다했다 하리오	曷罄寸誠
이제 방백이 되어	今爲方伯
내 마음 더욱 달려가 보네	尤馳下情
삼가 제수를 마련하여	謹備時羞
묘소에 참배하나니	薄掃墳塋
몸소 친히 뵙진 못하나	不獲躬親
황송히 땅에 엎드리나이다	伏地屛營
이 정성을 살피시고	監此忱悃
영령은 강림하소서	庶降英靈[34]

한편 유희춘은 김안국(金安國)을 스승으로 섬겼다.[35] 김종직의 학문은 김굉필과 최부에게 전해졌고 다시 김굉필의 학문은 유계린·최산두·김안국을 거쳐 김인후·유성춘·유희춘 등으로 이어지고 최부의 학문은 유계린·윤효정·임우리를 거쳐 윤구·윤항·윤행·윤복·유성춘·유희춘 등으로 이어졌다. 유희춘은 바로 김종직에서 비롯되어 김굉필과 최부를 거쳐 유

---

34 유희춘 지음, 박명희·안동교 공역, 『미암집』 권3, 祭文, 祭蘿葍崔先生文 辛未.
35 『모재집(慕齋集)』 序, "希春以海隅章甫, 嘗游門而質疑, 先生不鄙而提撕之."

계린·최산두·김안국으로 이어지는 이러한 호남사림의 맥을 학문적으로 충실히 계승·발전시켰다.³⁶

유희춘은 스승 김안국에 대해 문장에 있어서는 김종직에게 뒤지고 학술상의 정미(精微)한 경지는 이언적에게 뒤지기는 하지만, 나라를 근심하여 몸이 부서지도록 일한 정성은 김종직보다 더했으며, 한 시대의 유림들이 그를 동방의 한유(韓愈)라고 칭했다고 했다.³⁷ 유희춘이 당시 유림들의 평을 들어 자신의 스승 김안국을 한유로 인식하고 있다는 점에 유의할 필요가 있다. 한유는 「원도(原道)」라는 글에서 유교의 도(道)에 대해 논하고, 요·순·우·탕·문왕·무왕·공자·맹자의 도통(道統)을 제시한 학자이다. 그는 「원도」에서 『대학』을 인용하며 성의(誠意) 이후에 대해서만 말하고 격물치지(格物致知)는 언급하지 않았다고 하여 송유(宋儒)들에게 비판받고 있지만, 송 대 성리학의 도통인식의 단초를 열었던 학자였다.

유희춘은 김안국에 대해 박학하고 사람을 사랑하고 선(善)을 좋아하며 국사(國事)에 마음과 정력을 다한 학자라고 평했다. 그는 김안국이 1518년(중종 13)에 부경사신으로 가서 『주자대전』·『주자어류』·『이락연원록(伊洛淵源錄)』 등 성리서를 사오면서 읊은 시, "광풍과 제월을 가득 싣고서(滿載光風兼霽月), 동으로 돌아오니 응당 마음 맞는 이 있으리(東歸應有契心人)"를 소개하고³⁸ 당시 김안국이 중종에게 성리서적의 간행을 청했다고 했다. 그러나 1519년(중종 14) 기묘사화가 일어나 사림(士林)이 패하고 김안국은

36　고영진, 「미암 유희춘의 학술사상 위치」, 미암탄생 500주년기념학술대회, 호남사학회, 2014.

37　『선조실록』, 7년 2월 1일(병오); 정호훈(2007), 앞의 글, 46쪽.

38　『모재집』 권2, 詩, 贈別李序班欽. 광풍제월(光風霽月)은 황정견(黃庭堅)이 주돈이(周敦頤)의 인품이 매우 높아서 광풍과 제월로 표현한 말이다. 주돈이는 성리학의 비조(鼻祖)이기 때문에 여기서는 성리서와 성리학을 가득 지니고 왔다는 의미이다.

19년 동안 재야에서 지내다가 1537년(중종 32) 겨울 벼슬에 복귀하여 교서관 제조가 되어 서적을 간행하여 유포했다.[39]

김안국은 16세기 성리학의 시대를 연 학자였다. 그는 일찍이 적감(寂感)이 마음을 조존(操存)하는 핵심이 된다고 보았다.[40] 당시 학계에서 적(寂)은 미발(未發, 中), 감(感)은 이발(已發, 和)의 견지에서 논의되기 시작했다. 이러한 김안국의 견해는 태허(太虛)를 적감(寂感)으로 해석한 이언적과 함께 불교의 적멸(寂滅)의 시대를 마감하고 이학(理學)의 적감의 시대를 연 것이다.[41] 또한 김안국은 왕패(王覇)의 변을 논하여 마땅히 이로써 심술(心術)과 행사(行事)의 분변을 삼아야 한다고 했다.[42]

김안국은 평소 문생(門生)에 대해 얘기할 때 매번 유희춘이 영명(英明)하고 경사(經史)에 널리 통하며 기절(氣節)이 강의(剛毅)하고 타고난 기(氣)가 청화(淸和)하여 임금을 보도(輔導)하는 일에 가장 적임자라고 했다. 사실 유희춘은 김안국이 생각했던 대로 21년간 혹독한 유배생활을 하면서도 기절이 있어 평소의 지조(志操)를 지켰다.[43] 유희춘은 김안국을 제하는 글을 지었고[44] 『모재집』 서문을 직접 지었다. 그는 1573년 6월 23일에 박승임이 찾아오자 자신이 『모재집』 서(序)를 기초했다고 하면서 윤문을 부탁하여 허락받았다.[45] 그래서 8월 25일에 『모재집』 서를 질정받기 위해

---

[39] 『미암일기초』, 갑술 4월 23일.
[40] 『미암일기초』, 갑술 6월 초9일.
[41] 권오영, 『조선 성리학의 의미와 양상』, 일지사, 2011, 44-46쪽 참조.
[42] 『미암일기초』, 갑술 6월 초9일.
[43] 『미암일기초』, 갑술 6월 초9일.
[44] 『미암일기초』, 정묘 10월 26일. 유희춘이 김안국의 사수에 올린 제문은 『미암집』과 『미암일기』에 실려 있지 않다.
[45] 『미암일기초』, 계유 6월 23일.

박승임의 집을 방문했으나 만나지 못하고 돌아왔다.[46] 그는 8월 28일에 다시 박승임의 집을 방문하여 『모재집』 서를 보여주니 "좋도다, 좋도다! 어찌 다시 이보다 더할 수 있으리오"라는 칭찬을 받았다. 그 자리에서 그는 글의 증손(增損)을 간청하여 허락을 받고 돌아왔다.[47] 그리하여 10월 16일에 박승임의 수정본이 도착하자 유희춘은 감사의 기쁨에 젖었다.[48] 유희춘은 11월 5일 『모재집』 서를 정서하여 다시 박승임에게 보내 최종적인 검토를 부탁한다고 했다.[49] 유희춘은 초본 수정을 거쳐 1574년 3월 23일에 『모재집』 서문을 완성했다.[50] 그는 4월 11일에 군위현감 유몽정(柳夢井)에게 임지로 가는 길에 이를 영천군수 허충길에게 전해달라고 했다.[51] 『모재집』에 실린 서문은 이러한 과정을 거쳐 인쇄가 이루어졌다.

유희춘은 사도(師道)로 자처하지 않았다. 그렇지만 그의 문하에 나아가 가르침을 받은 이가 많았다. 『미암일기』에서 유희춘이 언급한 제자들은 허봉(許篈)·허성(許筬)·이호민(李好閔)·최상중(崔尙重)·이선경·박호원·김홍조·이순·유광진·박순원·김추·허홍세·강신·한경두·윤수민·이기양·한삼수·김진·이효원·우복룡·이삼·김집·유협·여곤·이여우·양희윤·성수익 등이다.[52] 허봉은 유희춘에게 문목을 보내와서 물었고[53] 허성은 『자

---

46 『미암일기초』, 계유 8월 25일.
47 『미암일기초』, 계유 8월 28일.
48 『미암일기초』, 계유 10월 16일.
49 『미암일기초』, 계유 11월 초5일.
50 『미암일기초』, 갑술 3월 23일.
51 『미암일기초』, 갑술 4월 11일.
52 고영진(2014), 앞의 글. 이 밖에 김천일(金千鎰)·정철(鄭澈)·정개청(鄭介淸)·이신(李申)·강위룡(姜渭龍) 등이 있다.
53 『미암일기초』, 무진 8월 14일.

양문집(紫陽文集)』을 가지고 와서 의문이 나는 곳을 물었다.[54] 김천일(金千鎰)은 『성리군서』에서, 강위룡(姜渭龍)은 『자양문집』의 글에서 물었다.[55]

유희춘은 정개청(鄭介淸)과 『대학』에 대해 강론했고 정개청이 『주자대전』에서 의문 나는 곳을 초하여 질문하자 메아리처럼 바로 응답해주었다.[56]

---

54 『미암일기초』, 기사 6월 18일.
55 『미암일기초』, 신미 6월 초3일.
56 『미암일기초』, 갑술 11월 24일.

3. 주자인식과 이학사상

1) 주자인식: 주자는 성인(聖人)

유희춘은 주희를 공자(孔子) 이후 유학을 집대성한 학자로 생각했다. 그러면서 그는 송 대 이후 주돈이(周敦頤, 濂)와 이정(二程, 程顥·程頤, 洛)에 이어 주희(朱熹, 紫陽)의 출현을 각각 초승달에서 보름달로, 그리고 태양으로 비유하여 표현했다.

염관에 초승달 떠오르니	濂關弦月出
하락엔 보름달 밝아오네	河洛望宵昌
빼어나도다, 자양산이여	卓哉紫陽山
상서로운 해 부상에 솟네	瑞日湧扶桑[57]

유희춘은 자신이 주희보다 300년 뒤에 만 리나 떨어진 지역에서 태어나 저서를 통해 주자학에 몰두하여 음미하고 있다고 했다.

나는 주자의 뒤에 태어나	我生後朱子
이미 삼백 년이나 떨어졌고	三百年已疎
내 사는 곳은 건양과 멀어	我居遠建陽
그 거리가 만여 리라네	其里萬有餘
거동과 모습 뵈올 수 없어	儀形不可見

---

[57] 유희춘 지음, 박명희·안동교 공역, 『미암집』 권1, 詩, 五言古詩, 感興 四首.

공연히 지은 책 읽어보았는데	空讀所著書
처음엔 사탕 깨무는 듯했으나	初味猶啖蔗
결국 통하니 맛난 음식 같았네	遂通芻豢如[58]

유희춘은 당대에 자기를 알아줄 지기(知己)가 없음을 슬퍼하면서 도통의 연원이 책 속에 있으니 혼자 성인의 마을을 찾아가겠다고 했다. '성려(聖閭)'의 '성(聖)'은 바로 주희를 가리킨다.

종자기의 죽음 한스러울 뿐이니	只恨子期逝
거문고는 누구를 위해 튕기리	瑤琴爲誰攄
도의 근원은 책 속에 있으니	淵源黃卷裏
홀로 성인의 문하를 찾아가리	獨尋聖人閭[59]

유희춘은 주희를 성인으로 보아 '주성(朱聖)'으로 표현하고 세상의 맹주(盟主)라고 했다. 그는 주희가 불철주야 깊은 탐구를 하여 오묘한 이치를 깊이 꿰뚫었으니 후생이 그 내용을 쉽게 궁구할 수 없다고 했다.

성인 주자는 세상의 맹주 되어	朱聖主世盟
긴 밤을 밝은 낮으로 바꾸었고	長夜變白晝
오묘한 이치를 깊이 꿰뚫으니	玄思徹萬微
후생이 어찌 쉬이 궁구하리오	後生那易究[60]

---

[58] 유희춘 지음, 박명희·안동교 공역, 『미암집』 권1, 詩, 五言古詩, 感興 四首.
[59] 유희춘 지음, 박명희·안동교 공역, 『미암집』 권1, 詩, 五言古詩, 感興 四首.
[60] 유희춘 지음, 박명희·안동교 공역, 『미암집』 권1, 詩, 五言古詩, 感興 四首.

그러면서도 유희춘은 자기가 『주자대전』과 『주자어류』의 주석을 성취하고 싶다고 했다.

문집과 어류에는   文集與語類
누가 주석을 이룰까   註釋誰當就[61]

유희춘은 주희의 「재거감흥」 20수를 매우 높이 평가했다. 그는 「재거감흥」 시 1,260자 속에 천지만물의 이(理)와 성현만고의 심(心)과 고금만사의 변(變)이 표현되어 있다고 했다.[62]

유희춘은 주희에 대해 무한한 존경의 마음을 표했다. 그는 주희를 '성인(聖人)'이라고 주장했다. 조선이 주자학의 나라가 되기 위해서는 그러한 주장이 필요했고, 그런 주장을 한 대표적인 인물이 유희춘이었다. 유희춘은 『주자실기』라는 책에서 황간이 주희에게 제(祭)한 글에 대해 언급했다. 황간은 "주자가 이어서 태어남으로 여러 성인의 큰 이룸을 모았으니 그 앎은 나면서부터의 앎이고 그 실천은 편안히 행함이다"라고 했다. 유희춘은 이 말을 보면 황간이 홀로 주희를 생지(生知)의 성(聖)이라고 크게 말했는데 뒷사람이 오히려 대현(大賢)으로 일컬으니 똑똑하지 못함이 심하다고 했다. 유희춘은 진순(陳淳)이 주희에 대해 "배워서 알고 이롭게 실천한 아성(亞聖)"으로 일컬었다가 그 뒤에 "이 세상의 맹주(盟主)가 되었다"라고 했다면서 나중에 성인으로 인정했음을 거론했다.[63]

---

61 유희춘 지음, 박명희·안동교 공역, 『미암집』 권1, 詩, 五言古詩, 感興 四首.
62 『미암일기초』, 계유 12월 21일.
63 『미암일기초』, 정묘 10월 초9일, "竊觀朱子實紀中黃勉齋察朱子文云, 自夫子之繼作, 集累聖之大成, 其知生知, 其行安行, 觀此則直卿, 獨能昌言朱子生知之聖, 而後人猶以大賢稱之, 吁! 亦不明之甚矣. 陳安卿之贊文, 以學知利行之亞聖稱之, 其後卒以主盟斯世歸重, 是

유희춘은 『주자실기』에 의거하여 『속몽구(續蒙求)』에 "선니망식(宣尼忘食)" "문공불매(文公不寐)"의 주를 추가하여 넣고,[64] 황간과 유염(劉炎)이 주희에게 제한 글에서 주희를 성인으로 인정하고 서술한 부분을 따와서 제시했다.[65] 그는 황간과 유염이 주희를 추존한 것이 지극하고 그들의 지혜는 성인을 알아본 것이라고 했다.

유희춘은 송 대 이전의 유학은 기송(記誦)의 비루함과 사장(詞章)의 부화(浮華)함만 있어 마음을 다스릴 수 없었다고 보았다. 그러다가 정호·정이 형제가 나와서 비로소 사서(四書)의 도를 밝히고 주희가 더욱 천명함으로써 정주 이후로는 유자(儒者)로 유식한 사람이라면 불교를 말하는 사람이 없게 되었다고 했다.

유희춘은 1568년(선조 1)에 이황에게 나아가 주희가 대성(大聖)인지 대현(大賢)인지 질문했다. 이에 대해 이황은 어찌 성인이라고 하겠는가 하면서, 다만 공부가 지극한 곳에 이르렀으니 이른바 배워서 알고 이롭게 실천한 대현이라고 했다. 유희춘은 이러한 이황의 견해는 세속에서 가까운 것은 천하게 여기고 멀리 있는 것은 귀하게 여기는 것이라고 했다.[66] 그는 주희가 생지(生知)의 성(聖)으로 능하지 못한 바가 없어 문장이나 글씨가 모두 일세에 뛰어났다고 했다.[67] 이같이 주희를 성인으로 존경한 유희춘은 소식·왕안석·왕수인 등에 대해서는 극도로 부정적인 평가를

失之東隅而收之桑楡者也."

64 『속몽구(續蒙求)』, "宣尼忘食 文公不寐".
65 『속몽구』, "范李知天 黃劉推聖."; 『미암일기초』 정묘 10월 초10일, "因朱子實紀, 添入宣尼不寐註, 又以黃勉齋祭公文, 易黃劉之黃裳, 蓋至是續蒙求, 庶乎毫髮無遺恨矣."
66 『미암일기초』, 무진 8월 14일, "余出自闕門, 至退溪先生宅 […] 希春問 大鑑(監), 以朱子爲大聖歟? 大賢歟? 答曰安得爲聖人? 只是工夫到極, 所謂學知利行之大賢也. 退溪此見 未能超出乎世俗貴遠賤近之樊籠, 不能無憾."
67 『선조실록』, 7년 2월 4일(기유).

했다.[68]

유희춘은 주희의 도학(道學)은 황간에게 전해졌고, 황간은 다시 하기(何基)에게, 하기는 왕백(王柏)에게, 왕백은 김이상(金履祥)에게, 김이상은 허겸(許謙)에게 전했다고 이해했다.[69] 그는 주자학의 도통(道統)을 원대 학계의 금화학파(金華學派)에서 파악하고 있었다.[70] 유희춘은 주자학이 고려 후기에 수용되어 조선에서 주자학의 핵심을 터득한 이는 이황이라고 인정했다.

주자의 학문이 해외로 흘러와	朱文流海外
실추된 자취를 누가 찾았던가	墜緒孰追尋
포은은 전한 글 없었는데	圃隱無傳字
선생이 홀로 마음 터득했네	先生獨得心
조선이 추로로 변모하고	靑邱變鄒魯
밝은 해 음침함을 거두었네	白日豁氛陰
동량 무너져 길이 슬프더라도	樑壞雖長慟
아름다운 글들 고금을 비추리라	芳編照古今[71]

---

68 『미암일기초』, 계유 11월 21일, "希春, 進於其後, 曰頃日, 上命入東坡詩, 臣未知上欲考一二處耶? 欲留覽耶? 蘇軾爲人, 矜豪詭譎, 心術不正, 發於文詞, 亦皆不平."; 『미암일기초』, 계유 3월 17일, "臣希春進, 曰王守仁資性狼戾, 彊愎不遜, 謂五常有亦可無亦可, 刻而去之亦可. 又稱秦始皇焚書, 以爲合於孔子刪述之意. 又毁朱子著書立言, 曰慘於洪水猛獸之災, 其爲邪說甚矣. 上曰 謂之邪, 無乃過乎? 對曰守仁當初厭事物之干心, 而爲乖僻之論, 然言之不正, 至於此, 與王安石, 雖非貪邪, 而引用凶邪, 排擯忠直, 而卒爲亂政, 小人何異?"

69 『미암일기초』, 경오 7월 17일.

70 정호훈(2007), 앞의 글, 53쪽.

71 유희춘 지음, 박명희·안동교 공역, 『미암집』 권2, 詩, 五言律詩補遺, 哭退溪先生.

유희춘은 이황을 학문적으로 "포은(圃隱, 정몽주) 이후 일인(一人)"이라고 보았다.[72] 그는 이황이 편찬한『주자서절요』는 성학(聖學)이 출발하는 곳이고, 「천명도설(天命圖說)」은 이기화생(理氣化生)의 묘와 정양동찰(靜養動察)의 공이 남김없이 갖추어져 있어 모두 성현(聖賢)의 미지(微旨)를 밝혀 후학의 이목(耳目)을 열었다고 보았다.[73]

2) 이학사상

유희춘은 평생 많은 저술을 남겼다. 그의 저서로는『미암일기』·『속몽구(續蒙求)』·『역대요록(歷代要錄)』·『천해록(川海錄)』·『헌근록(獻芹錄)』·『주자어류전해(朱子語類箋解)』등이 있으며, 편서로는『국조유선록(國朝儒先錄)』·『주자대전어류전석(朱子大全語類箋釋)』·『경서구결언석(經書口訣諺釋)』등이 있다.

선조(宣祖)는 유희춘의 학문이 모든 책에 정박(精博)하고 학문에 힘씀이 정심(精深)하다고 했다.[74] 이에 반해 이이(李珥)는 유희춘이 "고서(古書)를 많이 읽고 외우나 실은 진지(眞知)가 없고, 또한 세무(世務)에도 식견

---

72 『미암집』권9, 日記, 刪節○上經筵日記別編, 辛未. "讀退溪心經後論, 其說甚精當, 非聞道大儒, 焉能到此地位? 信乎吾東方鄭圃隱後一人而已."
73 『미암일기초』, 병자 5월 초3일. 관학유생(館學儒生)이 1576년 4월 24일에 상소를 올리며 제시한 내용인데, 유희춘이 일기에 적어놓았다. 이러한 내용은 조목(趙穆)이 쓴「退溪先生言行總錄」의 내용과도 대동소이하다(『월천집(月川集)』권5, 雜著, 退溪先生言行總錄).
74 『미암일기초』, 갑술 11월 초8일.

유희춘의 사상과 성리서류 편찬 **149**

(識見)이 없다",⁷⁵ "다만 고서를 읽으나 실은 식견이 없다",⁷⁶ "비록 재주는 없으나 독서인이다"라고 했다.⁷⁷ 또한 이이는 유희춘에 대해 "박람강기 (博覽强記)하여 서사(書史)를 거론하면 문득 외웠다. 성품이 또한 온화하여 임금(선조)이 중하게 여겼다. 다만 경제(經濟)의 재주와 직언을 하는 절개가 부족했다. 매번 경연 석상에서 문(文)을 담론할 뿐이었고 시폐(時弊)에 대해서는 한마디도 언급하지 않았다"라고 했다.⁷⁸ 이이가 평한 것처럼 유희춘은 정말 진지(眞知)가 없는 학자였을까.

유희춘은 자신에 대한 이러한 평에 대해 어느 정도는 알고 있었던 것 같다. 춘추관에 보관된 시정기(時政記)에는 그에 대해 아래와 같이 적혀 있었다.

> 사람됨이 자상(慈詳)하고 진솔하며 총명하고 기억력이 대단하다. 20년 유배 기간 중에 한가로운 가운데 정력을 써서 제자백가를 읽지 않은 것이 없다. 『속몽구』와 『육서부록(六書附錄)』 등 책을 지었다. 그러나 그 학(學)은 박(博)에는 능하나 약(約)에는 능하지 못하고, 지경(持敬)과 내외교수(內外交修)의 도(道)에는 오히려 소략한 바가 있다. 또 성품이 세정(世情)에 어두워 얽힌 문제를 제거하는 재주는 부족하다.⁷⁹

유희춘은 독서와 저술로 일생을 보낸 학자이다. 그는 독서하여 도의

---

75 『율곡전서(栗谷全書)』 권29 經筵日記 2, 선조 5년, "希春多讀古書成誦, 而實無眞知. 且於世務, 茫然無識見."
76 『율곡전서』 권29, 經筵日記 2, 선조 6년, "柳希春只讀古書, 而實無識見."
77 『율곡전서』 권29, 經筵日記 2, 선조 8년 9월, "李珥謂人曰柳公雖無才, 讀書之人也."
78 『율곡전서』 권30, 經筵日記 3, 선조 10년, "希春博覽强記, 擧書史輒成誦, 性且溫和, 上甚重之. 但乏經濟之才, 謇諤之節, 每於經席, 文談而已, 無一言及時弊, 識者短之."
79 『미암일기초』, 갑술 11월 14일.

(道義)를 강명(講明)하는 데는 사서(대학, 논어, 맹자, 중용), 『소학』, 『근사록』, 『대학연의』, 『자치통감강목』의 여덟 종의 책만 한 것이 없다고 했다.[80] 그는 자신에게 주어진 학자로서의 본분을 충실히 실천한 인물이다. 그는 독서에 대해 여섯 가지 절목을 제시했다. 첫째, 부지런히 읽는다. (매일 엄격하게 과정을 세워 조금도 게으르거나 빠짐이 없어야 한다.) 둘째, 잘 기억함이다. (매월 옛날에 들은 것을 익혀 잊어버리지 않게 한다.) 셋째, 정밀하게 생각한다. (같고 다름을 비교하고 의심나면 그 이유를 깨달아 알아야 한다.) 넷째, 분명하게 분변한다. (어려운 것은 스승과 벗에게 묻고 성인이 절충한 것에 의거한다.) 다섯째, 저술을 잘 한다. (고치기를 싫어 말고 사리를 모두 통달해야 한다.) 여섯 번째, 독실히 이행한다. [도리(道理)를 깨달아 몸에 돌이켜 실천한다.][81]

유희춘은 자신의 학문적 역량과 당시까지 축적된 주자학의 연구 성과를 비판적으로 수용하여 조선을 주자학의 나라로 만드는 데 크게 기여했다. 유희춘이 관료로 재직할 때 많은 관료들이 그를 찾아와 가르침을 받았다. 김덕룡·김귀영·박계현·민기문·이담·허엽·이헌국·권덕여·신응시·윤두수·윤근수·심수경·우성전·원혼·박순 등과 홍문관의 여러 학사들이 독서를 하다가 의문이 있으면 유희춘을 찾아와서 물었다. 지방관도 예외는 아니었다. 광주목사 성수익이 편지로 『주자어류』에서 의심스러운 곳 네 조목에 대해 묻자 그가 답해주기도 했다.[82]

유희춘은 우선 경학의 내용에 밝아 육경(六經) 등 경전에 대해 자신의 견해를 밝혔다. 그는 『역경』은 복서(卜筮)를 주로 하고, 『서경』은 제왕(帝王)의 훈고(訓誥)·서명(誓命)이 수록되어 있고, 『춘추』는 여러 나라의 선악

---

80 『미암일기초』, 경오 7월 17일.
81 『미암집』 권4, 庭訓, 庭訓內篇.
82 『미암일기초』, 을해 11월 21일.

을 기록했고, 『시경』은 정성(情性)을 읊었고, 『예기』는 절문(節文)을 기록
했으니 모두 제왕이 세상에 전한 법이라고 했다. 그는 주희의 견해를 받
아들여 육경이 도리(道理)의 정미(精微)한 곡절(曲折)에서는 사서(四書)에
미치지 못한다고 하면서도, 요순(堯舜)이 심(心)을 전한 가르침과 이윤(伊
尹)·부열(傅說)·주공(周公)·소공(召公)이 임금에게 아뢴 것과 같은 것은 진
실로 사서와 합치된다고 했다. 또 육경에서 사물에 응접하는 것을 논하
여 그 당부(當否)에 대처하는 것은 모두 궁리(窮理)의 일이고, 사물에 응접
하는 즈음에 옳음이 있고 마땅함이 있는데 마땅한 것은 중(中)을 가리키
는 것이라고 했다.[83]

유희춘은 『서경』은 제왕의 일이 실려 있으니 진실로 정치를 하는 큰
법이고, 『시경』은 인정(人情)에 뿌리를 두고 물리를 갖추고 있으니 관계
되는 바가 더욱 절실하다고 했다. 선조가 『서경』은 문사가 어렵고 깊어
평이하지 않다고 하면서 『시경』도 『서경』과 같은지 묻자, 유희춘은 『시
경』의 문사는 매우 평이하고 명백하여 사람에게 유익하다고 답했다.[84]

유희춘은 주희가 평생의 정력을 『대학』에 쏟았고, 보망장(補亡章, 격물치
지장)을 짓고 장구(章句)를 나누었으며, 『대학혹문』을 지어 그 분석을 극진
히 했다고 했다.[85] 그런데 당시 동료였던 조정기(趙廷機)는 『대학』의 핵심
이 성의(誠意)에 있다고 했는데, 유희춘은 『대학』의 핵심이 '격물치지(格物
致知)'와 '성의(誠意)'의 두 관문에 있다고 했다.

유희춘은 육구연(陸九淵)의 학문은 "다만 존심을 힘쓴다(只務存心)"라고
이해했고, 주희의 학문은 "독서궁리(讀書窮理)"를 중시한다고 이해했다.

---

83 『미암일기초』, 경오 7월 17일.
84 『미암집』 권18, 경연일기 9월 초9일.
85 『미암일기초』, 무진 7월 17일.

주희는 일찍이 육구령(陸九齡)·육구연 형제와 신주(信州)의 아호사(鵝湖寺)에 모여 자신들의 학문적 지향을 말했다. 육구연 형제는 학문은 마땅히 다만 존심(存心)을 힘써야 하고 독서궁리는 할 필요가 없다고 했다. 이에 반해 주희는 존심과 궁리를 치우치게 폐할 수 없다고 했다.

유희춘은 당나라까지의 유학은 주로 기송사장(記誦詞章)에 빠지고 궁리존심(窮理存心)의 학(學)이 없었다가 송나라 이정(二程)이 나온 뒤에 바로 궁리존심으로 학을 삼았다고 했다. 그러나 혜능(惠能) 일파인 장구성(張九成)이 한 승려에게 배워 오로지 심상(心上)에서 돈오(頓悟)를 주장하여 독서궁리를 비난했고, 이를 육구연이 따라서 지지했고 오징(吳澄)이 또 그 뒤에 지지했다고 했다. 유희춘은 지금 중국에서는 그 학이 매우 성하니 대개 육구연·양간(楊簡)의 무리가 경전을 버리고 성현(聖賢)을 헐뜯으니 경계하지 않을 수 없다고 했다.[86]

한편 당시 조선 학계에서 노수신(盧守愼)은 육구연의 설을 지지하여 사람은 마땅히 다만 존심을 힘써야 하고 문자(文字)로는 일을 이루지 못한다고 이해했다. 그는 경훈(經訓)에 이르러서는 이미 그 뜻을 이해하면 문자는 잊어버리는 것이 옳다고 보았다. 그는 상고에 어찌 문자가 있었는가 하면서, 다만 언어가 심(心)에 있는 것을 볼 뿐이라고 했다.[87]

유희춘은 노수신의 이러한 견해에 대해 분명히 반대했다. 그는 주희가 말하기를 이 심(心)을 유지하는 바는 다만 책이 있을 따름인데, 요점은 심(心)으로써 증험하고 몸으로써 체득할 따름이라는 것이다. 그는 박잡(駁雜)하고 부정(不正)한 책은 진실로 족히 보아서는 안 되지만, 성현의 경훈

---

86 『미암일기초』, 경오 7월 27일.
87 『미암일기초』, 갑술 5월 30일, "盧守愼曰人當只務存心, 文字不濟事, 至如經訓, 旣解其意, 則文字可忘. 苟有留滯於胸中, 卽爲有害. 且上古那有文字? 只相言語存諸心而已."

은 어찌 잊을 수 있겠는가 했다.[88]

유희춘은 주희가 말하기를 학자가 전주(傳註)를 무시하는 것은 옳지 못하다고 했는데, 전주도 오히려 버릴 수 없는데 하물며 경훈에 있어서는 더 말할 것도 없다는 것이다. 유희춘은 제가(諸家)의 주(註)는 성현의 뜻을 얻지 못했으니 생략하는 것이 오히려 가하지만, 주희의 사서삼경(四書三經) 주에 이르러서는 성인(聖人)의 심(心)을 묘득(妙得)했으니 가벼이 할 수 없다고 보았다. 이에 반해 노수신은 전주는 유의할 필요가 없고, 비록 선주(善註)라도 보지 않아도 된다고 했다.[89] 또한 사서 등 여러 경전의 토석(吐釋)을 자세히 정하는 것도 마땅하지 않다고 했다.[90]

유희춘과 노수신의 의론(議論)이 팽팽히 대립하자, 유희춘은 선조가 절충하는 데 달려 있을 따름이라고 했다. 이에 선조는 비록 존심으로 주(主)를 삼으나 책을 이미 읽었으면 어찌 잊을 수 있겠는가, 요점은 때로 익히고 생각하여 심신(心身)이 서로 합하게 하는 데 있으니 어찌 족히 책을 보지 않아도 된다는 것인가 하며 유희춘의 견해를 지지했다. 당시 자리를 함께했던 한수(韓脩)·홍진(洪進)·박계현(朴啓賢) 등도 모두 독서궁리는 버릴 수 없다며 유희춘을 지지했다.[91]

유희춘은 1567년 11월 18일 마상(馬上)에서 그동안 살아온 삶과 학문을 통해 "경이존심(敬以存心)" "사이궁리(思以窮理)"의 이치를 깨달았다. 그는 이 말이 실로 존덕성(尊德性)과 도문학(道問學)의 요점이고 요·순과 우·탕·문왕·무왕의 정치를 하는 근원이 이보다 지나치는 것이 없다고

---

88 『미암일기초』, 갑술 5월 30일.
89 『미암일기초』, 갑술 5월 30일.
90 『미암일기초』, 갑술 10월 25일. 정호훈(2007), 앞의 글, 48쪽.
91 『미암일기초』, 갑술 5월 30일.

했다.[92]

유희춘은 1568년 8월 4일 주강(晝講)에 참여하여 『논어(論語)』를 강론했다.

> 박문은 곧 도문학(道問學)의 일이요, 약례는 곧 존덕성(尊德性)의 일입니다. 이른바 '박문'이란 것은 도리에 어긋나는 글을 섞어서 읽으란 말이 아니라, 성현의 경전 속에 있는 가르침과 역대의 치란, 군신의 자취를 토론하여 궁리(窮理)의 자료로 삼으라는 것입니다. 이른바 '존덕성'이라는 것은 곧 경(敬)을 주장하여 마음을 간직하는(主敬以存心) 것입니다. 송나라의 여러 선비들 중에서 육구연 같은 사람은 전적으로 존덕성만을 주장하고 도문학이라는 한 가지를 버렸으며, 호인(胡寅) 같은 이는 글을 읽고 이치를 궁구하여 다소 도문학의 일을 하기는 했지만, 존덕성이라는 한 가지가 없었습니다. 오직 주돈이·정호·정이·장재(張載)·주희는 이 두 가지를 갖추었고, 주자의 문집(文集)은 여러 유자들의 학설을 집대성했으니 이른바 두 바퀴를 갖춘 수레입니다. 엎드려 바라건대 성명(聖明)께서는 유념하소서.[93]

---

[92] 『미암일기초』, 정묘 11월 18일; 『미암집』 권5, 日記 刪節. 上經筵日記別編. 丁卯 宣廟元年. "馬上思得敬以存心, 思以窮理, 實尊德性道問學之要, 二帝三王出治之源, 無踰於此." 유희춘은 자신이 편찬한 『신증유합(新增類合)』에서 경(敬)자에 대한 훈(訓)을 기존의 '고마 경'에 더하여 '일심(一心) 경'이라고 했다. 그는 '경'을 '일심'으로 본 것이다. 또한 그는 심(心) 자에 대한 훈은 '마음 심'에 더하여 '영통(靈通) 심'이라고 달았다. 그래서 그는 경이 일심(一心)의 주재(主宰)가 되고 만화(萬化)의 뿌리가 된다고 보았다.

[93] 『미암일기초』, 무진 8월 초4일; 『미암집』 권15, 經筵日記, 戊辰, "講博文約禮章. 博文卽道問學之事, 約禮卽尊德性之事, 所謂博文者, 非謂雜覽無理之書, 乃謂討論聖賢典訓及歷代治亂君臣之迹, 以爲窮理之資也. 所謂尊德性者, 卽主敬以存心也. 宋之諸儒, 如陸九淵等, 是專以尊德性爲主, 而遺道問學一段, 胡寅觀書窮理頗有道問學之事, 而無尊德性一段. 唯周程張朱, 具此二者, 而朱子又集諸儒之大成, 所謂具兩輪之車也, 伏願聖明留神焉."

유희춘은 "널리 보고 정밀히 생각하면(博觀精思) 많은 의심이 점차 풀리니(羣疑漸釋) 넓게 깨달음이 있으면(豁然有覺) 초연히 자득하리라(超然自得)"라고 했다.[94] 그는 육구연의 문집을 보니 관서궁리(觀書窮理)의 유(儒)는 양주(楊朱)·묵적(墨翟)에도 미치지 못한다고 하며 이단(異端)의 심한 것이라고 했는데 이것은 주희의 학을 기롱한 것이라고 이해했다.[95] 이에 유희춘은 육구연의 존심과 주희의 궁리를 다 수용하되, 경(敬)으로 존심하고 사(思)로써 궁리하는 것이 주자학의 핵심이라고 보았던 것 같다.

유희춘은 『대학』에는 핵심이 있는데 "경이존심(敬以存心)"과 "사이궁리(思以窮理)"가 그것이라고 했다. 그는 사이궁리는 곧 격물치지의 일이고 경이존심은 곧 성의정심(誠意正心)의 일이라고 했다. 그는 대개 존심과 궁리 두 가지는 수레의 두 바퀴와 같아서 실로 만화의 근원이라고 했다.[96] 이러한 그의 견해는 장재가 존양(存養, 存心養性)으로서 성(性)을 극진히 하고 학사(學思, 學問思辨)로서 이(理)를 궁구한다고 한 말과[97] 주희와 이황이 강조한 거경(居敬)과 궁리(窮理)의 학문 전통과 이황의 학(學)과 사(思)에 대한 견해 위에서[98] 『대학』의 격물치지와 성의정심에 연계하여 독자적으로 학적 체계를 새롭게 제창한 것으로 보인다.

유희춘은 공자가 박문(博文)으로 사람을 가르치고 맹자가 박학(博學)과 상설(詳說)로 가르침을 삼음으로부터 이정과 주희에 이르기까지 모두 격

---

94 『미암집』 권3, 銘, 讀書銘.

95 『미암일기초』, 신미 12월 초3일.

96 『미암집』 권15, 經筵日記, 戊辰, "又大學有要, 敬以存心, 思以窮理, 是也. 思以窮理, 卽格物致知之事, 敬以存心, 卽誠意正心之事. 蓋存心窮理二者, 如車兩輪, 實萬化之原."

97 『정몽(正蒙)』注 권3하, 誠明篇, "存養以盡性, 學思以窮理."

98 『퇴계문집(退溪文集)』 권7, 箚, 進聖學十圖箚 幷圖, "孔子曰學而不思則罔, 思而不學則殆, 學也者, 習其事而眞踐履之謂也. 蓋聖門之學, 不求諸心, 則昏而無得, 故必思以通其微, 不習其事, 則危而不安, 故必學以踐其實, 思與學, 交相發而互相益也."

물치지로 학을 삼았다고 했다. 그런데 오직 육구연은 일을 따라서 토론하는 것이 다만 존심을 힘쓰는 것보다 못하다고 하여 심(心)이 존(存)하면 비추지 아니함이 없다고 했으니 대개 이 설은 양나라 달마(達磨)와 당나라 혜능의 설에서 나와 송나라 장구성(張九成)에 이르러 다시 일어나 육구연에 전해져 독서궁리를 크게 엄금하고 존심을 힘쓰는 설이 중국에 넘치게 되었다고 보았다.[99]

유희춘은『대학』의 격물치지와 성의(誠意)를 중시하면서, 아울러 정심(正心)도 중시했다. 유희춘의 외조인 최부는 임금에게 심술(心術)을 바르게 하라고 건의했다. 그는 인주(人主)의 일심(一心)은 정치를 하는 근원이므로 사부(師傅)의 위(位)를 세우고 간쟁(諫諍)의 관(官)을 두어 보양(保養)을 하게 하는 것은 오직 이 마음이 혹 정(正)을 잃을까 저어하기 때문이라고 했다. 그는 심(心)이 한번 정(正)을 잃으면 명(命)의 난이(難易)와 사(事)의 시비(是非)와 인재(人才)의 사정(邪正)을 알지 못해 스스로 멸망을 취하게 된다고 했다. 그는 임금이 성학(聖學)에 날로 달로 나아가려면 간언을 받아들이고 이 마음을 존양(存養)하여 조금도 혹 소홀함이 없어야 한다고 했다.[100] 정심에 대한 최부의 이러한 견해가 유희춘에게 전해졌던 것이다.

유희춘은 선조가『대학혹문(大學或問)』에 토(吐)를 달아서 올리라고 하자『대학혹문』맨 앞의 단락에서 경(敬)과 격물치지를 논한 장(章)과 존심궁리(存心窮理) 등을 논한 곳이 진실로 지극히 크고 긴요하다고 했다. 그러나 정심(正心) 장(章)에 이른바 사람의 일심(一心)이 맑고 밝아서 일신(一身)의 주(主)가 되는데, 물(物)에 감(感)함에 미쳐서는 거울의 빈 것과 같고

---

99 『미암일기초』, 선조 7월 17일.
100 『금남집(錦南集)』권1, 疏, 丁巳祚廟後司諫院疏.

저울의 공평함과 같아 일신의 주가 된다고 했다. 그는 「정심명(正心銘)」 16자를 지어 정심에 대해 자신의 견해를 표현했다.[101]

이 마음을 보존하여 기르기를	存養此心
거울의 투명함과 저울의 공평함같이 하며	鑑空衡平
물이 오거든 순히 응하여	物來順應
정대하고 광명하게 하라[102]	正大光明

유희춘은 "거울의 투명함과 저울의 공평함"이란 말이 가장 묘하다고 했다.[103] 또한 그는 『대학』의 정심 장은 대개 『중용』의 희로애락(喜怒哀樂)의 미발(未發)을 중(中)이라 이르고 발(發)하여 모두 중절(中節)한 것을 화(和)라고 이른 것과 서로 통한다고 했다.[104]

한편 유희춘은 『완심도(玩心圖)』를 저술하여 독서(讀書)와 치지(致知), 역행(力行)과 적덕(積德)을 통해 도(道)에 들어가는 방법을 제시했다.[105] 또한 그는 이 『완심도』에서 기질(氣質)의 차이를 조목조목 나열했다. 그는 기질을 변화시키는 공부를 강조했다.

| 방당 만들어 밝은 거울 구경하니 | 鑿得方塘玩鏡明 |
| 밤 됨에 얼마나 많은 별이 잠기었나 | 夜來涵泳幾多星 |

---

101 『미암일기초』, 갑술 4월 25일.
102 『미암집』 권3, 銘, 正心銘.
103 『미암일기초』, 갑술 4월 25일.
104 『미암일기초』, 정묘 11월 초5일.
105 『미암일기초』, 정축 정월 29일, "光先觀玩心圖, 悟其橫排有深意, 知由讀書而致知, 由致知而力行, 由力行而積德入道, 可謂敏矣, 深喜其資之不易得也."

| 다만 찌꺼기를 부지런히 씻어낸다면 | 但將查滓勤淘滌 |
| 맑은 기운 어디서 생길지 걱정 없지 | 莫慮淸冷何處生[106] |

    1570년(선조 3) 유희춘은 경연에서 『대학혹문』에 언급된 기품(氣稟)에 대해 진강했다. 그는 기품이 너무 강(剛)한 자는 강(剛)에 지나쳐 덕(德)을 밝히지 못하고 기품이 너무 부드러운 자는 유(柔)에 지나쳐 덕을 밝히지 못하며, 성색화리(聲色貨利)의 욕(慾)이 가리면 덕을 밝히지 못한다고 했다. 그는 자품(資稟)이 고매한 임금은 성색화리의 욕에 진실로 초연하나 혹 영기(英氣)가 너무 지나쳐 아랫사람을 대하여 말을 들을 즈음에 너그럽고 넓지 못한 것이 큰 병이라고 했다.[107]

    유희춘은 이기(理氣)에 대해 선조에게 『중용장구』의 말을 인용하여 "기(氣)로써 형(形)을 이루고 이(理) 또한 부여되었다"라고 하자, 선조는 그렇다면 이른바 이(理)가 있은 뒤에 기(氣)가 있다는 것은 어째서냐고 했다. 유희춘은 인물(人物)이 아직 생기기 전에는 먼저 이(理)가 있고 인물이 생김에 미쳐 이(理)가 기(氣)에 붙으니 대개 형기(形氣)가 있은 연후에 이 이(理)가 타는 곳이 있다고 했다.[108]

    유희춘은 김취려(金就礪)를 통해서 이황이 격물(格物)과 무극(無極)의 해석에서 기대승(奇大升)의 견해를 흔쾌히 따랐다는 말을 들었다. 그는 기대승의 견해가 곧 자신의 견해이니 구름을 헤치고 나온 해와 같이 의논하지 않아도 의견이 같아 다행스럽기 그지없다고 했다.[109]

---

106 『미암집』 권1, 詩, 七言絶句, 題玩心圖.
107 『미암집』 권16, 경연일기, 경오.
108 『미암집』 권16, 경연일기, 경오.
109 『미암집』 권3, 書, 與奇明彦大升書 庚午.

본래 주희는 『태극도설(太極圖說)』의 '무극이태극(無極而太極)'에 대한 해설을 "하늘의 일이 소리도 없고 냄새도 없으나 사실은 조화의 추뉴(樞紐)이고 만물의 근저(根柢)이다(上天之載, 無聲無臭, 而實造化之樞紐, 品彙之根柢)"라고 했다. 기대승은 '재(載)'는 이(理)이고 소리와 냄새는 극(極)이며, 실(實)은 태(太) 자에 해당하고 추뉴와 근저도 극(極)으로 이해하여 이를 이황에게 말하여 이황도 작고하기 한 달 전에 분명하게 '무극이태극'의 주자학적 해석을 이해하게 되었다.[110]

이황은 만년에 기대승의 견해를 받아들여 '이도설(理到說)'을 주장했다. 이(理)가 자발적으로 이른다는 이도설은 당시 학계의 주요 쟁점으로 떠올라 논란이 일었다. 『대학』의 '격물(物格)'에 대해, '물에 격한다'라고 읽을 것인지, 그렇지 않으면 '물이 격한다'라고 읽을 것인지에 따라 그 해석이 크게 달라지기 때문이다. 주희에 의하면 물(物)은 사(事)이고 격(格)은 이른다(至)는 뜻이라고 했다. '물격'을 '물이 이른다'고 읽으면 곧 물리, 사리가 자발적으로 내 마음에 이른다는 의미로 해석된다. 이황은 이도설을 받아들여 자연의 이치인 천리(天理)가 자신의 심리(心理)와 하나가 되는 경지를 지향하여 즐거움을 맛보려고 했다. 이 이도설은 이황이 당시 학계의 중심에 서서 기대승·허엽 등 16세기 조선의 주자학자들과 학문적 토론을 거쳐 이룬 것으로 조선 주자학이 성취한 학문적 업적이다.[111]

유희춘이 격물(格物)과 무극(無極)의 해석에서 기대승의 견해가 곧 자신의 견해와 합치된다고 한 것으로 보아, 16세기 후반에 이황과 기대승·허엽·유희춘 등에 의해 조선 주자학이 사상적 깊이를 더해가며 정립되

---

110 권오영, 『조선 성리학의 형성과 심화』, 문헌, 2018, 80-81쪽; 『간재문집(艮齋文集)』 권5, 溪山記善錄 上.
111 권오영(2018), 위의 책, 89-90쪽.

어 나가고 있음을 알 수 있다.

　1573년(선조 6) 2월 4일 경연에서 유희춘은 기질(氣質)의 설에 대해 언급했다. 먼저 선조는 유희춘에게 기품(氣禀)은 무엇으로 인하여 같지 않은지 질문했다. 이에 대해 유희춘은 부조(父祖)의 기(氣)를 품부받음이 있고 산천(山川)의 기(氣)를 품부받음이 있으나 만 가지로 같지 않음이 있는 것이라고 했다. 선조는 진실로 이 말과 같다면 기질의 성(性)은 변화가 매우 어렵겠다고 하면서, 비록 현인(賢人)과 군자(君子)라도 기품의 병을 면하지 못하겠다고 했다. 이에 유희춘은 무릇 사람은 기품의 장점이 있지 아니함이 없고 또한 기품의 단점도 있지 아니함이 없는데, 군자의 학문은 기질을 잘 변화시키는 것을 귀하게 여긴다고 했다.

　유희춘은 옛사람이 이르기를 교인(敎人)은 단점이 있는 곳에 함이 마땅하고, 용인(用人)은 장점이 있는 것을 함이 마땅하다고 했다. 그러면서 그는 대개 천리마가 하루에 천리를 달리지만 쥐를 잡는 것은 살쾡이만 못하다고 했다. 그러므로 임금은 마땅히 그 장점이 있는 것에 인하여 직임을 주면 반드시 공효를 얻을 것이라고 했다. 선조는 정호(程顥)가 스스로 이르기를 자기는 사냥을 좋아함이 없다고 했는데 십 년이 지나 사냥하는 것을 보니 자신도 모르게 기쁜 마음이 생겼다고 했으니 기질의 병이 늘 남아 있음을 알 수 있다고 했다. 이에 대해 유희춘은 이것이 곧 기질을 잘 변화시킨 것이라고 했다. 그는 어렸을 때 사냥을 좋아하다가 뒤에 도(道)를 알고 기호(嗜好)를 끊었는데 십 년이 지난 뒤에 우연히 사냥하는 것을 보고 자신도 모르게 기쁜 마음이 생겼으나 즐겨 따라가지 않았으니 이것은 일에 따라 성찰(省察)을 하여 사(思)에 정성스러운 것이라고 했다.[112]

　유희춘은 기질(기품)에 대해 깊이 사색하여 자득(自得)한 설을 내었다.

---

[112] 『미암일기초』, 계유 2월 초4일.

그는 1574년(선조 7) 10월 25일 경연에서 기품설을 초하여 선조에게 아뢰었다. 그는 부모가 비록 선(善)하더라도 또한 심기(心氣)가 불평(不平)할 때가 있어 혹 어질지 못한 아들이 태어나고, 부모가 비록 선(善)하지 않더라도 선단(善端)이 싹터 움직일 때가 있어 혹은 어질고 착한 아들이 태어나기도 한다고 했다.[113]

---

[113] 『미암집』 권18, 경연일기, 갑술 10월 25일.

4. 성리서류의 편찬

유희춘은 유가서는 물론 제자백가서를 두루 읽고 성리서류를 교정하고 편찬하는 일로 일생을 보냈다. 이같이 독서와 저술에 힘쓴 삶은 그를 학문적으로 당대 최고의 박학자로 우뚝 서게 했다. 그는 주자 존숭 의식이 강하여 선조 대 성리학 연구가 주자성리학 중심으로 뿌리내리는 데 큰 역할을 했다. 또한 경서 교정과 간행, 주석과 언해 작업을 통해 조선의 경학 연구와 발전에 크게 기여했다.[114] 그는 『주자대전어류전석(朱子大全語類箋釋)』·『경서구결언석(經書口訣諺釋)』·『대학석의(大學釋義)』·『국조유선록(國朝儒先錄)』·『신증유합(新增類合)』·『육서부록(六書附錄)』·『강목고이(綱目考異)』·『역대요록(歷大要錄)』·『속몽구(續蒙求)』·『천해록(川海錄)』 등 여러 책을 편찬했다. 그의 저술은 성리학과 경학은 물론 역사·교육·어학·문학·예술 등 다방면에 걸쳐 있는데, 전 저술을 꿰뚫고 있는 것은 주자 존숭 의식이었다.[115]

유희춘은 부제학으로 1574년(선조 7) 10월 10일 사서오경의 현토와 해석을 통일하고 간행하는 일을 맡았다.[116] 그는 이해 10월 20일에 선조에게 이황이 생전에 고증한 사서오경의 구결과 언석 및 『주자대전』과 『주자어류』 등 책을 수취해 오는 것이 좋겠다고 건의했다.[117] 그는 당시 경서에 대한 다양한 해석이 하나로 통일되어 있지 않고 주자 정본의 텍스트

---

[114] 고영진, 「미암 유희춘의 학술사상 위치」, 미암탄생 500주년기념학술대회, 호남사학회, 2014.
[115] 고영진(2014), 위의 글.
[116] 『선조실록』, 7년 10월 10일(신해).
[117] 『미암일기초』, 갑술 10월 20일.

가 충분하지 않던 상황에서 유교와 주자학에 다가가는 서지적 기반을 마련하는 일을 맡아서 추진했다.[118]

선조는 유희춘이 경서에 단 구결과 표점을 살펴보고 모두 매우 좋다고 평했다. 유희춘은 표점을 주묵(朱墨)으로 하지 않고 청묵(靑墨)으로 점(點)을 찍었다. 그것은 독자의 시력을 보호하기 위해서였는데, 그는 붉은색이 시력에 가장 좋지 않고 그다음이 황색과 백색이고 오직 푸른색이 시력에 도움이 된다고 여겼다.[119]

1) 『주자대전어류전석』

1573년(선조 6)에 『주자대전』의 간행을 제일 먼저 제기한 인물은 노수신이다. 이해 1월 11일 유희춘은 『독두우득(讀杜愚得)』[120]을 간행하는 것이 더 우선이라고 생각했으나 곧 『주자대전』의 간행이 더 필요하다고 여겼다.[121]

16세기 말 유희춘이 활동하던 당시만 해도 『주자대전』과 『주자어류』를 제대로 읽고 이해하는 일은 주자학의 본령에 접근하는 데 관건이었다.[122] 『주자대전』과 『주자어류』를 교정한 유희춘의 활동은 주자학의 확산을 촉진하는 주요한 근거이면서 또한 주자학에 비판적인 사상들의 확산을 차

---

118 정호훈(2007), 앞의 글, 66쪽.
119 『미암집』 권18, 경연일기, 8월 초4일.
120 『내각장서목록(內閣藏書目錄)』 권3; 『사고전서총목(四庫全書總目)』 권174, 集部 27; 『천경당서목(千頃堂書目)』 권32. 명나라 홍무(洪武) 중에 선복(單復)이 두보 시에 주를 붙인 책이다. 18권이다. 선복의 자(字)는 양원(陽元)이다.
121 『미암일기초』, 계유 정월 11일, 12일.
122 정호훈(2007), 앞의 글, 51쪽.

단하는 보루를 세우는 의미를 지니기도 했다.[123]

유희춘은 『주자대전』과 『주자어류』의 수본(數本)을 참조하여 교정했다. 그리고 어록(語錄)은 여러 책에 흩어져 있는 것을 모아 고정(考訂)하되 그 문리(文理)와 의의(意義)가 타당한 것만을 골라서 택했다.[124]

유희춘은 1573년 1월 12일 교서관 제조로서 선조에게 유림(儒林)이 모두 『주자대전』을 인출하기를 원한다면서 인쇄하는 것이 어떻겠느냐고 했다. 이에 선조는 마땅히 인출해야 한다고 했다. 선조는 다만 교서관 관원의 교정이 정밀하지 않아 오자가 많았는데 이제 유희춘이 제조가 되었으니 반드시 정밀하게 교정할 수 있을 것이라고 했다. 선조는 유희춘이 학문이 뛰어나 읽지 않은 책이 없다고 칭찬을 했다. 이에 앞서 1543년(중종 38)에 『주자대전』이 간행되었는데 유희춘은 그 당시 교서원의 교정이 정밀하지 못해 식자들이 한스럽게 여겼다고 했다. 그렇지만 그는 이황이 교정한 것이 있고 자신이 생각하는 견해가 있으므로 이를 참조하여 가장 타당한 견해를 취하여 잘못을 바로잡을 수 있다고 보았다.[125]

1월 27일 교서관 장무관 장문한이 유희춘에게 와서 『주자대전』을 인출하는 일에 대해 여쭈었다.[126] 이어 1월 29일에는 교서관에서 제조 유희춘의 뜻으로 『주자대전』 인출 건수를 아뢰어 청했다. 선조는 진상(進上) 5건, 국용(國用) 100건을 인쇄하라고 했다.[127]

1573년(선조 6) 2월 7일에 교서관 정자 최경회(崔慶會)가 유희춘에게 와

---

123 정호훈(2007), 앞의 글, 52쪽.
124 윤근수는 『주자대전』의 현토본(懸吐本)을 소장하고 있었고 이를 유희춘에게 빌려주기도 했다(『미암일기초』, 계유 5월 20일, 9월 23일).
125 『미암일기초』, 계유 1월 12일.
126 『미암일기초』, 계유 1월 27일.
127 『미암일기초』, 계유 1월 29일.

서 가르침을 듣고 유희춘이 직접 교정한 『주자대전』 제1권을 가지고 갔다.[128] 유희춘은 2월 9일에 『주자대전』 3, 4권에 대한 단독 교정을 시작으로 다음 날에 6권까지, 그다음 날에는 10권까지 교정을 보았다.[129] 유희춘은 2월 12일에 교서관 저작 최경회에게는 『주자대전』 교정에 대해 제2권까지 가르침을 주었다.[130]

유희춘은 『주자대전』 교정을 독자적으로 보아나갔다. 김황과 최경창은 각자 집에서 교정을 보다가 의문이 나는 것을 모아서 유희춘에게 가져와 해결했다.[131] 5월 12일에도 저작 최경회는 『주자대전』 제20책과 제21책을 가져와서 교정에 대해 유희춘의 의견을 들었다.[132]

유희춘은 『주자대전』 교정을 위해 홍문관이나 개인이 소장하고 있는 『주자대전』 등을 빌려 보기도 했고[133] 1573년 6월 4일에는 이황의 『주자대전』에 대한 설을 수기(手記)하여[134] 교정에 참조했다. 그는 6월 19일에는 『주자대전』 39권, 6월 20일 40권, 6월 28일 44권, 7월 3일 46권, 7월 7일 47~48권, 7월 25일 52권, 8월 2일 55권, 8월 3일 57~58권, 8월 6일 59~60권, 8월 14일 64~65권, 9월 1일 72권, 9월 9일 80권, 9월 11일 82권, 9월 12일 83~84권, 9월 13일 90권, 9월 14일 91~93권, 9월 15일 93~95권, 9월 18일 96~97권, 9월 19일 98~100권까지 교정을 보았다.[135] 또한 9월

---

[128] 『미암일기초』, 계유 2월 초7일.
[129] 『미암일기초』, 계유 2월 초9일, 10일, 11일.
[130] 『미암일기초』, 계유 2월 12일.
[131] 『미암일기초』, 계유 3월 초4일, 3월 22일, 4월 초4일.
[132] 『미암일기초』, 계유 5월 12일.
[133] 『미암일기초』, 계유 4월 20일, 5월 20일.
[134] 『미암일기초』, 계유 6월 초4일.
[135] 『미암일기초』, 계유 6월 19일, 6월 20일, 6월 28일, 7월 3일, 7월 7일, 7월 25일, 8월 2일, 8월 3일, 8월 6일, 8월 14일, 9월 1일, 9월 9일, 9월 11~15일, 9월 18일, 9월 19일.

23일에 『주자대전속집』 제4권까지 교정을 보았다.[136] 그리고 10월 4일에 최경회를 주자대전감교로 삼았다.[137] 최경회는 10월 9일 유희춘에게 와서 『주자대전』 제1권을 읽고 교정했고, 13일에는 제2권을 교정했고, 15일에는 제4권을 교정하여 받아갔다. 이로써 『주자대전』 1~4권은 재교를 마쳤다. 15일 최경회가 유희춘에게 인출장과 균자장을 각각 3명씩 정하고 날마다 9장씩 인출하면 쉽게 일을 마칠 수 있다고 하여, 유희춘은 그대로 추진하게 했다.[138]

한편 유희춘은 10월 19일 조강에서 이황이 교정한 『주자대전』과 『주자어류』 등을 수취(收取)하여 올 필요가 있다고 건의했다.[139]

유희춘은 11월 5일 『주자대전』 8권을, 11월 7일에는 9권을 교정했다. 그리고 15일에는 『주자대전』의 임오봉사(壬午封事)를, 17일에는 남강봉사(南康封事)를 읽고 교정했다.[140]

유희춘은 1574년 3월 2일부터 3월 3일 신시(申時)까지 『주자대전』 46~47권을 자세히 검토했고 3월 28일까지 52권까지 교정을 보았다.[141] 이어 4월 4일에는 52~54권 3책 교정을 마쳤고 4월 9일에 56권까지 교정을 보았다.[142] 그는 5월 7일에는 62권까지 교정을 마쳤다.[143] 6월 12일에는

---

[136] 『미암일기초』, 계유 9월 23일.
[137] 『미암일기초』, 계유 10월 4일. 이후의 일기에 창준(唱準) 김세걸(金世傑), 감인감교관(監印監校官) 정자(正子) 최진국(崔鎭國), 장책제원(粧冊諸員) 서집(徐緝) 등의 이름이 보인다.
[138] 『미암일기초』, 계유 10월 15일.
[139] 『미암일기초』, 계유 10월 20일.
[140] 『미암일기초』, 계유 11월 5일, 7일, 15일, 17일.
[141] 『미암일기초』, 갑술 3월 초3일, 28일.
[142] 『미암일기초』, 갑술 4월 초4일, 초9일.
[143] 『미암일기초』, 갑술 5월 초7일.

84책(84권)을 교정 보았고 6월 18에는 76책(76권)까지 교정을 보았다.[144]

한편 유희춘은 『주자대전』 43권부터 122권까지 교정을 마치고 인쇄한 뒤에 21권부터 42권까지 다시 교정을 볼 계획을 세우기도 했다.[145] 7월 21일에는 유희춘이 교정한 『주자대전』 96권을 김세걸이 받아갔고[146] 7월 29일에는 유희춘이 이미 교정을 본 97권에서 100권까지 4책을 김세걸에게 돌려보냈다.[147]

유희춘은 8월 15일에 『주자대전속집』 4권을 교정보았다.[148] 윤12월 25일에는 『주자대전』 21권부터 27권까지 교정을 보았다.[149]

1575년 10월 27일부터 『주자대전』을 지두(紙頭)에 제철하기 시작하여[150] 10월 30일에 27권까지 제철했다.[151] 그 뒤 11월 12일에는 40권까지,[152] 14일 43권까지,[153] 15~16일 44권까지,[154] 30일 53권까지,[155] 12월 2일 54권까지,[156] 14일 64권까지 제철했다. 이로써 24권 서류(書類)부터 64권까지 41권의 제철이 이루어졌다.[157]

---

[144] 『미암일기초』, 갑술 6월 12일, 18일.
[145] 『미암일기초』, 갑술 7월 14일.
[146] 『미암일기초』, 갑술 7월 27일.
[147] 『미암일기초』, 갑술 7월 29일.
[148] 『미암일기초』, 갑술 8월 15일.
[149] 『미암일기초』, 갑술 윤12월 25일.
[150] 『미암일기초』, 을해 10월 27일.
[151] 『미암일기초』, 을해 10월 30일.
[152] 『미암일기초』, 을해 11월 12일.
[153] 『미암일기초』, 을해 11월 14일.
[154] 『미암일기초』, 을해 11월 15일, 16일.
[155] 『미암일기초』, 을해 11월 30일.
[156] 『미암일기초』, 을해 12월 2일.
[157] 『미암일기초』, 을해 12월 14일.

한편 선조는 대제학 박순의 청으로 1571년(선조 4) 11월 1일에 교서관에 전교를 내려『주자어류』를 널리 간행하라고 명을 내렸다.¹⁵⁸

유희춘은 1573년 1월 8일에『주자어류』초본 63권에서 80권까지의 오자를 베껴서 교서관 박사 김황에게 부쳐주고자 했고, 김황은 당일에 와서『주자어류』의 정오자를 받아서 갔다.¹⁵⁹ 김황은 교서관 박사로서 당시『주자어류』의 감교(監校)를 맡았다.¹⁶⁰ 당시에 교서관에서는『주자어류』를 교정하여 간행하려 하고 있었다.『주자어류』초본은 유희춘이 종성에서 유배생활을 할 때 십수 년 동안 등잔불 아래에서 공부한 책이었는데 이제 와서 활용되고 있었던 것이다.¹⁶¹

1573년 1월 28일에 김황은 유희춘에게 와서『주자어류』에서 의심스러운 글자와 오자에 대해 묻고 개정하여 갔다.¹⁶² 이어 2월 12일에도『주자어류』의 교정일로 와서 81권까지 가르침을 받았고¹⁶³ 2월 24일, 3월 10일, 3월 12일, 3월 14일에도 와서 교정의 가르침을 받았다.¹⁶⁴

한편 유희춘은 교서관 저작 조헌(趙憲)이 질정관(質正官)에 임명되자『주자어류』감교(監校)를 위해 그 임명을 교체해달라고 하면서 그가 마음을 극진히 해 자세히 교정을 보며 매우 상밀하다고 했다.¹⁶⁵

조헌은 1573년 8월 5일, 11월 6일, 11월 7일, 12월 13일, 12월 14일, 12월 15일, 12월 22일, 12월 23일, 12월 27일에 유희춘에게 와서『주자어류』

158『미암일기초』, 신미 11월 초2일.
159『미암일기초』, 계유 1월 초8일.
160『미암일기초』, 계유 3월 29일. 4월 1일 정언홍(鄭彦洪)이『주자어류』의 감교가 되었다.
161『미암일기초』, 계유 1월 초8일.
162『미암일기초』, 계유 1월 28일.
163『미암일기초』, 계유 2월 12일.
164『미암일기초』, 계유 2월 24일, 3월 10일, 3월 12일, 3월 14일, 3월 22일.
165『미암일기초』, 계유 2월 23일.

의 교정에 대해 물었다.¹⁶⁶ 또한 1574년 윤12월 25일에 유희춘에게 와서 『주자어류』의 의심스러운 곳을 물었다.¹⁶⁷

유희춘은 1574년(선조 7) 10월 20일에 이황이 교정한 『주자대전』과 『주자어류』가 인출에 크게 도움이 된다고 생각하여 이황이 살던 집을 방문하여 그것을 찾아서 오게 하는 것이 필요하므로 경상감사에게 하유(下諭)하는 것이 어떻겠느냐고 하여 선조로부터 윤허를 받았다.¹⁶⁸

유희춘은 1575년(선조 8) 6월에 『주자대전』과 『주자어류』를 교정하여 선조에게 바쳤다. 유희춘은 『주자대전』과 『주자어류』를 보니 그 넓고 큰 것이 바다가 모든 것을 품고 있고 땅이 만물을 싣고 있는 것과 같고, 그 세밀하기는 잠사(蠶絲)와 우모(牛毛) 같아 사람들이 비록 교정하고 싶어도 하나를 건지려다 만 개를 빠트리는 어려움이 없지 않았다고 했다. 그는 제조로 교감하는 일의 책임을 맡은 것이 마치 모기가 태산(泰山)을 짊어지고 있는 것 같아 항시 두려움을 안고 있었다. 그러나 다행히 이황이 교정한 것을 얻어서 그것에 의거했고, 또 동료 조헌의 도움을 받았고, 문어(文語)에 나온 글을 상고하여 3년 만에 교정을 마쳤다.¹⁶⁹

『주자어류』는 유희춘 본인과 조헌·김황 등이 교정을 보았고, 김황과 정언홍(鄭彦洪)이 감교를 맡았다. 유희춘이 교정을 본 『주자대전』과 『주자어류』는 사림에서 교정을 잘 보았다고 평이 났고 그 전에 나온 판본과 크게 달라 다투어 소장하려고 했다.¹⁷⁰

---

166 『미암일기초』, 계유 8월 5일, 11월 6일, 11월 7일, 12월 13~15일, 12월 22일, 12월 23일, 12월 27일.
167 『미암일기초』, 갑술 윤12월 25일.
168 『미암집』 권12, 갑술, 경연일기 別編, 10월 20일.
169 『미암집』 권3, 雜著, 朱子文集語類校正凡例.
170 『미암일기초』, 을해 6월 25일.

유희춘은 『주자대전어류전석』이 성학(聖學)에 만분의 일이나마 도움이 되었으면 한다고 했다.[171] 이황이 「성학십도(聖學十圖)」를, 이이가 『성학집요(聖學輯要)』를 편찬하여 선조(宣祖)의 성학에 도움을 주자고 했다면, 유희춘은 『주자대전』과 『주자어류』에 대한 전석(箋釋)을 통해 선조의 성학에 보탬이 되고자 했던 것이다.

2) 『대학석소』·『논어석소』, 경서구결(經書口訣) 등

유희춘은 주희의 사서집주가 말은 은약(隱約)하고 뜻은 넓어 아이들이 왕왕 이해하기 쉽지 않을까 걱정했다. 이에 그는 이황 등 제유의 설과 정개청·기대승·이이·정철 등의 도움을 얻고 자신이 거듭 생각하여 주희가 주해한 부분 중에 의심스럽고 어려운 곳에 소(疏)를 붙였다.[172] 또한 기대승이 한 대학토석(大學吐釋)을 참고하여 반영하기도 했다.[173]

유희춘은 1575년(선조 8) 12월 15일에 『대학석소』를 기초하기 시작하여 같은 달 25일에 기초를 마치고 다음 날에 다시 살펴보았다.[174] 『대학석소』는 유희춘이 이발(李潑)·이방주(李邦柱)·조경중(曹景中) 등과 교정을 보았고[175] 1576년 4월 25일에 『대학석소』의 교정을 마쳤다.[176] 유희춘은 이황

---

171 『미암집』 권3, 雜著, 朱子文集語類校正凡例.
172 『미암일기초』, 병자 7월 29일.
173 『미암일기초』, 병자 4월 18일, 26일.
174 『미암일기초』, 을해 12월 15, 26일.
175 『미암일기초』, 병자 2월 초7일, 20일.
176 『미암일기초』, 병자 4월 25일.

과 기대승의 두 설을 『대학석소』에 인용했다.[177]

『대학석소』의 글씨는 송진(宋震)·송방형(宋邦衡)·조한(曹僴) 등이 썼다. 특히 조한은 어람용 『대학석소』를 선사(繕寫)했다. 그는 1576년(선조 9) 4월 27일에 선조에게 진상할 『대학석소』를 쓰기 시작하여[178] 4월 29일 모두 필사했고[179] 5월 2일에는 『대학석소』의 개정한 곳을 모두 필사했다.[180] 그리하여 5월 9일에 유희춘은 『대학석소』를 선조에게 올렸다.[181] 이에 6월 5일 선조는 『대학석소』와 『유합』이 후학에 도움이 된다고 말하고 마땅히 인출하라는 명을 내리겠다고 했다.[182]

한편 유희춘은 『논어석소』를 편찬하면서 송정순·정철·조경중(조한) 등과 함께 토론과 교정을 했다.[183] 정철이 유희춘에게 『논어석소』 한 본을 청하며 서울에 가서 이이·성혼과 서로 논의하여 확정하면 반드시 새로운 견해가 있을 것이라고 하자, 유희춘은 이를 아름답게 여겨 『논어석소』 3책을 주었다.[184] 4월 1일 정철은 유희춘에게 편지를 보내어 『논어석소』를 이이에게 보냈는데 수일 내에 책이 오면 올려보낼 계획이라고 했다.[185]

한편 유희춘은 2월 2일에 『대학석소』를 수정하여 보완했다. 이날 송진

---

177 『미암일기초』, 병자 4월 26일.
178 『미암일기초』, 병자 4월 27일.
179 『미암일기초』, 병자 4월 29일.
180 『미암일기초』, 병자 5월 초2일.
181 『미암일기초』, 병자 5월 9일.
182 『미암일기초』, 병자 6월 19일, 24일.
183 『미암일기초』, 병자 12월 14일, 17일, 27일;『미암일기초』, 眉巖集 권14, 日記 刪節. 上經筵日記 別編, 병자 12월 17일.
184 『미암집』 권18, 경연일기, 정축 1월 초9일.
185 『미암일기초』, 정축 4월 초1일.

이 와서 『맹자석소』를 베껴 쓰기 시작했고[186] 3월 20일부터 김홍조도 연일 『석소』를 썼다.[187]

유희춘은 선조로부터 사서오경의 구결(口訣)과 언석(諺釋)을 하라는 명을 받았다. 그는 모름지기 이황의 설로 의거(依據)를 하고 널리 유신(儒臣)과 유생(儒生)의 설을 물어서 하면 된다고 했다. 그래서 이황이 교정한 사서오경의 구결과 언석의 설을 취하여 참고하기를 건의했다.[188]

유희춘은 정철에게 편지를 보내어 이황의 사서설(四書說)을 빌려 보고 매우 기뻤다고 말했다. 그는 이미 이황의 사서설을 얻어 보고 사서의 주석에 반영했다.[189]

유희춘은 속유(俗儒)가 학문을 왜곡하고 경문(經文)을 천착(穿鑿)하여 생짜로 해석을 하여 경문의 뜻이 어두워지고 있다고 보아 그 음두(音讀)를 바르게 하고 구결(口訣)을 정했다.

유희춘은 『주역』 대문(大文)은 세조(世祖)가 정전(程傳)에 의거하여 토를 달았는데, 이제 주희의 본의(本義)에 의거하여 대문에 구결을 달자고 했다. 그는 『춘추』는 문의(文義)가 같기 때문에 토를 달 필요가 없다고 했다.

유희춘은 예로부터 경훈(經訓)을 깊이 탐구하고 주희의 글에 반복하여 침잠하기로는 이황 같은 이가 없다고 했다. 그는 이황의 경설(經說)이 가장 정밀하다고 했다. 또한 그는 경서에 대한 이이의 토석(吐釋)도 받아들였다.

유희춘은 홍문관에 근무하면서 이이와 『대학』에 대해 얘기를 나누었다.

---

186 『미암일기초』, 정축 2월 초2일.
187 『미암일기초』, 정축 3월 20일.
188 『미암일기초』, 갑술 10월 19일.
189 『미암일기초』, 갑술 10월 19일.

그는 이이가 지은 『대학토석(大學吐釋)』을 보고 자신과 서로 의견이 합치되는 곳이 많았다고 하면서 이이의 견해를 참고할 필요가 있다고 했다.[190]

유희춘은 1576년 10월 27일에는 『대학』의 어람본(御覽本)을 교정보기 위해 홍문관에 있는 『대학』 구결을 교정보았다.[191] 10월 28일에 송충록이 현토 어람 『대학』을 가져왔는데[192] 29일에 유희춘은 유광민과 어람 『대학』의 토를 교정보았고 송충록이 현토 어람 『대학』을 다시 받아갔다.[193]

3) 『육서부록』

『육서부록(六書附錄)』은 『소학』, 『근사록』과 사서(四書)에 대해 유희춘이 주(註)를 붙인 책이다. 유희춘은 1569년(선조 2) 8월 12일부터 『육서부록』을 편수하기 시작했다.[194] 이어 8월 17일부터 허봉이 와서 『육서부록』을 해서(楷書)로 쓰기 시작하여 26일에 마쳤다.[195]

한편 송진(宋震)은 1574년 7월 2일 유희춘에게 와서 『소학부록』을 썼다.[196]

1570년 9월 1일 유희춘은 『육서부록』을 교정했고[197] 다음 날 이이에게

---

190 『미암집』 권18, 경연일기, 갑술 10월 25일.
191 『미암일기초』, 병자 10월 27일.
192 『미암일기초』, 병자 10월 28일.
193 『미암일기초』, 병자 10월 29일.
194 『미암일기초』, 기사 8월 12일.
195 『미암일기초』, 기사 8월 17일, 18일, 25일, 26일.
196 『미암일기초』, 병자 7월 초3일.
197 『미암일기초』, 경오 9월 초1일.

보냈다.[198] 9월 15일 이이는 『육서부록』에 대한 자신의 의견을 담은 편지를 유희춘에게 보내왔다. 이이는 『소학부록』은 너무 간단하여 소략한 것 같으니 수년 공부를 더하여 상세하게 하는 것이 좋겠다고 했다.[199]

1572년(선조 5) 10월 21일 허봉은 『육서부록』은 "참으로 학자의 밝은 거울"이니 세상에 널리 보급하지 않을 수 없다고 했다.[200]

유희춘은 1573년(선조 6) 4월 17일 『육서부록』을 선조에게 올렸다.[201] 『육서부록』을 보사(補寫)하는 데는 교서관 저작 최경회, 이정(李精)이 참여했다.[202]

4) 『국조유선록』

16세기 이학(理學)의 철학적 심화와 더불어 조선의 큰 유학자에 대한 정리 작업이 일어났다. 국왕 선조가 1567년 즉위하면서 그 일은 국가적 차원에서 이루어졌다. 유희춘은 조선 신유학의 도통(道統)을 정립하려고 노력했는데, 1575년(선조 8) 홍문관 부제학으로 있을 때 선조의 명령을 받들어 『국조유선록(國朝儒先錄)』을 편찬했다. 여기에는 조선 전기의 대표적 유학자인 김굉필(金宏弼)·정여창(鄭汝昌)·조광조(趙光祖)·이언적(李彦迪)이 수록되었다.

『국조유선록』의 서명은 처음에는 유희춘이 박순(朴淳)과 논의하여 '동

---

198 『미암일기초』, 경오 9월 초2일.
199 『미암일기초』, 경오 9월 15일.
200 『미암일기초』, 임신 10월 21일.
201 『미암일기초』, 계유 4월 17일.
202 『미암일기초』, 계유 4월 14일, 17일.

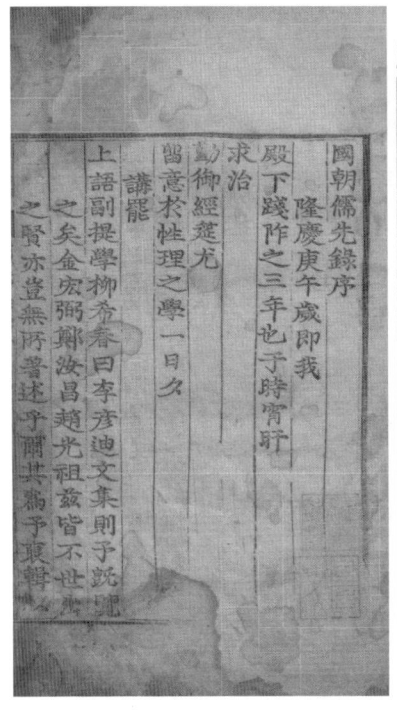
그림 1 | 『국조유선록』 서(序)

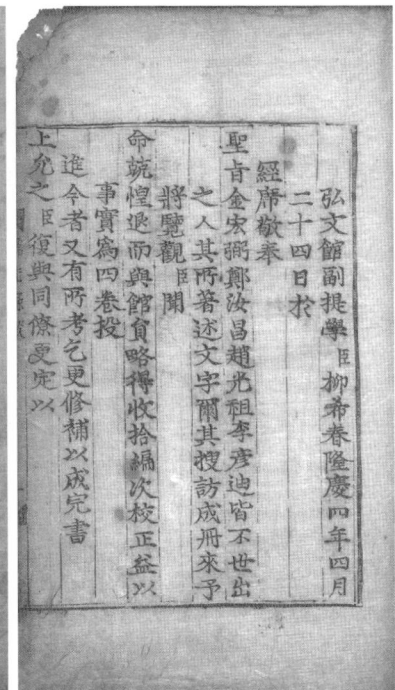
그림 2 | 『국조유선록』 발(跋)

국유선록(東國儒先錄)'이라고 했다. 그리고 편차는 『이락연원록(伊洛淵源錄)』의 체재에 의거하여 매 학자의 아래에 먼저 행장과 사실을 수록하고 다음으로 저술한 문자를 수록하기로 했다.203 그런데 이후백(李後白)·류성룡(柳成龍)이 '동국'이란 이름이 '국조'보다 못하다고 하여 『국조유선록』으로 서명을 정했다. 서명의 '유선(儒先)'은 '대유선배(大儒先輩)'의 의미이다.204

---

203 『미암일기초』, 기사 5월 21일.
204 『미암일기초』, 기사 5월 24일, "前日, 金宏弼等事實文字之書, 以東國儒先錄取稟, 所謂儒

김굉필에 관한 내용은 『경현록(景賢錄)』에서 뽑았고, 이언적에 관한 것은 『회재집(晦齋集)』에서 뽑았으며 정여창·조광조에 관한 것은 보고 들은 내용을 수집한 것이다.

　　유희춘은 『국조유선록』에 수록할 자료를 수집하기 위해 노력했고, 편차(編次)를 전담하고 교정도 맡아서 했다.[205] 김립(金立)[206]이 김굉필이 지은 구용(九容), 구사(九思) 및 잠(箴)을 가져오자 유희춘은 윤탁연(尹卓然) 등 동료와 상의하여 넣었다.[207] 또한 허봉(許篈)·허성(許筬)이 이언적의 「진수팔규(進修八規)」를 넣어야 한다고 하여 따랐다.[208] 『국조유선록』에는 조광조의 글이 매우 적어 조광조가 안처순(安處順)을 보내면서 지은 시 4수, 홍진(洪進)이 찾은 오언시 4, 5수를 선조의 명으로 넣었다.[209] 유희춘은 함경감사가 문천군수 조용(趙容)[210]에게 편지를 보내 조광조가 지은 잠(箴)·명(銘) 등을 찾아서 보내달라고 했다는 말을 듣기도 했다.[211]

　　유희춘은 『국조유선록』이 간행된 뒤에 김굉필이 조위(曺偉)에게 올린 제문 중에 한 글자의 오자가 있다고 선조에게 개정하기를 청했다.[212] 그

先者, 大儒先輩也, 儒先則無可議, 而李後白柳成龍以爲東國則泛及於新羅高麗, 此四人皆我朝人, 莫若以國朝易東國, 臣亦以爲當, 於聖意何如? 上曰國朝之說, 其來已久, 又切於四人, 甚好甚好."

205 『미암일기초』, 경오 8월 17일. 현재 전해오는 『국조유선록』에는 김굉필의 구용(九容), 구사(九思) 및 잠(箴)에 관할 글이 실려 있지 않다.
206 김언상(金彦祥)의 아들이다. 자(字)는 입지(立之), 호는 성재(惺齋)이다. 본관은 서흥(瑞興)이다. 1528년 생원시에 합격했다. 형조좌랑·정랑, 의흥군수·초계군수 등을 역임했다.
207 『미암일기초』, 기사 9월 초6일.
208 『미암일기초』, 경오 9월 초7일.
209 『미암일기초』, 갑술 7월 13일, 14일, 15일.
210 조용은 조광조의 아들이다.
211 『미암일기초』, 경오 5월 24일.
212 『미암집』 권14, 경연일기, 병자 8월 초3일.

는 "선화양도(宣化兩道), 인사기덕(人思其德)"의 '덕(德)' 자가 '득(得)' 자로 잘못 인쇄되었으므로 다시 보고 고치고 싶다고 했다.[213]

『국조유선록』에는 조선 전기의 대표적인 학자인 서경덕(徐敬德)이 수록되지 못했다. 서경덕의 제자인 박순이 스승 서경덕을 이 책에 수록하고자 했으나 이루어지지 않았다.[214] 유희춘은 서경덕이 진실로 학행은 있으나 다만 학술이 바르지 않다고 했다.[215] 박순은 소옹(邵雍)이 수학으로 오히려 주돈이와 정호·정이를 따랐고 채원정(蔡元定)도 수학으로 장식(張栻)과 주희의 사이에 붙었으니 『국조유선록』에 넣어도 무방하다고 했다. 이에 대해 유희춘은 서경덕의 학술이 수(數)를 주로 하고 있는데, 이것은 소옹과 채원정이 정호·정이와 주희에 대해 한 것과 같으니 이 때문에 이황이 서경덕에 대해 학문이 적확(的確)하지 않다고 논했다는 것을 언급했다.[216] 그러면서도 유희춘 자신은 그 사실을 자세히 알지 못하며 직접 선조에게 아뢰어보는 것이 어떻겠는가 했다.[217] 당시 이황·유희춘 등 이학(理學) 중심의 학술을 강조하는 학자들은 서경덕의 학술에 대해 비판적이었다. 이러한 과정에서 서경덕은 조선 주자학의 도통에서 배제되어버렸다.

5) 『속몽구』

유희춘은 종성 유배지에서 당나라 이한(李瀚)의 『몽구(蒙求)』를 보고 아동용 교재를 편찬하고자 했다. 그는 『몽구』가 사적(事跡)을 채집하여 비슷

---

213 『미암집』 권18, 경연일기, 병자 8월 초4일.
214 『미암일기초』, 임신 9월 초4일.
215 『미암집』 권16, 경연일기, 임신.

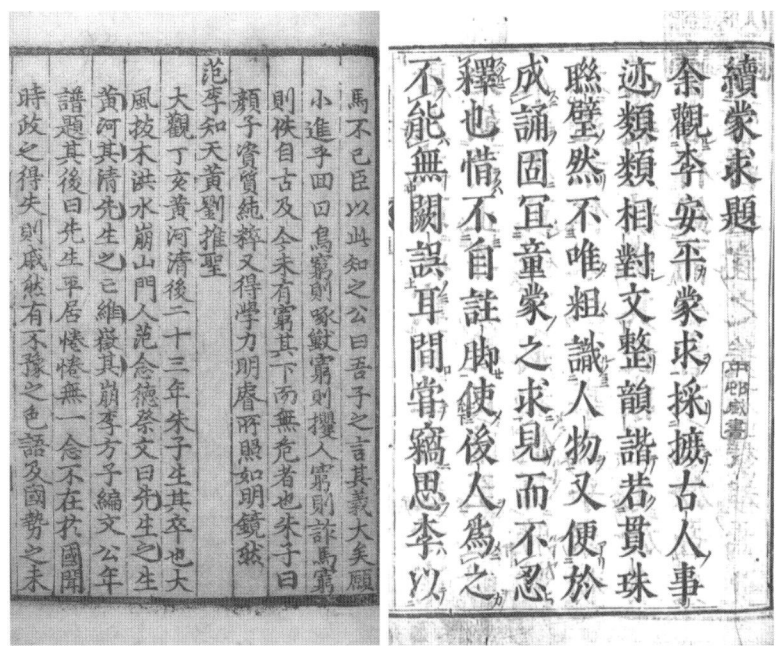

그림 3 | 『속몽구』, 1568년 합포 간행   그림 4 | 『속몽구』, 1568년 일본 오오와다쿠자에몬(大和田九左衛門) 간행

한 것끼리 서로 짝을 이루어서 글이 잘 정리되고 운(韻)은 조화로워서 마치 구슬을 연이어 꿰어놓은 듯하다고 했다. 오직 인물을 대강 알 수 있을 뿐 아니라 또한 외우기에도 편리하여 참으로 어린아이들이 당연히 보도록 해야 할 책이지만, 각주가 없는 것이 안타깝다고 했다.[218]

또한 『몽구』에 기록된 것은 상고 시대로부터 위진남북조(魏晉南北朝)에

---

216 『미암일기초』, 갑술 2월 23일.
217 『미암집』, 권16, 경연일기, 임신.
218 『미암집』, 권3, 雜著, 續蒙求題.

유희춘의 사상과 성리서류 편찬   179

이르러 그쳤을 뿐이었다. 그러나 그 뒤로 수(隋)나라로부터 명(明)나라에 이르기까지 인사(人事)의 기록할 만한 것과 경계(警戒)할 만한 것은 셀 수 없이 많다고 했다. 유희춘은 범진(范鎭)의 『몽구』가 송(宋)나라 초까지 모두 수록했고 뜻도 매우 정밀하고 밝았다고 하면서, 그 대략은 『명신언행록(名臣言行錄)』에 나타나 있으나, 그 전서(全書)가 조선에 전래되지 않아서 참고하기 어려워 학계의 한이었다고 했다. 그는 이한의 체제를 본받아 『속몽구(續蒙求)』를 짓고 스스로 분주(分註)하되 백성들의 떳떳한 도리와 세상의 교육에 관한 것을 많이 수록했다. 그는 인물을 대략 거론함에 있어서도 성현의 법언(法言)과 행실에 관한 것은 드러내지 않은 것이 없었으며, 선유(先儒)들의 의론(議論)도 많이 참고하여 넣었다.

유희춘은 양대년(楊大年)이 집안사람들을 가르칠 때 날마다 효제(孝悌)와 예의(禮義)에 관한 일을 기록하여 어린이들이 지혜를 기르는 학문으로 삼았고, 공자가 "성현의 말씀과 행적을 많이 아는 것으로써 덕을 쌓는 방도로 삼았다"라고 했는데 이것이 자신이 『속몽구』를 편찬한 뜻이라고 했다.[219]

1557년(명종 12) 이대신(李大伸)은 함경도 온성에 고을원으로 부임하여 『속몽구』를 보고 후학의 교육에 필요하다고 판단하여 유희춘에게 기회가 되면 간행하기로 약속했다. 이대신은 1566년(명종 21) 경상도 합포병사로 부임했다. 유희춘은 1567년 10월 4일에 『속몽구』를 이산현감 이삼(李森)에게 주어 병사 이대신에게 전달해달라고 했다.[220] 이대신은 『속몽구』의 완본이 도착하자 1568년(선조 1) 2월에 편찬을 마무리하였다.[221]

---

[219] 『미암집』, 권3, 雜著, 續蒙求題.
[220] 『미암일기초』, 정묘 10월 초4일.
[221] 『속몽구분주(續蒙求分註)』 跋.

1568년 4월 5일에 이대신은 유희춘에게 편지를 보내어 『속몽구』의 간행은 이미 과반을 넘었고 5월 15일 전에는 간행을 마칠 것 같다고 했다.[222]

　유희춘은 『속몽구』를 이대신에게 보낸 뒤에도 『주자실기』에 의거하여 『속몽구』에 "선니망식(宣尼忘食)", "문공불매(文公不寐)"의 주를 추가하여 넣었고[223] 황간과 유염(劉炎)이 주희에게 제한 글에서 주희를 성인으로 인정하고 서술한 것에 의거하여 "황상○○(黃裳○○)"을 "황류추성(黃劉推聖)"으로 바꾸게 했다.[224] 또한 항목의 수정은 계속되었다. 김형언(金亨彦, 啓)이 "퇴지납리(退之納履)"는 견강(牽强)이라고 하자 유희춘은 깊이 동의했다.[225] 그리하여 기대승과 김형언의 말에 의해 "퇴지가리(退之歌履), 왕창해구(王昶海裘)"로 고쳤다가 김중회의 말을 듣고 "유가납리(愈歌納履), 창회중구(昶海重裘)"로 고쳤다.[226] 드디어 1568년 7월 5일 『속몽구』 간행본 4건과 원본이 유희춘에게 도착했다. 유희춘은 책을 받아보고 교정과 간행이 매우 정밀하게 되었다고 했다. 유희춘은 17년간 공력을 들인 책이 하루아침에 이루어져 유통되자 기쁨을 감출 수 없었다.[227] 그는 다음 날에도 새로 인출된 『속몽구』를 열람하면서 매우 애지중지했다. 그리고 그 다음 날에는 서사관 이정에게 『속몽구』 제목을 쓰게 했다.[228]

　유희춘은 1568년 7월 20일 아침 일찍 이황을 찾아갔다. 이황은 신간된

---

222 『미암일기초』, 무진 4월 초5일.
223 『속몽구(續蒙求)』, "宣尼忘食 文公不寐."
224 『미암일기초』, 정묘 10월 초10일, "因朱子實紀, 添入宣尼不寐註, 又以黃勉齋祭文公文, 易黃劉之黃裳, 蓋至是續蒙求, 庶乎毫髮無遺恨矣."
225 『미암일기초』, 정묘 11월 11일.
226 『미암일기초』, 정묘 11월 12일.
227 『미암일기초』, 무진 7월 초5일.
228 『미암일기초』, 무진 7월 초7일.

『속몽구』를 보고 싶어 했고, 이에 유희춘이 바로 보내주었다.[229]

1569년 윤6월 25일에 유희춘은 허봉의 차기(箚記)에 의거하여『속몽구』제2책을 개정했다.[230] 그리고 이수륜(李壽崙)을 불러서『속몽구』중에 수정하여 보완할 곳을 고쳐 쓰게 했고 빠진 곳도 쓰게 했다.[231]

1573년 1월 19일에 이정에게『속몽구』를 보사(補寫)하게 했다.[232] 유희춘은 3월 2일에『속몽구』를 개정할 부분을 경상도사 이총(李璁)이 가는 길에 보냈다.[233] 4월 10일에는 문서린(文瑞麟)에게『속몽구』를 수정하여 고친 곳을 보사하게 했다.[234] 또한 5월 11일에는 문서린이 와서 잘못된 부분을 고친 곳을 쓰게 했다.[235]

한편 6월 30일에는 영천군수 권문해(權文海)가 와서『속몽구』를 인출하여 보내겠다고 약속하고 갔다.[236] 8월 29일 경상감사 김계휘가 유희춘을 내방했다. 이때 유희춘은『속몽구』를 인출하여 보내달라는 부탁을 하여 허락을 받았다.[237] 또한 안동부사 최응룡(崔應龍)은『속몽구』를 인출하여 보내오기도 했다.[238]

11월 6일에 경상감사 김계휘가『속몽구』를 인출하여 보내왔다.[239] 11월

229『미암일기초』, 무진 7월 23일.
230『미암일기초』, 기사 윤6월 25일.
231『미암일기초』, 기사 9월 18일.
232『미암일기초』, 계유 1월 19일.
233『미암일기초』, 계유 3월 초2일.
234『미암일기초』, 계유 4월 초10일.
235『미암일기초』, 계유 5월 11일.
236『미암일기초』, 계유 6월 30일.
237『미암일기초』, 계유 8월 29일.
238『미암일기초』, 계유 8월 29일.
239『미암일기초』, 계유 11월 초6일.

8일 유희춘은 새로 나온 『속몽구』를 살펴보니 아직도 구본에 있던 오자가 있어 다음 날 조수성(曺守成)에게 보사를 하게 했다.[240] 그 뒤 11월 21일에는 이정에게 『속몽구』를 개정할 곳을 쓰게 했다.[241]

7월 29일에도 『속몽구』 서너 곳을 수정했고[242] 9월 10일에는 이정이 와서 『속몽구』를 수개한 곳을 썼다.[243] 9월 14일에는 이정을 불러 『속몽구』를 수개하게 했다.[244] 9월 20일에는 이응복(李應福)이 와서 『속몽구』를 보사하고 갔다.[245]

이미 1559년(명종 14) 2월에 유희춘은 겸공(謙恭)하고 신묵(愼默)하며, 종용(從容)하고 상심(詳審)하며, 관화(寬和)하고 평정(平正)한 기상과 행사(行事)는 『속몽구』에 자세히 갖추어져 있으니 진실로 깊이 완미(玩味)해야 한다고 했다.[246]

6) 『신증유합』

조선 전기에 읽혔던 『유합(類合)』은 저자 미상으로 동몽(童蒙)이 외우고 익히는 책이었다. 유희춘은 1542년(중종 37) 시강원 설서로 근무할 때

---

240 『미암일기초』, 계유 11월 초8일, 초9일.
241 『미암일기초』, 계유 11월 21일.
242 『미암일기초』, 갑술 7월 29일.
243 『미암일기초』, 갑술 9월 초10일.
244 『미암일기초』, 갑술 9월 14일.
245 『미암일기초』, 갑술 9월 20일. 유희춘은 이응복의 글씨는 자획이 삽엄하다고 했다(『미암일기초』, 성오 5월 23일).
246 『미암집』 권4, 庭訓, 庭訓外篇上 治縣須知.

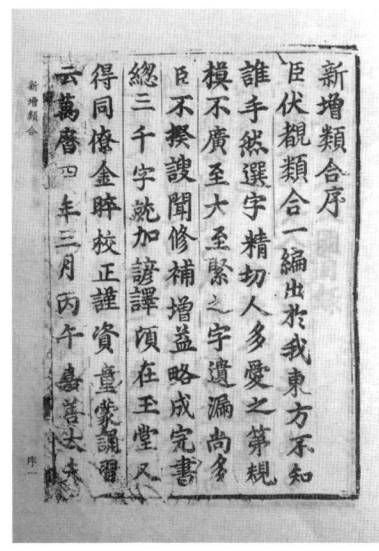 

그림 5 『신증유합』서(序)   그림 6 『신증유합』하권

기존에 통용되던 『유합』을 진강(進講)하면서 수정할 뜻을 표현했다.[247] 우선 유희춘은 기존의 『유합』 책이 규모에 있어 글자 수가 많지 않고 지극히 긴절(緊切)하다고 생각되는 글자가 많이 누락되었다고 판단했다.[248] 또한 책 속에 승니(僧尼)를 높이고 유성(儒聖)을 물리치는 내용이 들어 있다는 것을 알았다.[249] 그는 『유합』의 구본에 없던 "양괄선불(攘括仙佛)"을 새로 추가했고,[250] 또 구본의 "몽피해탈(蒙被解脫)"을 "몽피탈해(蒙被脫解)"로 바꾸어[251] 선교와 불교를 물리치고[攘] 묶어 매고[括], '해탈' 같은 불교 용

---

[247] 『이암유고(頤庵遺稿)』 권11, 부록, 實紀.
[248] 『신증유합(新增類合)』 新增類合序.
[249] 『신증유합』 跋.
[250] 『신증유합』 하, 24면.
[251] 『신증유합』 하, 46면.

어를 없앴다.²⁵² 그런가 하면 그는 『신증유합(新增類合)』을 편찬하면서 심(心) 자와 경(敬) 자에 대한 성리학적 훈(訓)인 '영통(靈通) 심'과 '일심(一心) 경'이란 훈을 추가했다.²⁵³

선조는 유희춘에게 글자의 훈(訓)에 사투리가 섞여 있다고 지적하기도 했다. 또한 구체적으로 덕(德) 자의 훈을 예로 들면서 덕을 '어딜(질) 덕'이라고 한 것에 대해 덕은 흉(凶)도 있고 길(吉)도 있는데 어찌 오로지 선(善)한 것으로 훈을 할 수 있겠느냐고 했다.²⁵⁴ 유희춘은 글자의 훈과 번역을 하는 과정에서 아들과 아내의 의견을 들어 수정하거나 보완하기도 했다.²⁵⁵

유희춘은 『신증유합』 편찬을 시작하여 서사관(書寫官) 송충록(宋忠祿)²⁵⁶·이응복(李應福)²⁵⁷·최언국(崔彦國)²⁵⁸·이정(李精)²⁵⁹·조한(曺僩)²⁶⁰·이익수(李益壽)²⁶¹·정치(鄭致)²⁶²·이덕순(李德純)²⁶³·송인(宋寅)²⁶⁴ 등 여러 사람의 도움을 받아 30여 년이 지난 1574년(선조 7) 2월에 비로소 작업을 마쳤

---

252 安秉禧, 『신증유합』 解題.
253 『미암일기초』, 병자 5월 초8일, "以靈通釋心字備一說, 令宋震寫之."
254 『미암일기초』, 병자 7월 22일. 유희춘은 덕(德)은 원래 호자(好字)인데 다만 비덕(否德), 흉덕(凶德)이 있는 것은 덕(德)자의 위에 불호(不好)의 글자를 더했기 때문에 불길(不吉)한 것이 된 것이라고 했다.
255 『미암일기초』, 병자 3월 20일, 5월 11일, 갑술 3월 27일.
256 『미암일기초』, 갑술 1월 11일, 3월 14일.
257 『미암일기초』, 갑술 3월 14일.
258 『미암일기초』, 갑술 2월 13일, 14일.
259 『미암일기초』, 갑술 1월 16일.
260 『미암일기초』, 병자 6월 12일, 17일; 병자 7월 초9일, 초10일.
261 『미암일기초』, 갑술 1월 23일.
262 『미암일기초』, 갑술 2월 초2일, 초4일.
263 『미암일기초』, 갑술 9월 16일; 병자 7월 18일.
264 『미암일기초』, 병자 7월 27일, 10월 초10일, 13일.

다. 제책은 홍문관 장책원(粧冊員)인 전세윤(全世胤)이 했다.[265] 『신증유합』
은 상권이 1,000자이고 하권이 2,000자로 모두 3,000자인데, 일상생활
에 요긴하고 마땅히 써야 할 글자들로서 훈과 음을 정확하게 달았다.[266]
상권의 목록을 제시하면 수목(數目), 천문(天文), 중색(衆色), 지리(地理), 초
훼(草卉), 수목(樹木), 과실(果實), 화곡(禾穀), 채소(菜蔬), 금조(禽鳥), 수축(獸
畜), 인개(鱗介), 충치(蟲豸), 인륜(人倫), 도읍(都邑), 권속(眷屬), 신체(身體),
실옥(室屋), 포진(鋪陳), 금백(金帛), 자용(資用), 기계(器械), 식찬(食饌), 의복
(衣服)이다. 하권의 목록은 심술동지(心術動止), 사물(事物)이다.

　유희춘은 1576년(선조 9) 5월 9일에 『신증유합』을 선조에게 올렸다.[267]
이에 승지 정탁(鄭琢)이 선조에게 보고하여 그 간행이 이루어졌다. 간행
을 위해 유희춘은 홍문관 동료 김수(金晬)의 도움을 받았고, 또 송인(宋寅)
에게 자훈(字訓)의 도움을 받았다.[268] 편찬 과정에 여러 사람이 글씨를 썼
으나 이응복과 송인이 쓴 것이 간행된 것으로 여겨진다.[269]

　유희춘은 자신이 편찬한 『신증유합』이 당시에 글자를 공부하고 글씨
를 익히는 데 주요 교재로 활용되기를 바랐고 우선 가정에서 아내와 아
들에게 익히게 했다.[270]

---

[265] 『미암일기초』, 갑술 4월 25일.

[266] 『미암일기초』, 갑술 2월 초2일.

[267] 『미암일기초』, 병자 5월 9일.

[268] 『신증유합』, 新增類合序, 跋.

[269] 『미암일기초』, 갑술 8월 11일; 병자 10월 초10일. 『신증유합』 편찬 과정에서 유희춘은 선
조에게 한호(韓濩)가 글씨를 쓰는 것이 좋겠다고 건의했으나 선조는 한호의 글씨가 필력
(筆力)이 굳세지 못하다[不勁]며 받아들이지 않았다(『미암일기초』, 병자 7월 22일).

[270] 『미암일기초』, 갑술 9월 12일; 병자 2월 초3일.

7) 『헌근록』

유희춘은 사마광의 『계고록(稽古錄)』을 올리는 표(表),[271] 제갈량의 「출사표(出師表)」, 「초령익주목발교(初領益州牧發敎)」, 육지(陸贄)의 주의(奏議), 주희의 봉사(封事) 및 차(箚) 등을 모아 1권을 만들어 『헌근록(獻芹錄)』이라고 했다.[272] 이 글들은 군도(君道)에 가장 절실한 것을 모은 것으로 선조를 인도하여 도(道)를 담당하게 하여 지치(至治)를 회복하기를 바랐다.

이언수(李鵬壽)·이정(李楨)·허봉(許篈)·진효관(秦孝寬)·이순(李淳) 등이 『헌근록』의 필사에 참여했다. 이응복은 책의 지두(紙頭)에 첨주(添註)를 썼고, 이방주(李邦柱)는 교정을 보았다. 홍문관 장책제원(粧冊諸員)인 박세곤(朴世崑)이 제책했다.

8) 『강목고이』

유희춘은 『자치통감강목(資治通鑑綱目)』 인출에도 깊은 관심을 지녔다. 그는 1542년 시강원 설서로 재직할 때 교서관에서 간행한 『자치통감강목』을 보았는데 본자(本字)에 오류가 많았다. 오직 세종 대에 인출된 『훈의강목』이 글자에 차오가 없었다. 그는 교서관의 관원이 학식이 얕고 서적 또한 적어서 교정을 보기에 부족하니, 홍문관에 입번(入番)하는 관원에게 명하여 『훈의강목』에 의거하여 교정을 보게 하자고 했다. 그는 교서

---

[271] 사마광(司馬光)이 『계고록』을 지었고, 「진계고록표(進稽古錄表)」는 황정견(黃庭堅)이 사미방을 대신하여 지은 글이다.
[272] 『미암집』 권3, 疏, 進獻芹錄箋; 『미암집』 권8, 刪節, 上 經筵日記 別編, 경오 9월 29일.

관 저작 조헌과 『주자대전』의 교정을 마치고 나서 다음 해에 『자치통감강목』을 교정할 수 있겠다면서, 교서관에서는 오직 조헌만이 교서를 할 수 있다고 했다. 이에 대해 선조는 홍문관에서 교정하는 것이 진실로 마땅하다고 하고 조종조로부터 홍문관에 명하여 책을 교정하여 인출했다. 유희춘은 다른 나머지 책은 홍문관에서 반드시 교정할 필요는 없지만, 『자치통감강목』은 진강에 가장 절실하니 속히 교정하여 간행하지 않을 수 없다고 했다.[273]

유희춘은 유우익(劉友益)의 『서법(書法)』, 윤기신(尹起莘)의 『발명(發明)』을 높이 평가했고 서소문(徐昭文), 왕극관(汪克寬)의 여러 설도 참조하여 『자치통감강목』을 수정하려고 했다.[274] 그는 『자치통감강목』이 역사서 중의 경(經)이고 치도(治道)에 가장 절실하다면서, 임금으로서 이 책에 밝으면 덕위(德威)의 근본을 밝힐 수 있고 치란(治亂)의 근원을 비출 수 있으며, 신하로서 이 책에 밝으면 경사(經事)의 바름을 지킬 수 있고 변사(變事)의 권도(權道)에 통달할 수 있다고 했다. 또한 『자치통감강목』은 사가(史家)의 규범으로, 궁리치용(窮理致用)의 총회(總會)이고 만세사필(萬世史筆)의 법도라고 했다.[275]

유희춘은 우선 옥천군수 서희려(徐希呂)를 만나 옥천에서 『자치통감강목』을 간행하는 일에 대해 논의했다.[276] 그 뒤 대제학 박순과 논의하여 옥천에서 간행하기로 정하고 서희려에게 편지를 보냈다.[277] 6월 30일 옥천 유생 박후린(朴厚麟)이 『자치통감강목』을 간행하는 일로 충청감사의 관문

---

273 『미암일기초』, 갑술 12월 초1일.
274 『미암일기초』, 계유 2월 초4일.
275 『미암일기초』, 갑술 12월 초1일.
276 『미암일기초』, 신미 2월 27, 28일.
277 『미암일기초』, 신미 3월 16일.

을 가지고 왔다.[278] 그 뒤 옥천의 『자치통감강목』판(板)을 호남과 영남에서 나누어 간행하고 나서 김산 직지사에서 인출을 마무리하는 모임을 가졌는데, 환속한 승려 명우(明遇)가 책의 인행을 주관하여 간행했다.[279]

유희춘은 주희가 『자치통감강목』을 미처 수보(修補)하지 못한 것을 한으로 여겼기 때문에 세상에 전해지고 있는 것을 『강목제요(綱目提要)』와 비교해보면 그 유례(類例)가 자못 서로 어긋났으므로, 후유(後儒)의 논설(論說)도 본뜻을 많이 잃어 독자들이 이해하는 데 어려움이 있었다고 보았다. 그래서 그는 『강목고이(綱目考異)』를 지어 그 오류를 바로잡았다.[280]

9) 『역대요록』

유희춘은 방대한 역대 역사서의 중요한 부분을 뽑아 『역대요록(歷代要錄)』을 편찬했다. 두 편으로, 내편(內篇)은 역년(歷年)을 논했고, 외편(外篇)은 치도(治道)를 논했다.

그는 자제(自題)하기를, "옛날에 사마공(司馬公, 司馬光)은 『계고록』을 지었다. 이것이 내가 『역대요록』을 편집하게 된 뜻이다. 삼가 선유(先儒)들의 긴요한 의논을 취하여 대강 자세하고 적절함을 더했고 상고(上古)에서 시작하여 원(元)나라에 이르러 끝났다"라고 했다.[281]

---

278 『미암일기초』, 신미 6월 30일.
279 『미암일기초』, 임신 11월 14일; 계유 6월 초9일.
280 『미암집』, 부록 권2, 行狀(李安訥).
281 『청장관전서』 권54, 盎葉記, 東國史.

10) 『치당관견』

『치당관견(致堂管見)』은 송나라 호인(胡寅)이 역사서를 읽고 논단(論斷)한 책이다.²⁸² 평양에서 간행되었다. 표제(標題)를 만들어 붙였고, 유희춘은 내용에 간략한 주를 병기하여 보기에 편리하게 했다.²⁸³ 유희춘은 성패(成敗)로 시비(是非)를 결론 내리는 것은 사가(史家)의 비루함이라고 했다.²⁸⁴

11) 『천해록』

유희춘은 『허백운집(許白雲集)』, 『송사(宋史)』 등 여러 책에서 널리 고실(故實)을 모아서 분류하여 『천해록(川海錄)』을 만들었다.²⁸⁵ 이 책은 서사관(書寫官) 정치(鄭致)와 문서린(文瑞麟)이 썼다.²⁸⁶ 또한 서사관이자 책색리(冊色吏)인 최언국이 『송사』에서 채록하여 썼다.²⁸⁷ 유희춘은 1576년 5월 14일에는 송진에게 연일 『백운집(白雲集)』에서 채록하여 쓰게 했다.²⁸⁸

---

282 『내각장서목록(內閣藏書目錄)』 권2; 『산당사고(山堂肆考)』 권123, 文學.
283 『미암집』 권8, 日記 刪節, 上經筵日記 別編, 경오 9월 초4일.
284 『미암일기초』, 갑술 12월 15일.
285 『미암일기초』, 병자 5월 12일, 14일.
286 『미암일기초』, 무진 5월 초6일.
287 『미암일기초』, 무진 6월 23일.
288 『미암일기초』, 병자 5월 14일.

5. 맺음말

　유희춘은 어려서는 아버지 유계린의 가르침을 받았다. 유계린은 장인 최부에게 가르침을 받았다. 최부는 유희춘이 태어나기 10년 전에 작고했지만, 저술을 통해 유희춘에게 역사에 대한 이해와 학문에 영향을 준 것으로 생각된다.

　유희춘은 김굉필-최부·최산두·김안국의 학통을 잇고 있다. 특히 유희춘의 스승 김안국은 16세기 성리학의 시대를 연 학자였다. 그는 일찍이 적감(寂感)이 마음을 조존(操存)하는 핵심이 된다고 했다. 16세기 당시 학계에서 적(寂)은 미발(未發, 中), 감(感)은 이발(已發, 和)의 견지에서 논의되기 시작하고 있었다. 적감에 대한 김안국의 이러한 견해는 태허(太虛)를 적감으로 해석한 이언적과 함께 불교의 적멸(寂滅)의 시대를 마감하고 새로운 이학(理學)의 시대를 연 것이었다.

　유희춘은 주희를 공자(孔子) 이후 유학을 집대성한 학자로 생각했다. 그러면서 송 대 이후 주돈이와 이정(二程)의 출현을 각각 초승달에서 보름달로, 이어 주희의 출현을 태양으로 비유하여 표현했다. 유희춘은 주희를 성인(聖人)이라고 했다. 이것은 당시 이황 등이 주희를 대현(大賢)으로 이해한 것과는 차이가 있다. 조선이 주자학의 나라가 되기 위해서는 그러한 주장이 필요했고, 그런 주장을 한 대표적인 인물이 유희춘이었다. 그는 황간과 유염이 주희에게 제(祭)한 글에서 주희를 성인으로 인정하고 서술한 부분을 따와서 제시했다.

　이이는 유희춘이 고서를 많이 읽고 외우나 실은 진지(眞知)나 식견(識見)이 없다고 혹평했다. 유희춘이 학문에 대한 이이의 평은 얼마나 사실에 가까운 것일까. 이는 이이의 주관적인 견해일 뿐 사실에 가깝지 않다고 생각한다. 유희춘은 다독(多讀)과 사색을 통해 자신의 학문 체계를 "경이존심(敬以存心), 사이궁리(思以窮理)"로 설정했다. 육구연은 존심(存心)에 힘쓰는 것을 중시했고 주희는 독서궁리(讀書窮理)를 중시했는데, 유희춘은 육구연의 존심과 주희의 궁리를 다 수용하되, 경(敬)으로 존심하고 사(思)로써 궁리하는 것이 주자학의 핵심이라고 보아 자신의 학적 체계로 설정했다. 또한 그는 『대학』을 깊이 연구하여 『대학』의 핵심이 격물치지(格物致知)와 성의(誠意) 두 관문에 있다고 했다.

유희춘은 16세기 후반 조선사회에서 이황과 함께 주자학에 대한 이해가 가장 깊었던 학자이다. 그는 『주자대전』과 『주자어류』 등을 비롯해 많은 성리서류를 편찬했고 이를 통해 주자학의 확산에 가장 큰 기여를 했다. 그는 특히 선조의 지원을 받아 주자서의 편찬에 이황의 주자학 연구 성과를 전적으로 수용하여 반영했다. 유희춘은 당대 최고의 박학자였지만, 기대승·정철·정개청·이이·조헌 등 동료와 문인, 아내, 아들, 손자 등의 도움을 받아 성리서의 편찬사업을 주도하여 추진했다. 이러한 유희춘의 성리서류 편찬사업은 우선 선조(宣祖)의 성학(聖學)에 기여하고 이를 통해 조선 주자학의 사상적 난숙(爛熟)의 시대를 열기 위한 목적에서 이루어진 것이었다고 평가할 수 있다.

부록

<유희춘 연보> *

	연도 및 나이	행적
1	1513년(중종 8) 1세	• 12월 4일 전라도 해남현(海南縣) 출생 • 아버지는 유계린(柳桂隣), 어머니는 탐진최씨(耽津崔氏)로 최부(崔溥)의 딸
2	1519년(중종 14) 7세	• 아버지 유계린으로부터 『통감(通鑑)』을 수학(受學)함 • 백형(伯兄) 유성춘(柳成春)이 기묘사화(己卯士禍)에 연루되어 귀양 감
3	1522년(중종 17) 10세	• 백형의 상을 당함
4	1528년(중종 23) 16세	• 아버지상을 당함
5	1532년(중종 27) 20세	• 최산두(崔山斗, 新齋)에게 나아가 수학(修學)함
6	1537년(중종 32) 25세	• 생원 식년시에 3등으로 입격함 • 김안국(金安國, 慕齋)에게 나아가 수학함
7	1538년(중종 33) 26세	• 이언적(李彦迪, 晦齋)이 고시관이었던 문과 별시(別試)에 병과(丙科) 3등으로 급제함 • 10월, 권지 성균관 학유에 제수됨
8	1539년(중종 34) 27세	• 실록청 겸 춘추관 기사관에 제수됨
9	1541년(중종 36) 29세	• 6월, 예문관 검열에 제수됨
10	1542년(중종 37) 30세	• 1월, 세자시강원 설서에 제수되어 『대학연의(大學衍義)』를 진강함 • 8월, 세자시강원 사서에 제수됨 • 9월, 휴가를 얻어 성친(省親)하기 위해 사직함
11	1543년(중종 38) 31세	• 2월, 홍문관 수찬에 제수되고 사서를 겸직함 • 6월, 사서를 사직하고 성친을 위해 외직을 청하자, 왕이 뜻을 헤아려 특별히 무장현감(茂長縣監)에 제수함
12	1545년(인종 1) 33세	• 1월, 이조 정랑 이중열(李中悅)이 사헌부 지평으로 추천함 • 5월, 송인수(宋麟壽)가 전라도관찰사 시절 유희춘을 주목하고 자신이 대사헌이 되자 유희춘을 추천하여 수찬에 제수됨
13	1545년(명종 즉위) 33세	• 8월, 홍문관과 사간원 헌납 백인걸(白仁傑)의 계사(啓辭)에 연루 되어 파직됨 • 12월, 대사간 나세찬(羅世纘) 등이 신구(伸救)하여 서용됨
14	1546년(명종 1) 34세	• 7월, 시무십책(時務十策)을 올림 • 8월, 사간원 사간에 제수됨
15	1547년(명종 2) 35세	• 9월, 양재역 벽서사건에 연루되어 절도안치(絶島安置)되어 제주(濟州)에 유배됨. 고향인 해남과 가깝다는 사유로 함경도 종성(鍾城)으로 이배(移配)됨
16	1548년(명종 3) 36세	• 종성에서 제생(諸生)과 강학(講學)을 하고 저술에 전념함
17	1558년(명종 13) 46세	• 2월, 어머니상을 당해 유배지에서 상을 치름
18	1565년(명종 20) 53세	• 12월, 신원(伸冤)되어 중도(中道)로 양이(量移)됨. 은진현(恩津縣)에 이배됨

	연도 및 나이	행적
19	1567년(명종 22) 55세	• 선조 즉위 후 사면되어 직첩을 환수받음 • 10월, 홍문관 교리에 제수됨 • 11월, 어머니상을 치르러 가지 못했던 이유를 상소하여 휴가를 받아 전묘(展墓)하러 감
20	1568년(선조 1) 56세	• 2월, 홍문관 응교에 제수됨 • 3월, 사간에 제수됨 • 4월, 조강(朝講) 후 탑전(榻前)에 나아가 조광조(趙光祖)의 추숭(推崇) 등을 건의함. 응교에 제수됨 • 7월, 사헌부 집의에 제수되고 응교에 제수됨 • 8월, 의정부 검상에 제수되고 실록청 도청 낭청에 제수되고, 응교에 제수됨 • 외조부 최부의 『금남집(錦南集)』을 교정함
21	1569년(선조 2) 57세	• 1월, 사헌부 장령에 제수됨 • 3월, 사간에 제수됨 • 4월, 홍문관 부응교에 제수됨 • 7월, 집의, 응교에 제수됨 • 8월, 의정부 검상에 천거되고 사인에 승진하고 다시 응교, 우부승지에 제수됨 • 9월, 상호군, 홍문관 전한에 제수됨 • 11월, 홍문관 부제학, 성균관 대사성에 제수됨
22	1570년(선조 3) 58세	• 1월, 동부승지에 제수되고 우부승지로 옮김 • 3월, 경연에서 『국조유선록(國朝儒先錄)』을 찬집하여 올리라고 명을 받음 • 5월, 부제학으로서 차자를 올려 을사·정미년에 화를 입은 이들을 선처해줄 것을 청함 • 안동(安東)에서 『속몽구(續蒙求)』를 인출함 • 7월, 주강(晝講)에서 경연관으로서 『대학혹문(大學或問)』의 격물치지장(格物致知章)을 강하던 중 보망장(補亡章)의 뜻을 설명함 • 8월, 『육서부주(六書附註)』를 편찬함 • 9월, 신병으로 담양(潭陽) 집에 돌아감. 『국조유선록』 2책을 진상함 • 10월, 부제학, 우승지에 잇달아 제수되었으나 모두 병으로 사직함 • 11월, 제갈량(諸葛亮)·사마광(司馬光)·육지(陸贄)·주희(朱熹) 등의 글을 모아 『헌근록(獻芹錄)』을 편찬하여 올림
23	1571년(선조 4) 59세	• 1월, 승문원 부제조에 제수됨 • 2월, 전라도관찰사에 제수됨. 『금남집』을 인출함 • 3월, 직산(稷山)에 이르러 사직소를 올렸으나 윤허받지 못함 • 6월, 『심경부주(心經附註)』를 읽고 논함. 이황을 정몽주(鄭夢周) 뒤의 오직 제일 인물로 평가함 • 10월, 대사헌에 제수됨 • 11월, 경연 특진관으로서 강독을 주관함. 전라도관찰사에 제수되었을 때 형조에서 군기시 제조로서 계하(啓下)받은 제색장인(諸 色匠人)을 때맞춰 뽑아 보내지 못했다는 추고를 받아 체직되고, 동지중추부사에 제수되고 동지의금부사를 겸직함. 박응남(朴 應男)·노수신(盧守愼)과 함께 「천문도(天文圖)」를 하사받음 • 12월, 부제학에 제수됨. 잠언(箴言)으로써 경(敬)과 의(義)를 둘 다 확립해야 된다는 내용의 「보좌명(黼座銘)」을 헌상함

	연도 및 나이	행적
24	1572년(선조 5) 60세	• 5월, 『육서부록(六書附錄)』을 간행하여 올림 • 8월, 신병으로 사직하고 동지중추부사 겸 동지성균관사에 제수됨. 경연의 직임을 겸대함. 사관(四館)을 특별히 천전(遷轉)하도록 청함 • 9월, 승문원에서 종계변정(宗系辨正)에 대한 일을 논의함. 부제학에 제수됨. 김굉필(金宏弼)·정여창(鄭汝昌)에게 시호를 내리기를 청함. 예문관 제학에 제수되었으나 상소하여 사직함 • 10월, 『십구사략(十九史略)』을 홍문관에 내려보내자 「사략의변(史略疑辨)」을 덧붙여 봉입함 • 11월, 동지성균관사로서 중국 사신을 접대함 • 12월, 전시(殿試)의 독권관(讀券官)에 제수됨
25	1573년(선조 6) 61세	• 1월, 교서관 제조에 제수됨. 전문 시관(篆文試官)에 제수됨. 『송사(宋史)』를 인출함. 『주자대전(朱子大全)』 인출을 허락받음. 이황의 「심경발문(心經跋文)」의 인출을 청함 • 2월, 대사헌에 제수됨. 교서관 제조로서 『내훈(內訓)』·『황화집(皇華集)』을 잘못 인출한 일로 대죄함. 『주자대전(朱子大全)』과 『주자어류(朱子語類)』를 교정함 • 3월, 병으로 대사헌을 사직하고 첨지중추부사 겸 오위도총부 부총관에 제수됨. 조강(朝講)에 나아가 율학(律學) 진흥(振興) 등을 건의함. 전시시관(殿試試官)에 제수됨 • 5월, 대사헌에 제수되었다가 일로 체직됨. 한성부 우윤에 제수되고 예조참판에 제수됨 • 7월, 「모재집서(慕齋集序)」를 짓고 경상도관찰사 김계휘(金繼輝)에게 간행을 부탁함. 『회재집(晦齋集)』을 교정함 • 11월, 홍문관 부제학에 제수됨
26	1574년(선조 7) 62세	• 1월, 승정원에 나아가 비위(脾胃)를 조호(調護)하는 방법을 아뢰고 식료단자(食療單子)를 써서 올림. 진강(進講)을 위해 『대학혹문』을 교정해서 올림. 홍문록(弘文錄) 월과(月課) 및 별초문신(別抄文臣)들의 글을 고시(考試)함 • 2월, 『유합(類合)』을 교정하고 상성(上聲)과 거성(去聲)에 방점을 찍음 • 4월, 2품 이상의 문무관 시험 출제에 부제학으로 참여함. 김안국의 자손을 서용할 것을 주청함 • 7월, 병으로 사직했다가 다시 대사헌에 제수됨 • 8월, 형조 참판에 제수됨. 문과(文科) 일소(一所) 시관에 제수됨 • 9월, 홍문관 부제학에 제수됨. 이준(李浚)의 조부 이언적이 저술한 『구경연의(九經衍義)』 인출을 청함 • 10월, 경연에서 경서의 훈토(訓吐)를 논의함 • 12월, 경연에서 『강목(綱目)』 인출을 아룀

연도 및 나이	행적
27	1575년(선조 8) 63세	• 3월, 상호군에 제수되었다가 병으로 사직함. 담양에 집을 짓고 문 앞의 개울을 연계(漣溪)라 명하고 호(號)로 삼음 • 4월, 대사헌에 제수되었다가 일로 체직되고 동지중추부사에 제수 됨. 예조참판을 거쳐 다시 대사헌에 제수됨. 경연에서 사서삼경의 현토와 주석을 상정(詳定)하라고 명을 받자 사양하고 이이를 천거함 • 5월, 병으로 사직하고 공조참판에 제수됨 • 6월, 동지경연사를 겸함 • 7월, 대사간 겸 동지춘추관사가 되었다가 일로 체직되어, 공조참 판에 제수됨 • 8월, 휴가를 얻어 성묘함 • 10월, 이조참판에 제수되었으나 사직소를 올려 체직됨 • 12월, 세 정승의 주청으로 동지중추부사에 제수됨
28	1576년(선조 9) 64세	• 4월, 대사헌에 제수되었다가 5월에 체직됨 • 6월, 부제학에 제수됨. 『대학석소(大學釋疏)』를 교정하여 올림. 왕의 소대(召對)를 받아 위학지도(爲學之道), 용중지도(用中之道)를 진달하고, 김굉필을 문묘(文廟)에 종사할 것과 이자(李耔)에게 시호를 내릴 것 등을 청함 • 9월, 첨지중추부사에 제수됨 • 10월, 동지중추부사에 제수됨. 오현종사(五賢從祀)를 청하는 상 소를 올림
29	1577년(선조 10) 65세	• 3월, 부제학에 제수됨. 경연 입시의 공으로 자헌대부(資憲大夫)에 오름 • 5월, 사직을 청했으나 윤허받지 못함 • 병이 심해지자 왕이 어의(御醫)를 보냄 • 5월 15일, 졸(卒) • 6월, 담양에 운구함 • 윤8월, 선산(先山) 임좌병향(壬坐丙向)의 언덕에 장사 지냄
30	1580년(선조 13)	• 봄, 의정부 좌찬성에 증직됨 • 9월, 왕이 전라도에 전지(傳旨)를 내려 『천해록(川海錄)』·『속몽구(續蒙求)』·『시서석의(詩書釋義)』·『주자어류훈석(朱子語類訓釋)』·『강목훈석(綱目訓釋)』 등 유희춘의 모든 저술을 올려 보내도록 명함
31	1608년(선조 41)	• 1월, 『신증유합(新增類合)』을 정정(訂正)하고 다시 간행하도록 홍문관에 명함
32	1609년(광해군 1)	• 무장(茂長)의 충현사(忠賢祠)에 향사, 사액(賜額)됨
33	1633년(인조 11)	• 1월, 문절(文節)의 시호를 받음(勤學好問曰文, 謹身制度曰節)
34	1668년(현종 9)	• 12월, 담양의 의암서원(義巖書院)에 향사, 사액됨
35	1869년(고종 6)	• 사손(祀孫) 유정식(柳廷植)이 문집을 간행함

* 『미암집』해제(辛承芸, 한국고전번역원, 1998), 유희춘 諡狀(李好閔 찬), 『명종실록』, 『선조수정실록』, 『선조실록』, 『인조실록』, 『인종실록』, 『중종실록』, 『현종실록』 등을 참조하여 작성했다.

두 「천명도(天命圖)」의 제작 배경과 김안국·김정국

최영성

1. 머리말

조선 성리학은 사단칠정(四端七情) 논쟁에서 꽃을 피웠다. 사칠논쟁은 이후 300년 동안 지속되었다. 특정한 주제를 가지고 수백 년 동안 논쟁이 이어진 것은 세계철학사에서도 그 유례가 매우 드물다. 한국인 특유의 철학적 기질과 사색의 정도를 엿볼 수 있다.

이 사칠논쟁의 물꼬를 튼 것이 「천명도(天命圖)」와 천명도설(天命圖說)이다. 이는 성리학의 기본 명제인 천명(天命)과 인성(人性)의 관계를 알기 쉽게 도식화하고 설명을 붙인 것이다. 김안국의 문인 추만(秋巒) 정지운(鄭之雲, 1509~1561)의 「천명도」가 그 효시다.[1] 이후 「천명도」는 하서(河西) 김인후(金麟厚, 1510~1560)에 의해 하나가 더 나왔다. 1980년대에 정지운의 『천명도해(天命圖解)』 안에서 김인후의 「천명도」가 발견된 것이다. 김인후의 「제천명도후(題天命圖後)」에 의하면, 제작 시점은 1549년(명종 4) 혹은 그 이후로 보인다. 1549년으로 보면 정지운이 「천명원도(天命原圖)」의 서문을 쓴 지 6년 뒤의 일이다.

정지운과 김인후의 「천명도」는 상이점이 적지 않다. 이황의 「천명도」는 정지운과 함께 강론하여 만든 것이기 때문에 정지운의 것에 가깝다. 「천명도」는 각각의 특색이 있다. 이 가운데 『중용』의 중화(中和) 정신으로 일관하려 한 김인후의 「천명도」가 두드러져 보이는 것이 사실이다. 근자에 한 연구자는 "「천명도」는 정지운이 인간과 우주의 관계 속에 인간의

---

1 '천명도'라는 명칭을 붙인 것으로는 처음이라는 뜻으로 효시라고 했다. 천명과 인성의 관계는 이미 권근의 「천인심성합일지도(天人心性合一之圖)」에 잘 드러나 있다. 천명과 인성의 관계를 통한 심성학(心性學)의 정립은 유교질서 확립과 도덕사회 건설을 지향하는, 조선 초기 관학파의 사상적 과제였다. 이 점에서는 관학과 사학이 다를 바 없었다.

위상을 나타내는 그림의 대략적 구도를 그렸다면 김인후는 여기에 인간의 길을 설정했으며, 이황은 이를 종합하고 재구성하여 완성한 것이라고 할 수 있다"2라고 했다. 그러나 이황에게 완성의 공을 돌린 점, 정지운의 「천명도」를 '대략적 구도를 그린 것'으로 본 점에 대해서 필자의 견해는 다르다. 최초의 저작이 갖는 의미와 위상을 낮추어 보기는 어렵다.

정지운과 김인후는 둘 다 모재(慕齋) 김안국(金安國, 1478~1543)의 문인이다. 김안국의 문하에서 「천명도」가 하나가 아닌 둘이 나온 것은 그냥 보아 넘길 수 없다. 퇴계 이황이나 율곡 이이 이전에 이미 성리학에 대한 심도 있는 논의가 김안국 문하에서 이루어졌음을 증명하는 것이기 때문이다. 정지운은 「천명도」를 제작하게 된 배경을 말하면서 "지난날 모재와 사재(思齋) 두 선생의 문하에서 배울 적에 그 서론(緖論)을 듣고 물러 나와서 아우 모(某)와 함께 그 뜻의 귀추[旨歸]를 강구했다"3라고 했다. 이것은 단순한 수사(修辭)가 아니라 김안국과 김정국 형제의 성리학이 높은 경지에 올랐음을 짐작케 하는 말이다.

이런 도설류는 대부분 권근(權近)으로 대표되는 관학파(官學派)4 계열에서 나왔다. 권근의 『입학도설』이 도설류 성리서의 효시라 할 수 있다. 도설류 성리서가 나중에는 학파를 가리지 않고 조선 성리학에서 하나의 전통이 되었다. 길재의 문인 응계(凝溪) 옥고(玉沽, 1382~1434)는 권근의 『입학도』를 본받아 「인심선악상반도(人心善惡相反圖)」와 「음양변역성괘지도(陰

---

2 추제협, 「이황과 김인후의 '천명도' 개정과 인간학의 정립」, 『영남학』 60, 2017, 7-8쪽.
3 이황(李滉), 『퇴계집(退溪集)』 권41, 1b, 「天命圖說 後敍」, "向者, 學於慕齋思齋兩先生門下, 聞其緖論, 退而與舍弟某講求旨歸."
4 이 글에서 사용하는 '관학파'란 용어는 세조 이후 훈구세력과는 일정하게 구분된다. 관학파와 훈구파가 연계되는 것은 사실이지만, 훈구파는 정치상의 용어이고 관학파는 학문상의 용어다. 조선 초기의 관학파와 나중에 권귀(權貴)로 흐른 훈구파는 구분할 필요가 있다.

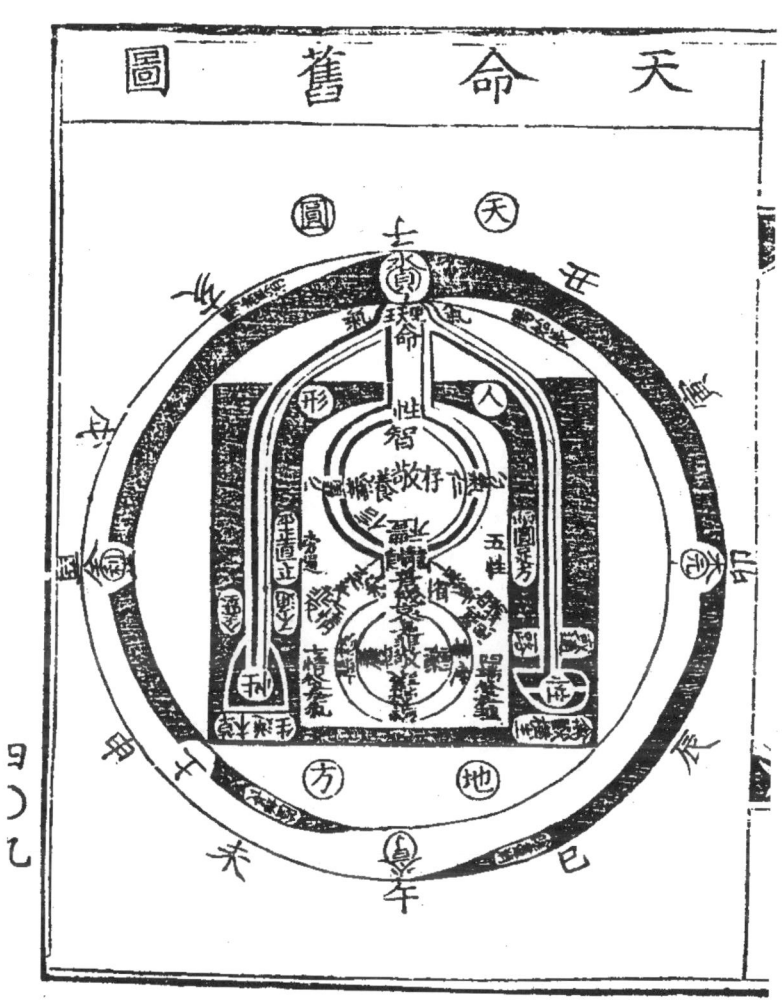

그림 1 | 정지운의 「천명도」

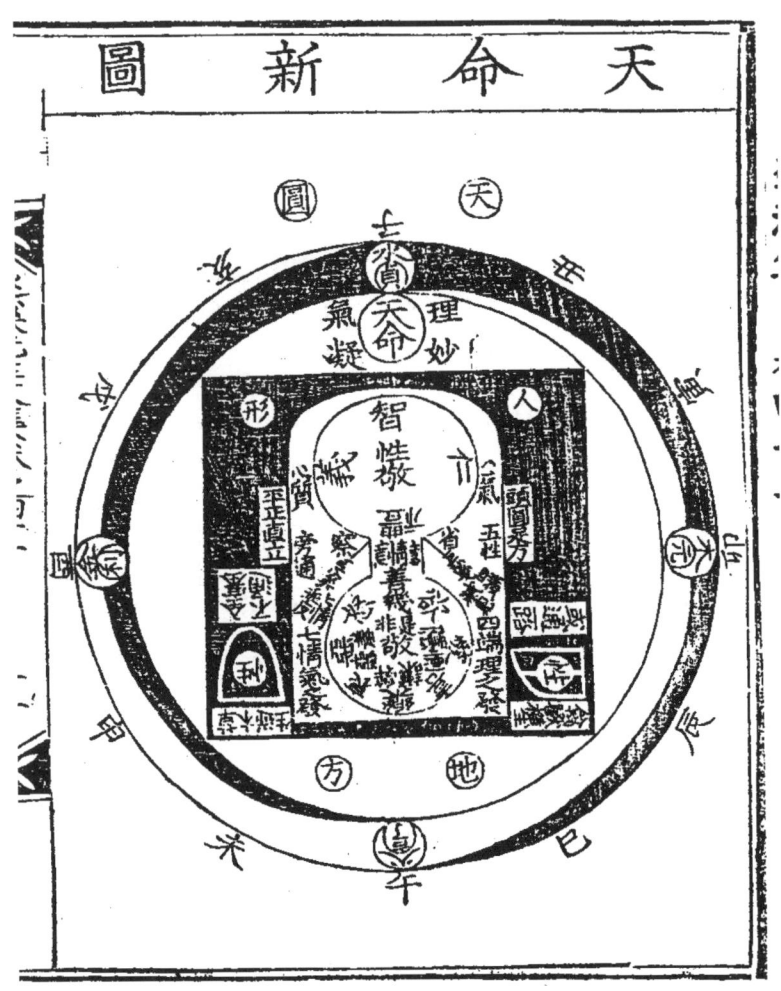

그림 2 | 이황의 「천명도」

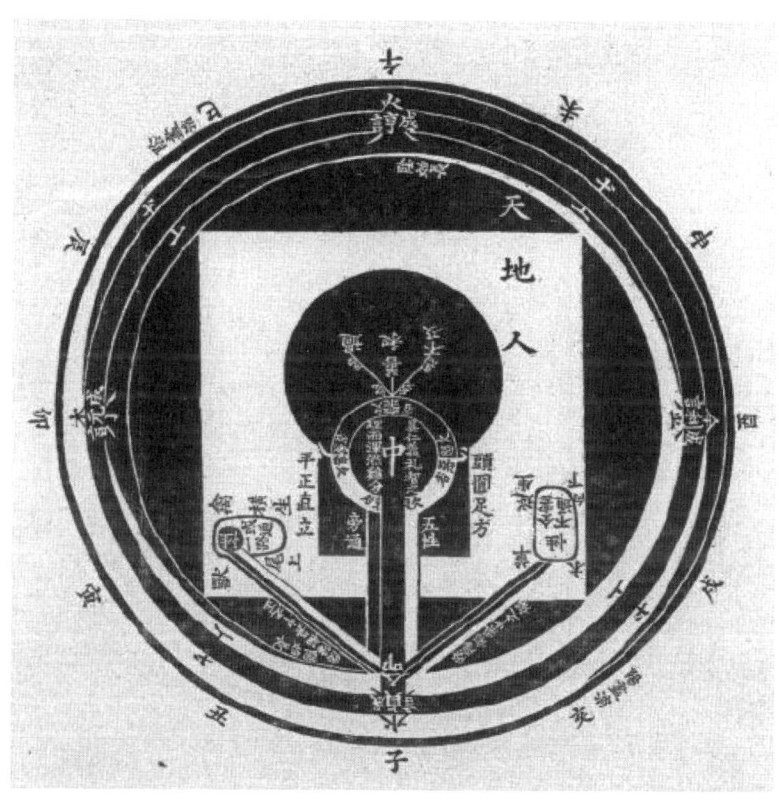

그림 3 | 김인후의 「천명도」

陽變易成卦之圖)」두 편을 만들었다. 성리학에 대한 지은이의 조예를 살피는 데 좋은 자료다. 나아가 조선 초기 성리학의 수준을 고찰하는 데 참고자료가 된다. 전라도 화순 출신의 학자 일송(一松) 홍치(洪治, 1441~1513) 역시 「심학차제도(心學次第圖)」·「심성정도(心性情圖)」를 만들어 옥고 이후 시들해진 도설류의 명맥을 이었다. 이런 도설류는 대부분 관학파 계열에서 나왔으며 호남과 관련이 있다.

김안국·김정국의 이모부 조유형(趙有亨)도 도설류와 관련이 있다. 『계몽도서절요(啓蒙圖書節要)』가 그것이다. 이 책은 일차적으로 김안국 형제에게 도설의 중요성을 일깨워주는 기폭제가 되었을 것이다. 이 도설류가 김안국·김정국 문하의 정지운·김인후로 이어졌고, 이것이 이황을 비롯한 조선 사림에 영향을 끼친 것을 감안할 때 김안국 형제의 위상을 간과하기 어렵다. 김인후의 「서명사천도(西銘事天圖)」 역시 김안국 문하의 학풍, 즉 도설을 중시하는 분위기와 무관하지 않을 듯하다.

이 글에서는 조선 성리학의 선하(先河)를 이루는 두 「천명도」가 출현하기까지의 사상적 배경에 중점을 두고 연구를 진행할 예정이다. 일차로 김안국·김정국 형제의 학문과 사상 특징에 대하여 핵심적인 면을 고찰하고, 이어 정지운과 김인후의 성리학에 대하여 그 '공통적 특성'을 중심으로 고찰할 것이다. 이어 정지운과 김인후의 「천명도」를 비교 고찰하면서 이들의 「천명도」가 조선 성리학사에서 어떤 위치를 차지하는지에 대한 역사적 평가를 이끌어내는 데 주력할 것이다. 나아가 오늘날 성리학 관계 저술의 다수가 인멸된 양현의 성리학의 면모를 새롭게 조명하여 이들의 위상을 재조명할 것이다.

다음으로 선행연구와의 차별성 문제다. 종래 연구는 「천명도」에 담긴

철학적 의미를 분석하는 데 치중하여,[5] 「천명도」가 나오기까지의 과정이나 배경에 대해서는 논의가 제대로 이루어지지 못했다. 또한 「천명도」를 권근의 『입학도설』 이후로 이어진 도설류의 전통에서 파악하려 한 학자가 드물었다. 이 글에서는 '「천명도」의 역사적 위상'을 정립하는 데 초점을 둘 것이다. 「천명도」를 여러 각도에서 잘 연구하면, 조선의 성리학사에서 권근을 비조(鼻祖)로 하는 관학파의 학문 전통을 무시할 수 없다는 결론에 도달할 것이다.

---

[5] 이 글의 부록에 연구 성과가 정리되어 있다.

2. 두「천명도」의 역사적 위상

 조선 성리학의 방향을 제시한 것이 사칠논변이고 이 논변이「천명도」로부터 촉발되었다는 것이 오늘날 학계의 통설이다. 그런데 지금까지는「천명도」를 제작한 정지운·김인후에 대해서는 학계의 관심이 상대적으로 낮았고, 이황에게 관심의 초점이 맞추어졌다. 또 정지운·김인후의「천명도」가 우연히 나온 것이 아니라 김안국·김정국과 그 문하의 학문 전통과 관련이 있다는 사실에 주목한 학자는 거의 없었다. 이 장에서는 이 점에 주안을 두고 논의를 진행하고자 한다.
 정지운의「천명도」는 선유의 천인성명(天人性命)의 설을 그림으로 나타낸 것이다.『중용』수장(首章)에 나오는 '천명지위성(天命之謂性)'이란 대명제와 '천인합일' 사상을 근거로 인간의 본질을 중점적으로 분석하고 실천·수양적 측면을 종합적으로 설명했다. 그림은 크게 천형(天形)·지형(地形)·인형(人形)의 세 부분으로 나뉘어져 있다. 천원지방(天圓地方)의 설에 따라 천형은 원(圓)으로, 지형은 방(方)으로, 인형은 두원족방(頭圓足方)으로 그렸다. 천형에서는 십이지(十二支)의 시간과 방위를 나타내는 큰 원 안에 원형이정(元亨利貞)의 사덕(四德), 그 속성인 성(誠), 그리고 음양오행을 표시했다. 지형의 방형 안에는 인간, 금수, 초목을 구분하여 그렸다. 기질상의 편정(偏正)을 표시하여 인간이 만물의 으뜸임을 보여주었다. 두 원족방의 인형에서 원은 마음을 표시한 것이다. 이 마음은 천형을 닮고 천명을 이어받았으므로 리는 성(性)에, 기는 정(情)에 연결하여 자연스럽게 선악 문제로 이어지도록 했다. 이어서 사단과 칠정의 소종래를 '발어리(發於理)', '발어기(發於氣)'라고 했다. 마지막으로는 감정이 발하기 이전[未發] 상태와 발한 뒤[已發]의 상태를 존양(存養)과 성찰(省察)로 연결시키고, 마음의 동정(動靜)을 경(敬)으로 관통시켰다. 존양과 성찰의 수양 공부는 『중용』 전체를 관통하는 실천철학의 핵심이다. 결국 이것이 「천명도」의 '결국(結局, 판맺음)'이라 할 것이다.

정지운은 「천명도」를 작성함에 주자(朱子)의 설, 『성리대전』에서 인물의 성[人物之性]을 논한 것 등 제설(諸說)을 참고하여 하나의 도로 만들었다고 했다. 물론 「태극도」와 『중용』이 밑바탕에 깔려 있음은 더 말할 나위가 없다. 택당(澤堂) 이식(李植)은 주염계의 「태극도」, 소강절의 「선천도(先天圖)」, 조치도(趙致道)의 「성기도(誠幾圖)」, 임은정씨(林隱程氏, 復心)의 「심학도(心學圖)」 등에 근거한 것이었다고 분석했다.[6] 이를 볼 때 이전에 나왔던 중요한 도설을 대부분 참고했음을 알 수 있다. 「성기도」는 주돈이(周敦頤)의 『통서(通書)』에서 "기(幾)에서 선과 악이 나누어진다(幾善惡)"라고 한 말에 주자(朱子)가 주석을 달고 조치도가 그림으로 그린 것을 가리킨다. 정복심의 「심학도」는 이황의 『성학십도』에서 '제8심학도(第八心學圖)'로 인용할 정도로 중요한 위치를 차지한다.

「천명도」는 도상의 측면에서 독특하다. 이전에 그와 같거나 비슷한 것을 찾아보기 어렵다. 그러나 천명과 인성의 관계를 도식화하여 우주론과 도덕론을 하나로 합성한 것이라는 점에서는 주돈이의 「태극도」나 권근의 「천인심성합일지도」가 내용상으로 다르지 않다. 이 두 그림의 영향이 지대했을 것임은 더 말할 나위가 없다.

「천명도」는 1537년 정지운의 나이 28세 때 초고를 완성했고, 6년 뒤인 1543년 2월에 일단 완성을 보았다. 자서(自序)를 붙인 것이 이를 뒷받침한

---

6 『택당집(澤堂集)』 별집, 권5, 18a, 「天命圖說跋」, "仍念此圖說, 非處士所自作, 乃慕齋思齋兩先生之說. 非兩先生之說, 乃濂溪太極, 康節先天, 趙致道誠幾, 程子見心學等圖說也."

다.[7] 그는 완성한 뒤에도 출판하지 않고 계속 수정했다. 이로부터 10년 뒤인 1553년 1월에 개정본 「천명도」를 내고 역시 서문을 붙였다. 이는 퇴계 이황과 토론을 거쳐 개정한 것이다. 『퇴계집』에서는 이를 '천명신도(天命新圖)'라 하고, 1543년에 정지운이 완성을 본 것을 '천명구도'라 했다. 1553년에 나온 「천명신도」는 두 학자가 견해의 차이를 조정하여 이끌어낸 결론이라고 할 수 있다.

이황은 1553년 이후에도 수정을 가했다. 판본에 따라 같고 다름이 있는 것은 이 때문이다.[8] 현재 「천명구도」와 「천명신도」의 원초본(元草本)은 전하지 않고 목판본에 실린 것과 『퇴계문집』에 실린 것이 전한다. 목판본은 2종이 잘 알려져 있다. 하나는 1578년(선조 11) 전라도 능성현(綾城縣)에서 목판으로 간행한 『천명도해』로, 현존하는 최고본(最古本)이다. 현재 고려대학교 도서관에 귀중본으로 소장되어 있다. 다른 하나는 1640년(인조 18)에 택당 이식이 임진왜란 때 인멸된 것으로 알려진 『천명도설』 초간본을 민가에서 얻어 한백겸(韓百謙)의 『구암문고(久菴文稿)』를 간행할 때 함께 펴낸 것이다. 초간본의 간행 연대는 알 수 없다. 『천명도해』와 『천명도설』은 비슷한 시기에 각각 따로 간행된 것으로 보인다.

1578년판 『천명도해』는 2부로 구성되어 있다. 제1부는 '천명도설'로 정지운의 「천명도」를 실은 뒤 그 내용을 총 9절로 설명했다. 제1절은 논천명지리(論天命之理), 제2절은 논오행지도(論五行之道), 제3절은 논물생지원(論物生之原), 제4절은 논인물지수(論人物之殊), 제5절은 논차심지구(論此心之具), 제6절은 논성정지목(論性情之目), 제7절은 논선악지분(論善惡之分),

---

7 고려대학교 도서관 소장 『천명도해(天命圖解)』(만송 貴 356) 참조.
8 이정환, 「퇴계 '天命圖說'과 '天命圖'에 대한 철학적·圖象的 재검토」(『퇴계학보』 135, 2014)에서 상세하게 밝힌 바 있다.

제8절은 논기질지품(論氣質之品), 제9절은 논존성지요(論存省之要)다. 부록으로 잡해(雜解)가 있다. '천명도설'이라는 제목 아래 '퇴계이선생정정(退溪李先生訂正)'이라고 밝혔다.

제2부는 '천명도해'로 이황이 개정한 「천명도」를 실은 뒤 그 내용을 총 10절로 설명했다. 제1절은 논천명지리(論天命之理), 제2절은 논오행지기(論五行之氣), 제3절은 논이기지분(論理氣之分), 제4절은 논생물지원(論生物之原), 제5절은 논인물지수(論人物之殊), 제6절은 논인심지구(論人心之具), 제7절은 논성정지목(論性情之目), 제8절은 논의기선악(論意幾善惡), 제9절은 논기질지품(論氣質之品), 제10절은 논존성지요(論存省之要)다. '천명도해'라는 제목 아래 '추만정선생찬(秋巒鄭先生撰)'이라고 기록했다.

「천명도설」에서는 9절, 「천명도해」에서는 10절로 설명했다. 「도해」에서 제3절 논이기지분(論理氣之分)이 추가되었고, 제6절 논인심지구는 전면 수정되었으며, 논선악지분(論善惡之分)은 논의기선악(論意幾善惡)으로 고쳐졌다.[9] 대체로 큰 틀을 유지하면서 상당 부분이 수정되었다.[10] 여기서 정지운과 이황이 토론을 통해 「천명신도」를 확정 짓기까지의 사정을 엿볼 수 있다. 양자를 비교해 초본과 개정본이 어떻게 같고 다른지를 탐색하는 일은 별고(別稿)를 기약해야 할 정도로 중요한 문제다.[11]

『퇴계속집』에는 『천명도해』 2부의 내용이 이황의 글로 되어 있다.[12] 이에 대해 이황의 문인 조목(趙穆)은 다음과 같이 말했다.

---

9 이 밖에도 五行之道를 五行之氣로, 物生之源을 生物之源으로, 此心之具를 人心之具로 고쳤다.
10 소소한 자구 수정이 적지 않다. 자세한 것은 정병련, 「추만의 천명도설 제작과 퇴계의 정정」, 『철학』 38, 1992, 239-240쪽 참조.
11 이것은 여러 연구자들의 연구를 통해 이루어졌다. 이 글에서 다시 논하지는 않겠다.
12 『퇴계집』 속집 권8, 12b-21a, 「天命圖說」 참조.

위 도설은 계축년(1553, 명종 8)에 선생께서 서울에 계실 때 정공(鄭公)과 함께 참작하여 고쳐서 완성한 것이다. 그 정묘한 곳은 다 선생이 발명했다. 을묘년(1555) 봄에 남으로 돌아와서 깊이 생각하여 수정한 곳이 자못 많다. 그러므로 초본(初本)과는 차이가 크다. 삼가 수정한 것을 따라 위와 같이 전사(傳寫)했다. 선생이 일찍이 말하기를, "그 의(義)는 이미 도설에 갖추어져 있다. 그중에 제10절은 있어도 좋고 없어도 좋다"라고 하시었다.[13]

이 글은 조목이 1558년에 쓴 것이다. 이황의 「천명도」 수정이 1558년에 최종 마침표를 찍었음을 시사한다. 위 글에서 "정묘한 곳은 다 선생이 발명했다"라는 말은 주관적이기 때문에 다 신빙하기는 어려울 줄 안다. 융사(隆師)의 차원에서 한 말로 이해하는 것이 좋을 듯하다. 그런데 고려대학교 소장본 『천명도해』에서 도설의 글을 '추만정선생찬(秋巒鄭先生撰)', '퇴계이선생정정(退溪李先生訂正)'이라고 굳이 못 박은 것은 저자(著者) 문제를 확실히 해두려는 의도로 보인다. 즉, 이황이 개정했다 하더라도 원저자(原著者)는 정지운이라는 점을 강조하려는 속내가 엿보인다.

정지운 「천명도」의 내용은 크게 다섯 가지로 나누어볼 수 있다.

1. 『중용』의 '천명지위성(天命之謂性)'을 근거로 천명에서 인성(人性)을 확인했다. 그 이면에 '천인합일'의 사상이 깔려 있다.
2. 천원(天圓)·지방(地方)의 현상을 본떠 위로 천명권(天命圈)을 설정

---

13 『퇴계집』 속집 권8, 20b, 「天命圖說」, "右圖說, 癸丑年間, 先生在都下, 與鄭公參訂完就. 而其精妙處, 悉自先生發之也. 乙卯春, 南歸而精思修改處頗多, 故與初本甚有同異. 謹因改本, 傳寫如右. 先生嘗曰, 其義已具於圖說中, 至十節則有亦可無亦可. 戊午春, 趙穆士敬書."

하고 아래로는 인체의 각 부위를 본떠 그렸다. 이른바 방위가 '자상오하(子上午下)'로 되어 있다. 이 점에서 정지운과 이황이 같다. 반면에 김인후의 경우, 만물이 땅에 뿌리를 박고 위로 자라는 이치에 따라 천명이 위로 자라는 형상을 취했다. '자하오상(子下午上)'으로 그 반대의 형상이다.
3. 인간의 성(性)과 정(情)을 사덕(四德, 仁義禮智)과 칠정(七情)에 분속시켰다. 기질의 편정(偏正)과 청탁수박(淸濁粹駁)에 따라 인(人)·물(物)의 동(同)·부동(不同), 인(人)·인(人)의 동·부동이 있음을 나타냈다.
4. 사단과 칠정을 구분했다. "심이 발하기 전에는 혼연하여 기(氣)가 용사(用事)하지 않기 때문에 갖춘 것은 다만 이 천리(天理)뿐이다"라고 하면서, 선악의 갈림을 칠정에 연결시켰다. 심이 발한 뒤에 선악이 생기기 때문이라는 것이다.
5. 심의 미발(未發)과 이발(已發)을 관통하는 것이 '경(敬)'이라고 하면서 존양성찰(存養省察)의 공부론(工夫論)으로 이끌었다. 궁극에는 인식의 문제가 아닌 실천의 문제로 귀결되어야 함을 시사한 것이다.

이런 내용으로「천명도」를 만든 것은 이전에 없었던 일이다. 성리학의 대요를 간명하게 정리하는 것으로 이만한 그림이 없다고 본다. 그 담연정사(覃研精思)의 정도를 짐작하게 한다. 이후에 개정한 것들은 그것대로 의미가 있겠지만, 처음 나온「천명도」의 가치와 위상은 결코 가볍게 볼 수 없다. 이황·김인후의 위상에 가려질 수 없는 것이다.

김인후의「천명도」는 그의 문집인『자시집』에 실려 있지 않다. 1578년판『천명도해』에 함께 실려 전함으로써 김인후의 성리학을 연구하는 데 도움을 준다. 이 도가 나온 배경은 「제정추만천명도후(題鄭秋巒天命圖後)」와 후인의 부기(附記)를 통해 엿볼 수 있다. 일부를 보자.

이「천명도」를 제작함에 어찌 보통으로 엿보고 헤아리는 사람이 흉내나 내볼 수 있는 일이겠는가. 나는 학문에 뜻을 두었으나 성취하지 못한 사람이다. 이 도를 펼쳐봄에 뭉클한 감정이 없을 수 없다. 정군 정이(靜而)가 조석 사이에 서울로 돌아가게 되면 천리 밖에 떨어져 서로 그리워하는 정은 말로 다할 수 없을 것이다. 그래서 우선 이 글을 도의 뒤에 붙여서 신물(贐物)로 삼는다.[14]

하서 김선생이 일찍이 추만 정선생의 「천명도」를 손수 고열(考閱)하다가 그 사이에서 자득한 바가 있어서 따로 한 도(圖)를 만들었다. 또 해설의 글까지 붙이려 했지만 하늘이 수명을 허락하지 않아 그 글을 이루지 못했으니 안타깝다. 그 그림을 뒤에 붙여 함께 간행함으로써 학자들이 고람(考覽)할 것에 대비한다.[15]

동문 사이의 우정 넘치는 글이다. 김인후가 정지운의「천명도」를 보고 느낀 점을 적어 정지운에게 준 시점이 1549년(명종 4)이다. 김인후가 순창

---

[14] 1993년 필암서원에서 역주하여 펴낸 『하서전집』「續編拾遺」에 「題鄭秋巒天命圖後」라는 이름으로 실렸다. 필암서원, 『하서전집』 하권, 전남대학교 출판부, 629쪽 참조. 원문은 다음과 같다. 『천명도해(天命圖解)』(1578), 9a, "維天之命, 於穆不已, 生生之理, 未嘗間斷. 所乘之機, 曰陰與陽, 一動一靜, 互爲其根. 萬物竝育, 相爲流通. 但梏於形氣之私, 不能知之. 惟天下聰明叡智, 至誠無息, 能盡其性者, 乃能有以察其幾焉. 是圖之作, 豈尋常窺測者, 所可擬爲. 余有志於學, 而未就者也. 披覽是圖, 不能無戚戚焉. 鄭君靜而, 朝夕還京, 千里相思, 無以爲言, 姑以是題其圖後而贐之. 嘉靖己酉秋八月, 河西金厚之書."

[15] 『천명도해』(1578), 9a, "河西金先生, 亦嘗手考鄭先生之圖, 有所自得於其間, 故別爲一圖. 又欲作書以解, 而天不假年, 書未及就, 惜哉, 其圖則并刊于後, 以備學者之覽焉."

훈몽재(訓蒙齋)에 있을 때다. 정지운이 「천명원도(天命原圖)」의 서문을 쓴 지 6년 뒤요, 「천명신도」가 나오기 4년 전의 일이다. 위 후서(後敍)의 내용만으로는 김인후가 자신의 「천명도」를 그린 시점을 1549년이라고 단정하기에는 이르다. 후서는 어디까지나 정지운의 「천명도」에 붙여준 글이기 때문이다. 다만, 당시에 자신이 그린 「천명도」를 보여주며 앞으로 토론해보자고 말했을 가능성을 배제할 수 없다.

김인후는 전대미유의 정지운 「천명도」를 보고 적지 않게 감동을 받았던 것 같다. 그는 큰 틀에서 공감하면서도 인간을 나타내는 부분에서는 나름대로 보완을 했다. 견해 차이라기보다는 보완이라고 하는 편이 옳을 성싶다. 김인후가 「천명도」를 따로 만든 근본 이유도 여기서 찾아야 할 듯하다.

김인후의 「천명도」는 천권(天圈)·지권(地圈)에서는 「천명원도」와 거의 동일하지만, 인권(人圈)에서는 독특한 성격을 드러냈다. 그것을 요약하면 다음과 같다.

1. 『중용』에 나오는 '천명지위성(天命之謂性)', '천지위언 만물육언(天地位焉 萬物育焉)', '미발지중(未發之中) 이발지화(已發之和)', '과불급(過不及)' 등의 개념을 그림 속에 반영하여 『중용』의 사상을 최대한 드러내려 했다.
2. 천명(天命)의 일관된 흐름을 동·식물의 경우 '성(性)'으로 표시했으나, 인간의 본성은 '중(中)'으로 표시했다.
3. 인간의 성정을 나타낸 중심권(中心圈)에서 내원(內圓)은 '중(中)' 자를 중심으로 하여 인의예지의 리가 혼연난분(渾然難分)임을 표현했으며, 외원(外圓)은 '욕(欲)' 자를 기준으로 하여 칠정을 표현하면서 음양의 흑백으로 담았다.

4. 선악 문제에서 선악을 화(和)와 과불급(過不及)으로 나타냈다. 즉, 선악은 기(幾)에서 나뉘는데, 명(命)으로부터 중(中)으로 곧게 이어지고 화(和)로 곧게 이어진 것은 선이 되고, 과불급으로 이어진 것은 악이 된다고 보았다. 사단과 칠정을 나누어 표기하지 않고 성이 발하여 칠정이 되고, 이 정에 의(意)와 기(幾)의 개입이 중절한지의 여부에 따라 선과 악으로 갈린다고 했다. 정지운과 이황이 사단과 칠정을 이기(理氣)로 나누어 설명한 것과는 다르다.
5. 근원적 도리에 도달하는 요체[16]로서 성(誠)을 중시했다. 경(敬)을 중시했던 이황과는 차이를 보인다. 이황이 윤리적 차원에서 천명과 인성을 설명하려 했다면 김인후는 철학적 차원에서 설명하려 했다고 할 수 있다.

김인후의「천명도」는『중용』의 사상을 바탕으로 인심의 구조를 체계화한 것이 특징이다. 이기론적으로 접근하는 것을 피하고,『중용』에서 말하는 중화(中和)의 개념으로 읽어내려 했다. 천도를 '성(誠)'으로 파악하고, 또 천명이 인성(人性)인 '중(中)'으로 직결되도록 했다.『중용』의 두 기본 명제인 '성'과 '중'의 사상에 입각하여 천명의 흐름을 드러낸 것이다.[17] 특히 인심의 구조를 밝히는 데 중점을 둔 것은 조선 성리학의 방향을 예시한 것으로서 의미가 크다.

「천명도」 연구의 선구자 고 유정동(柳正東)은 정지운이 작성한 「천명도」의 변천 과정과 이황의 「천명신도」가 이루어지는 데 김인후의 「천명

---

16 주돈이는 이것을 정(靜)에 두었고, 정호는 성(誠)에, 정이와 주희는 경(敬)에 두었다.
17 유정동,「하서 김인후의 천명도에 관하여」,『동양철학의 기초적 연구』, 성균관대학교 출판부, 1986, 492-508쪽 참조.

도」가 상당한 참고가 되었을 것이라고 보았다. 이런 추측과는 달리 정지운이나 이황·기대승 등 김인후와 가까운 학자들로부터 후대 유학자들의 문집 등에서 김인후의「천명도」를 소개하거나 직접적으로 언급한 사례는 아직 발견되지 않고 있다.『천명도해』에 실린 뒤 이를 본 사람이 적지 않았을 터인데도 언급이 없는 것은 의아하다. 도상에 대한 해설이 없는 미완성의 천명도였기 때문일까. 학문에 대한 김인후의 겸손한 자세가 마침내 그의「천명도」가 자신의 문집에도 실리지 않는 결과를 초래했던 것 같다.

정지운과 김인후가 각자의「천명도」와 관련하여 직접 토론한 적은 없는 것 같다. 다만『천명도해』제6절 〈논성정지목(論性情之目)〉 말미에 김인후의 말을 소주(小註)로 실은 것을 보면,[18] 김인후의「천명도」를 보았던 것이 거의 확실하며 그와 관련하여 말을 주고받았음이 분명한 듯하다. 이황이 김인후의「천명도」를 보았는지는 확실히 말하기 어렵다. 근자에 일부 학자는 '정지운의 요청으로 김인후가 직접 수정 작업에 동참했다', '정지운의「천명도」가 김인후를 거쳐 이황에게서 완성되었다'[19]고 주장했다. 그리고 이황이 김인후의「천명도」를 참조한 증거로 이황이 김인후의 학문에 대해 "만년에 식견이 매우 정밀하고, 의리를 논하는 데 쉽고도 분명했다"[20]라고 한 것을 들었다.[21] 그러나 이를 확실한 증거로 잘라 말하기는 곤란하다. 특히 김인후를 매우 높이 평가했던 이황이「천명도」에 관한

---

18 『천명도해』, 5a, "河西子云, 陰陽之有老少者, 卽易之四象, 象各二畫, 而老則純陰純陽. 故曰無交, 少陰上陽, 下陰少陽, 下陰上陽, 故曰有交."

19 추제협(2017), 앞의 글, 7쪽, 11쪽.

20 『퇴계선생언행록(退溪先生言行錄)』,「類編」, 〈論人物〉, "金河西晚年所見甚精, 論說義理, 平易明白, 先生甚褊之(鄭惟一)."

21 추제협(2017), 앞의 글, 7쪽.

말을 인색하게 할 이유가 없어 보인다.

　김인후의「천명도」가 어느 정도로 학계에 영향을 끼쳤는지 자세히 알 수는 없으나 필자는 상당한 영향을 끼쳤을 것으로 짐작한다. 정지운과 이황이 사단과 칠정의 소종래를 이원적으로 본 것에 비해 김인후는 일원적으로 보았다. 이것은 이후 이황과 기대승 간의 사칠논변 가운데 핵심적인 문제로 부상했다. 김인후가「천명도」를 다시 만든 이유 가운데 하나가 이것이었을 수도 있다. 이 문제는 간단히 보아 넘길 일이 아니다.

　'천명도'라 명명한 것은 의미가 간단하지 않다.「천명도」에서 '천명'은 『중용』 수장(首章)의 '천명지위성(天命之謂性)'을 염두에 둔 말이다. 천명과 인성의 관계가 함의되어 있다. 이에 비해 『주역』「계사상전(繫辭上傳)」의 "역유태극(易有太極) 시생양의(是生兩儀)"라 한 구절에 나오는 '태극'은 우주론적 개념이다. 주돈이의 『태극도설』은 이를 염두에 둔 것이다. 정지운의「천명도」가 주돈이의 『태극도설』에 지대한 영향을 받았으면서도 이름을 '천명도'라 한 것은 궁극적으로 인성론을 겨냥한 것이라고 말할 수 있겠다.

　「천명도」는 추상적인 개념을 탐구하기 위한 것이 아니라 실천적 측면에서 자기 수양을 위해 도를 제작한 것이라 할 수 있다. 이황이「천명도설 후서」에서 "배우는 사람들이 이 도표에서 참으로 천명(天命)이 내 몸에 구비되어 있음을 알아서 덕성(德性)을 높여 믿고 따르기를 지극하게 한다면 본래의 고귀함을 잃지 않을 것이요, 인극(人極)이 여기에 있어 천지에 참여하고 화육(化育)을 돕는 공효가 모두 이르게 될 것이니 또한 위대한 일이 아니겠는가"라고 한 말이 이를 대변한다. '천명에 대한 온전한 인식과 실천'은 성리학의 대강령이다. 성리학의 대강령을 하나의 도표로 나타낸 점에서「천명도」의 독특함과 위대함을 말할 수 있다.

　조선의 성리학은「천명도」에서 추구한 것과 같이 '인간학의 정립'이라는 방향으로 나아갔다. 사단칠정 논쟁, 인물성동이 논쟁, 심설 논쟁 등 일련의 논쟁에서 볼 수 있듯이 삼백 년 동안 심성론을 중심으로 치열한 철학적 탐구를 벌였던 것이 이를 증명한다. 이런 논쟁은 인간학의 체계를 정립하는 데 필수적인 과정이었다. 다만 사단칠정의 이기분속(理氣分屬)의 문제에 지나칠 정도로 매달려 정작 실천의 문제를 등한시한 감이 있다. 또 이 때문에 학계가 갈라지고 상호 공격이 난무하여 분열상을 드러냈던 것은 유감이 아닐 수 없다. 사단칠정의 문제는 20세기까지 계속되었지만, 결국 이황·정지운의 이원적 견해와 김인후의 일원적 견해로 양립된 데서 벗어나지 못했다. 이 점만으로도 조선 성리학사에서 세 「천명도」가 갖는 역사적 위상은 대단하다고 할 것이다. 다만 조선 성리학의 방향을 제시한 「천명도」가 김안국·김정국 형제 및 그 문하의 학문 전통과 밀접한 관련이 있다는 점이 소홀하게 다루어진 점은 아쉬운 일이다. 이뿐만 아니라 천명도의 원저자인 정지운의 위상이 이황에 비해 월등히 낮게 평가된 점, 김인후의 「천명도」가 제대로 평가를 받지 못한 점 역시 유감이라 하겠다.

3.「천명도」출현까지 도설류 저술의 전통

「천명도」가 출현하기까지의 배경을 살피려면 도설류 저술에 대한 검토가 선행되어야 할 것이다. 성리학에서 도설류의 저술은 염계(濂溪) 주돈이(周敦頤, 1017~1073)의 『태극도설(太極圖說)』이 그 효시다. 이후 한국과 중국에서 성리학 연구서가 집적됨에 따라 수많은 도설류 저술이 나왔다. 낱낱이 소개하기 어려울 정도다. 도설류 저술은 어려운 성리학 이론을 도표를 통해 알기 쉽게 정리했다는 데서 그 의의를 찾을 수 있다.

조선 성리학 역시 도설과 불가분의 관계가 있다. 이에 관해서는 선행 연구가 축적되었다.[22] 조선 성리학에서 도설의 효시는 양촌(陽村) 권근(權近, 1352~1409)의 『입학도설(入學圖說)』이다.[23] 그 내용을 보면, 「천인심성합일지도(天人心性合一之圖)」를 비롯하여 전·후집에 40개의 도설이 수록되었다. 이 책에 대해서는 후학들의 평가가 상반된다.[24] 다만 성리학의 주요 개념을 중심으로 개념 정리, 요점 정리식의 도설학을 선보였다는 점, 그리고 배우는 사람들이 성리학을 이해하는 데 길잡이 구실을 했다는 점에서는 평가가 일치하는 것 같다.

권근의 『입학도설』(1390년 저술, 1425년 출판) 이후 도(圖)와 도설(圖說)의 전통이 어떻게 이어졌는지는 잘 드러나지 않고 있다. 추만 정지운이 1537

---

22 한국사상연구회, 『도설로 보는 한국유학』, 예문서원, 2000; 徐坰遙, 「한국 성리학의 圖說學的 이해」, 『유교사상연구』 24, 한국유교학회, 2005 등 다수가 있다.
23 『입학도설』 이전에 『학자지남도(學者指南圖)』(失傳)가 있었다. 이는 권근의 『입학도설』에 큰 영향을 끼친 것으로 짐작된다. 이병도, 「鄭三峯의 儒佛觀」, 『白性郁博士頌壽紀念論文集』, 1959, 665쪽 참조.
24 퇴계 이황은 『입학도설』에 대해 두찬(杜撰)과 견강부회를 지적했다. 『퇴계문집』 권28, 1b, 「答金惇敍」 참조.

년에 「천명도」를 완성하기 전까지 150년가량이 공백기로 비쳐진다. 『입학도설』의 내용을 성리학 개론에 비한다면 「천명도」는 천명(天命)과 인성(人性)을 주제로 한 성리학 원론에 비할 수 있을 것이다. 수준의 차이가 상당하다. 150년가량이 공백기였다면 「천명도」와 같은 수준 있는 저술이 나올 수 있었을까.

이와 관련하여 필자는 이전에 길재(吉再)의 학맥과 그 전승 계보를 조사하는 과정에서 응계(凝溪) 옥고(玉沽, 1382~1436)의 사례를 접했다.[25] 옥고는 길재의 문인으로, 1399년(정종 원년) 18세 때 문과에 장원 급제하여 집현전에 들어갔고, 벼슬이 대구부사(大丘府使)에 이르렀다. 일찍이 성균관에 교수로 있을 때에는 사도(師道)를 엄히 하고 제생에 대한 교도를 게을리하지 않았다.[26] 박팽년·성삼문 등이 당시 그에게 교육받은 생도였다. 이른바 사육신의 절의에 미친 길재의 정신적 영향을 추측해봄 직하다.

옥고의 학술과 사상을 살필 수 있는 문헌으로는 『응계선생실기(凝溪先生實紀)』가 있다.[27] 이 가운데 「인심선악상반지도(人心善惡相反之圖)」와 「음양변역성괘지도(陰陽變易成卦之圖)」 두 편은 성리학에 대한 조예를 살피는 데 좋은 자료다. 나아가 조선 초기 성리학의 수준을 고찰하는 데 참고 자료가 된다.

「인심선악상반지도」는 양촌 권근의 「천인심성합일지도」를 바탕으로 하면서 인간의 심성 문제를 더욱 깊이 파고 들어간 것이다. 항상 벽에 걸

---

[25] 최영성, 「야은 길재와 그 문생들의 도학사상」, 『한국학논집』 45, 2011 참조.

[26] 『응계선생실기(凝溪先生實紀)』 권2, 7b, 「遺事」, "嘗爲館學敎授, 師道甚嚴, 禮法自持, 訓誨不倦. 勉以格致誠正之工, 明太學養敎之本, 而深斥其從事章句之末者. 學中諸生, 知所趨向, 多有成就. 如朴彭年成三問等, 皆其時生徒也."

[27] 이 밖에도 권두경(權斗經), 『창설재집(蒼雪齋集)』 권14, 「司憲府掌令凝溪先生玉公墓碣銘」; 이재(李栽), 『밀암집(密庵集)』 권17, 「凝溪玉先生墓誌銘」; 이광정(李光庭), 『눌은집(訥隱集)』 권11, 「玉凝溪遺墟碑銘」 등의 자료가 있다.

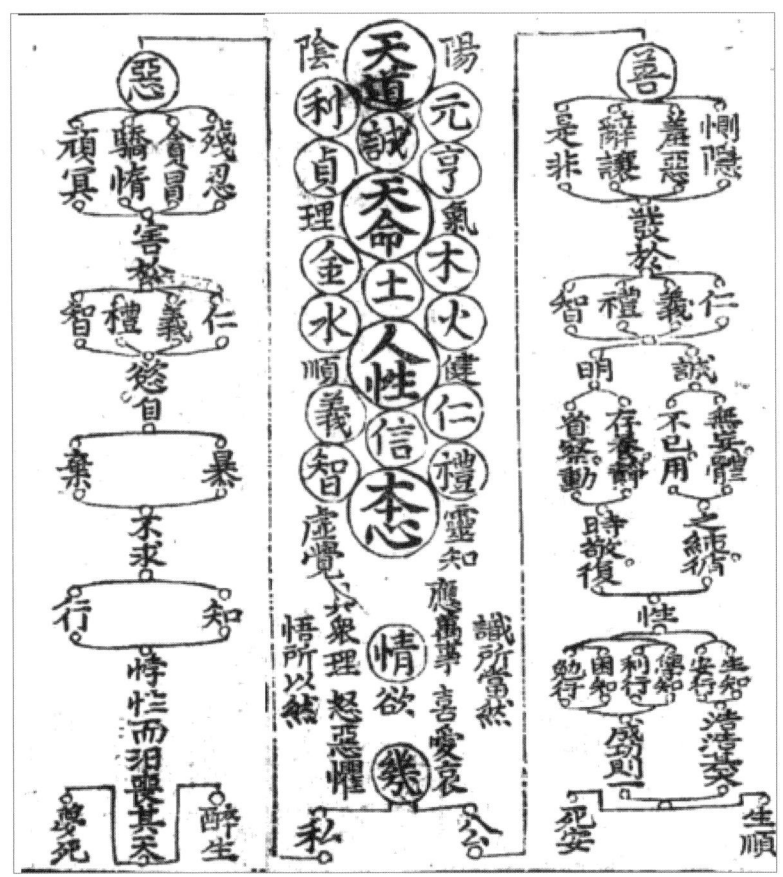

그림 4 | 「인심선악상반지도」

어놓고 자경잠(自警箴)으로 삼았다 한다.[28] 「음양변역성괘지도」는 '일본이 만수지리(一本而萬殊之理)'를 밝히기 위해서 만든 것이다. 『주역』에 관한 조예가 돋보인다. 길재 문하의 학자들이 대개 역리(易理)에 밝았다고 하는

---

28 『웅계선생실기』 권1, 2b, 「人心善惡相反圖」, "此謹依陽村先生天人心性合一之圖, 作爲是圖, 而頗詳於陽村之圖. 揭諸窓壁, 以爲平日自警之箴云."

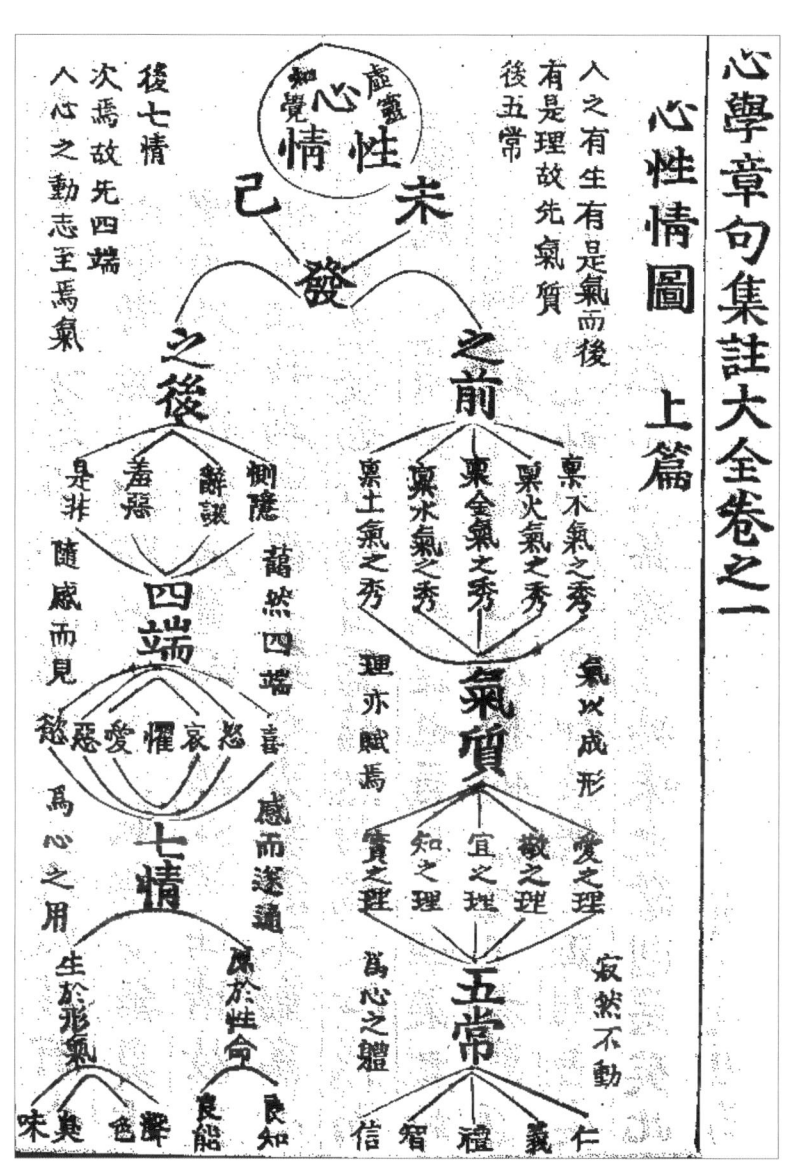

그림 5 | 「심성정도」

데, 이것은 성리학과 관련하여 주목할 만한 사실이다.

옥고의 「인심선악상반지도」와 권근의 「천인심성합일지도」의 비교는 금후의 과제로 남겨둔다. 다만 천인심성합일의 논리를 '천도(天道)-천명(天命)-인성(人性)-본심(本心)'으로 설명하면서 각기 좌우의 도표를 통해 인심선악상반의 논리를 설명한 것을 보면 『입학도설』의 아류로 속단하기는 어려울 듯하다.

이와 비슷한 도설의 전통은 또 있다. 조선 초기 전라도 화순 출신의 학자 일송(一松) 홍치(洪治, 1441~1513)가 저술한 『심학장구집주대전(心學章句集註大全)』이 1980년대에 공개되었다. 이 책은 『심학(心學)』이란 별칭으로 1666년(현종 7) 출판되었다.[29] 15세기를 살았던 홍치의 『심학』에는 사화(士禍) 등으로 저술이 인멸되었던 조선 초기 학자들의 학설이 적지 않게 들어 있다. 심지어 퇴계 호발론의 선구라 할 수 있는 대목이 들어 있어 눈길을 끈다.[30] 책에는 도상(圖象) 두 점이 실려 있다. 「심학차제도(心學次第圖)」는 원나라 정복심(程復心)의 「심학도」와 비슷하고 「심성정도(心性情圖)」는 이황(李滉)의 『성학십도』 가운데 「심통성정도(心統性情圖)」와 비슷한 점이 많다.

이런 도설류는 대부분 권근으로 대표되는 관학파 계열에서 나왔으며 호남과 관련이 있다.[31]

관학파 안지(安止, 1377~1464)의 문인 홍치 또한 그 계통을 이은 것이다. 후일 중종 말기에 나온 정지운의 「천명도설」 역시 그의 스승 김안국이 성

---

29 1988년에 풍산홍씨능주문중(豊山洪氏綾州門中)에서 영인, 번역하여 출간했다.
30 최영성, 「퇴계 사단칠정 이기호발론의 연원에 대한 고찰」, 『한국철학논집』, 37, 2013 참조.
31 권근은 일찍이 전라도 익산에서 귀양살이를 할 때 『입학도설』을 편찬하여 교재로 삼았으며, 그의 아우 권채는 만년에 태인에 정거(定居)했다. 권채의 문인 안지는 김제에서 만년을 보냈다.

균관에 재직하면서 관학의 전통을 계승할 만한 위치에 있었던 것과 무관하지 않다. 관학파와 사림파를 대립적으로만 보는 것은 온당하지 않다.

『심학』「사우록(師友錄)」에는 저자의 스승이던 고은 안지를 비롯하여, 최보(崔溥)·이목(李穆)·권오복(權五福)·이계맹(李繼孟)·신영희(辛永禧)·허반(許磐) 등 김종직의 문인들, 그리고 그 계열의 조유형(趙有亨)·박은(朴誾), 관학파 계열의 임수겸(林守謙)·최담(崔潭), 인근 영암 출신 박권(朴權) 등 모두 12명의 약전이 실렸다.

조유형(자는 泰而)은 김굉필과 친하게 지냈다는 기록[32]으로 보아 '김종직→김굉필' 계열로 추정된다. 1498년 식년시에 급제해 사간원 정언 등을 거쳐 예빈시 정(禮賓寺正)에 이르렀다. 김안국·김정국 형제의 이모부로, 일찍 부모를 잃은 그들 형제를 양육하다시피 했으며 김굉필의 문하로 인도하는 데 기여했다.[33] 학문적으로도 상당한 영향을 끼쳤던 것 같다.

김안국이 찬한 묘갈명에 따르면 조유형은 역학에 정통했다.[34] 남긴 저술로 『계몽도서절요(啓蒙圖書節要)』[35]가 있다. 퇴계 이황이 이 책을 평가하여 발문을 붙였고,[36] 이황의 문인 한강(寒岡) 정구(鄭逑) 역시 필사한 뒤 발

---

32 『유림고(儒林考)』에는 정여창의 문인으로 되어 있다.

33 김안국과 김정국은 1494년에 모친상, 1496년에 부친상을 당했다. 이때 김정국의 나이는 10세였다. 김정국은 이모부 조유형의 공덕을 길이 기리기 위해 두 아들의 이름을 '사조(嗣趙)', '계조(繼趙)'라 했다.

34 김안국 撰, 「묘갈명」, "晚年益嗜易, 手抄圖書, 常置几案."[박세채(朴世采), 『동유사우록(東儒師友錄)』권5, 「一蠹先生從遊一」].

35 이규경의 『오주연문장전산고』 등에는 김안국의 저술(『역학계몽도서절요』)로 되어 있으나 잘못이다.

36 『퇴계문집』 권43, 13ㄴ, 「書啓蒙圖書切要後」, "有圖, 得於思齋金公嗣子繼趙處, 思齋門人 鄭之雲云, 慕齋思齋兩公, 傳此於趙公有亨. 趙登戊午第, 官至三品, 蓋兩公從母夫也. 今詳此圖, 皆因啓蒙等諸書而揍成, 非自爲說, 而可爲初學之指南, 故傳之爾. 嘉靖三十三年甲

문을 붙였다(1607).³⁷

『계몽도서절요』는 주자(朱子)의 『역학계몽』에서 역학의 원리를 나타낸 도서(圖書) 가운데 중요 부분을 정리하고, 주자 이후에 나온 『역학계몽』 연구서의 내용을 반영해 보충했다. 이 책은 모두 14면이다.³⁸ 『역학계몽』에 나온 도(圖)를 제시한 뒤 그에 대한 설명을 정리하여 싣는 형식을 취했다. 주요 내용은 하도(河圖)와 낙서(洛書)를 시작으로, 「선천팔괘합낙서수도(先天八卦合洛書數圖)」, 「복희팔괘차서도(伏羲八卦次序圖)」, 「복희육십사괘도(伏羲六十四卦圖)」, 「복희선천팔괘도(伏羲先天八卦圖)」, 「문왕후천팔괘도(文王後天八卦圖)」, 「복희육십사괘방위(伏羲六十四卦方位)」, 「복희육십사괘방도(伏羲六十四卦方圖)」, 「옥재육십사괘분배절기도(玉齋六十四卦分配節氣圖)」, 「문왕팔괘차서도(文王八卦次序圖)」, 「소자천지사상도(邵子天地四象圖)」, 「주자천지사상도(朱子天地四象圖)」 등이다.

이황은 이 책에 대해 "초학(初學)의 지남(指南)이 될 만하다"라고 했다. 그는 '節要'를 '切要'로 고쳐 적었다. 이것은 실수가 아니다. 切要는 '지침서'란 의미로, 요점을 가려 뽑은 것이라는 節要와는 차이가 있다. 『역학계몽』을 공부하는 사람에게 필수 지침서라는 평가 속에서 『계몽도서절요』의 위상과 중요성을 읽을 수 있다.

조유형은 이 책을 김안국·김정국 형제에게 전했다. 단순하게 전한 것이 아니라 가르침과 함께 전했을 것이다. 이황은 이 책을 김정국의 아들 계조(繼趙)를 통해 입수했고, 이 과정에서 정지운이 정보를 전했을 가능성이 크다.

寅仲秋. 滉謹識."
37 『한강집』 권9, 3a, 「書啓蒙圖書節要後」 참조.
38 현재 국립중앙도서관, 성균관대학교 존경각, 한국학중앙연구원 도서관 등에 동일한 목판본이 소장되어 있다.

현재 목판본으로 전하는 『계몽도서절요』는 출판 연대를 알 수 없다. 저자가 완성본으로 인정하지 않은 듯 서문이 없다. 발문을 붙인 이황과 정구는 이를 필사해서 보았을 뿐이다. 이 책은 본디 조유형이 주자의 『역학계몽』을 제자나 후학들에게 가르치는 과정에서 이해를 돕기 위해 도서(圖書) 중심으로 편찬한 것 같다. 김안국이나 김정국 역시 이 책으로 『역학계몽』을 공부했을 가능성이 있다. 성리학을 공부하거나 연구하는 데 도표가 중요하다는 사실은 조유형 이전에도 많은 학자들이 느끼던 바였지만, 성리학의 이론을 도표로 정리한다는 것은 결코 쉬운 일이 아니었을 것이다. 그러기에 이전에 나온 도표를 정리하고 보완하는 차원의 것들이 먼저 나왔던 것이다.

김안국과 김정국의 학문 경향 및 그 문하의 학문 전통을 살펴보면, 하나의 뚜렷한 사실이 드러난다. 성리학을 연구하면서 『성리대전』을 간행하여 널리 보급하는 데 앞장선 점, 또 『성리대전서절요』를 편찬한 점, 성리학의 빠른 이해를 위해 「천명도」와 같은 도서(도설)를 제작한 점, 이황·기대승 등에게 이런 학문 경향이나 전통이 전해져 영향을 끼친 점 등이 그것이다. 16세기 중엽 조선 성리학계를 달구었던 사칠논변의 단초를 제공한 「천명도설」 등 일련의 도설이 김안국·김정국의 학통과 밀접한 관련이 있고, 그 배경에 조유형이 있었다는 것은 주목할 만한 사실이다. 특히 이황·기대승 간의 사칠논변이 김안국·김정국의 학문 전통과 무관하지 않다는 점은 특필해야 할 점이다.

4. 김안국·김정국의 학문 경향과 성리학

모재(慕齋) 김안국(金安國, 1478~1543), 사재(思齋) 김정국(金正國, 1485~1541) 형제는 '김종직-김굉필'로 이어지는 동국도통(東國道統)의 정맥을 이은 도학자다. 『중종실록』에 실린 김안국의 졸기(卒記)에서는 "젊어서부터 문학(文學)에 힘써 마침내 서사(書史)에 널리 통했고, 또 정주(程朱)의 학(學)을 사모했는데, 말곡(末谷) 김굉필(金宏弼)의 강론을 듣고는 개연히 구도(求道)의 뜻을 두었다"라고 했다.[39] 이들 형제가 김굉필에게 배울 때 둘 다 '유아(儒雅)'로 모범이 되어 당시 사람들이 '이난(二難, 難兄難弟)'이라 일컬었다 한다. 이들은 기묘명현(己卯名賢)으로서 정암 조광조 등과 함께 지치주의 도학정치를 추구했다.

김안국은 1517년(중종 12)에는 경상도관찰사가 되어 민중교화에 힘썼다. 이때 도내 60여 고을의 학도와 학자들을 권면(勸勉)하는 시를 낱낱이 지어 내리면서 한결같이 『소학』 공부에 힘쓸 것을 권장한 바 있다.[40] 또한 『소학』과 『여씨향약(呂氏鄕約)』을 언해하여 보급하고 『이륜행실도』를 편찬했다. 『성리대전』을 편찬하여 영남 지방에 전포(傳布)한 일도 빼놓을 수 없다.[41]

두 사람은 기묘사화로 조광조 등 도학파가 실각할 때 벼슬에서 쫓겨났다. 김안국은 여주와 이천에서, 김정국은 고양에서 십 년이 넘도록 은거하면서 성리학을 강론하고 제자를 양성했다. 제자들은 양 선생의 문하에

---

39 『중종실록』, 38년 1월 4일(기유), "自少力於文學, 遂博通書史. 又慕程朱之學, 聞末谷金宏弼講論, 慨然有求道之志."
40 『모재집(慕齋集)』 권1, 「勸陝川學徒」부터 「示玄風學者」까지 참조.
41 『모재집』 권12, 1b-2a, 「書新刊性理大全後」 참조.

서 배운 사람이 대다수다. 정지운은 김정국을 스승으로 모시고 김안국에게도 배웠으며, 김인후·유희춘(柳希春)은 김안국에게 수학했다.

김안국과 김정국은 도학·문장·사업의 세 측면에서 그만한 상대를 찾기 어려운 일세의 대유(大儒)였다. 특히 김안국은 고매한 인격과 뛰어난 경륜으로 사림의 중망을 받았다. 그러나 이상하게도 문장가·행정가로 알려져왔으며 과소평가되기 일쑤였다. 성리학과 관련한 저술들이 전하지 않고 문장으로 저명한 사실만 부각되면서, 조광조 등의 심학(心學) 중심의 학문과는 거리가 있는 것으로 인식되기도 했다. 저들의 문집만 보면 그런 평가가 아주 잘못된 것은 아니지만 사실과는 다르다. 김안국 형제의 저술이 다수 인멸된 점, 이들이 자신들의 학문을 세상에 드러내는 것을 달갑게 여기지 않은 점 등이 김안국 형제가 과소평가되거나 사실과 다르게 인식되는 주된 요인이라 할 수 있다.

같은 시기를 살았던 학자들이나 김안국 형제의 학문 경지를 잘 알았던 후학들의 평가는 다음과 같다.

> 모재 김안국 형제가 전후로 성균관을 맡아서 후진들을 부지런히 가르치니, 그가 이르는 곳마다 문하의 학도들이 무리를 이루었다. 그는 『소학』과 사서·오경, 『성리대전』으로 과정을 삼았으며, 한때 사류를 도야(陶冶)한 공이 매우 많았다. 기묘년에 교화를 일으킬 당시 조정암과 뜻이 같았으나, 개혁을 너무 급하게 서두르지 않으려고 경상감사로 나갔다. 그의 박학함과 문장을 되돌아볼 때, 요약을 지키는 공부[守約工夫]가 적은 듯하다. 또 스스로 표방하지 않았기 때문에 후대의 의론이 조정암의 심학(心學)을 정종(正宗)으로 삼은 것과는 같지 않다. 그러나 심성 무새는 간세(間世)의 이인(異人)이다. 지금 정시운의 「천명도」를 산

고해보면, 상달처(上達處)에서도 부족한 점을 보지 못하겠다.[42]

공이 여주에 물러가 살면서 학도를 교수하여 도학을 일으키는 것으로써 자기의 책임을 삼으니, 선비들의 기대가 매우 무거웠다. 조정에 돌아오자 조광조 등 제현의 원통함을 씻어서 선류(善類)가 크게 의지했지만 얼마 안 되어 병으로 죽었다. 조야(朝野)에서 모두 우러러 사모하여 문묘에 종사하려는 의론이 있었으나, 이황이 김굉필·정여창·조광조·이언적을 사현(四賢)으로 추존한 뒤부터 선비들이 대부분 모재가 어떤 사람인지도 모르게 되었다.[43]

김모재가 태학사로 있을 당시 사대교린(事大交隣)의 응제문자(應製文字)가 모두 그의 손에서 나왔다. […] 다만 그의 박학능문(博學能文)으로도 수약공부(守約工夫)에는 부족함이 있었다. 그러므로 후세의 논자들이 비록 조광조에 미치지 못하는 것으로 여겼으나, 그가 성균관에서 주자(胄子)를 교도(敎導)하면서 사도(師道)로 자임하여 한때의 사류가 그의 훈도를 입었던 점은 도리어 조광조가 양보해야 할 것이다.[44]

이것만으로도 김안국 형제의 학문 조예라든지 조선 유학사에서 차지하는 위상 등을 짐작할 수 있겠다.

동방오현의 한 사람인 회재(晦齋) 이언적(李彦迪), 퇴계 이황이 때로 김안국을 찾아가 성리학에 대해 질의하여 계발을 받은 바 있었다고 한

---

42 이식(李植), 『택당별집(澤堂別集)』 권15, 8a-8b, 「雜著」 <示兒代筆>.
43 박세채(朴世采), 『남계집(南溪集)』 正集 권57, 15a, 「記少時所聞」.
44 정조(正祖), 『홍재전서(弘齋全書)』 권171, 2b-3a, 「日得錄」 <人物>.

증언⁴⁵이 있다. 조선 성리학사에서 저들이 차지하는 위상을 무시할 수는 없다고 생각한다. 이언적이 김안국에게 올린 제문에서 "학문은 도의 근원을 추구했고 정신은 이굴(理窟)에 놀았도다"⁴⁶라고 했고, 이황은 33세 때 고향으로 내려가면서 여주를 지날 적에 김안국을 만나 가르침을 받았다고 한다. 류성룡은 『퇴계선생연보』에서는 다음과 같이 기록했다. "이번 길은 충정공 권벌을 따라 동행한 것이다.[注: 모재는 이름이 안국으로, 벼슬에서 물러나 여주 이호(梨湖)에 살고 있었다. 선생(이황)이 만년에 스스로 말하기를 '모재를 뵙고 비로소 정인군자(正人君子)의 언론을 들었다'고 했다.]"⁴⁷ 이황이 말한 '정인군자의 언론'이란 무엇인가. 그것이 바로 도학이요 성리학이 아니겠는가. 김안국은 평소 "성리학을 알지 못하기 때문에 덕을 성취하는 사람이 매우 적다. 이는 내가 평소에 통탄스럽게 여기는 일이다"라고 했다 한다.⁴⁸ 이런 생각은 그가 세상을 떠날 때까지 계속되었다. 그의 문하에서 김인후·정지운 같은 걸출한 학자가 나온 것은 우연이 아니다. 문인 유희춘이 「모재집 서문」에서 '이학거유(理學鉅儒)'라고 한 것도 실없는 칭송은 아니다.

성리학에 대한 김안국의 조예는 「독태극도설(讀太極圖說)」이란 시를 통해서도 엿볼 수 있다.

---

45 허균(許筠), 『성소복부고(惺所覆瓿藁)』 권23, 5b-6a, 「惺翁識小錄(中)」, "靜庵被禍之後, 人無敢言窮理盡性之學, 獨慕齋退居驪江, 逢士人則輒引聖賢事業, 論說不怠. 李晦齋自嶺南往來, 必質問辨難, 而退溪赴丹陽日亦過公廬, 始聞性理淵源, 慕齋之於二公有啓益之功, 而人不知也."

46 『회재집(晦齋集)』 권11, 10b, 「祭金慕齋文」, "學窮道源, 神游理窟."

47 류성룡(柳成龍), 『퇴계연보』, 〈十二年癸巳, 先生三十三歲〉, "秋下鄉, 道經驪州, 見慕齋金先生. [注: 是行, 隨權忠定公撥同行. 慕齋名安國, 時罷官居驪州梨湖村. 先生晚年, 自言見慕齋, 始聞正人君子之論.]"

48 『명종실록』, 9년 9월 15일(계축), "常慨然曰: 吾東方之地偏薄, 人之稟氣不厚, 而又不知理學, 故成德者甚寡, 是吾平生所痛慘者也."

유(有)로만 말하고 무(無)로만 논하면	
둘 다 공견(空見)에 떨어지는 것	說有論無兩墮空
음양이 열고 닫히는 이치를 누가 다 말할까	陰陽開闔孰能窮
둥그런 고리 속에서 일어나는	
묘를 깨닫고자 한다면	若要會得丸中妙
그때 도설을 지은 염계옹을 살아오게 해야 할 듯	須起當時作說翁
지극한 이치는 소융하여 오직 성(誠) 가운데 있으니	至理昭融只在誠
온갖 조화가 스스로 생성됨을 앉아서도 보겠네	坐觀萬化自生成
지금에서야 전현의 가르침을 비로소 알겠거니	如今始識前賢指
밤에 홀로 옛책을 마주하다보니 아침이 되었네.	獨對陳編夜到明[49]

 이 시에서 '說有論無兩墮空'은 무극이태극(無極而太極)을 설명하는 문장이다. 노장에서 말하는 것처럼 시간적으로 선후 관계에 있는 것이 아니라 '無이면서 有'라는 입장을 말한 것이다. 어느 한쪽으로만 말하면 공견(空見)에 떨어지는 것이라고 한 김안국의 해석이 돋보인다.

 '丸'은 '環'과 통한다. 둥그런 고리다. 여기서는 천형의 원을 가리킨다. '至理昭融只在誠'은 천지의 지극한 이치가 지성불식(至誠不息)함을 말하는 것이다. 정지운의 「천명도」에서 십이지로 시간과 방위를 나타내는 큰 원 안에 원형이정의 사덕(四德), 그리고 그 속성인 성(誠)을 표시한 것과 같은 맥락이라 하겠다. 위 시에서 '환중묘(丸中妙)', '지리재성(至理在誠)' 운운한 것은 「천명도」와 그에 숨은 성리학의 연원을 짐작하게 한다.

 김안국은 세상을 떠난 뒤 인종(仁宗)의 묘정(廟庭)에 배향되었다. 인종

---

[49] 『모재선생집(慕齋先生集)』 권3, 1a, 「讀太極圖說」.

이 즉위하기 전에 세상을 떠났지만 생전에 동궁을 오래 모시며 보도(輔導)한 바가 많았기 때문에 특별히 졸후에도 인종을 모시도록 한 것이다. 인종과의 돈독한 관계는 문인 김인후 역시 마찬가지다. 세 사람 모두 특별한 인연이라 하겠다.

김정국은 1509년(중종 4) 별시문과에 장원급제한 뒤, 1518년(중종 13) 황해도관찰사가 되었다. 30대 초반의 도백(道伯)이었다. 당시 그는 "가르치지 않고 벌하는 것은 백성을 속이는 것이다"라고 하여 거악종선(去惡從善)의 교화를 목적으로 「경민편(警民編)」 12조를 만들어 시골 마을에 간포(刊布)하고, 또 사자(士子)들을 훈도(訓導)하기 위해 학령(學令, 海州都會儒生約條) 24조를 지어 유생들을 권면했다. 그의 도속유민(導俗牖民)에 대해 정조는 "그가 세속을 인도하고 백성을 깨우치는 의리가 여씨향약(呂氏鄕約)과 서로 표리가 될 만하다"라고 평가했다.[50] 김안국이 『소학』으로 사회 교화를 꿈꾸었던 것과 같은 맥락에서 볼 수 있는 점이다.

형 김안국과 함께 당시 유림의 쌍벽으로 추앙받았던 김정국은 기묘사화로 파직당하고 경기도 고양에 은거하면서 추만 정지운을 비롯해 많은 학자를 양성했다. 18년 동안 재야에서 학문을 하는 동안 후학들에게 영향을 끼친 바가 컸다. 정지운은 그의 수제자다.

김안국과 김정국은 크게 볼 때 학문 경향이나 규모는 다르지 않지만 그 기상은 조금 차이가 있었던 것 같다. 김안국을 '덕기화수(德器和粹)', 김정국을 '조리간결(操履簡潔)'이라 한 박세채(朴世采)의 평[51]으로 미루어 형이 정명도(程明道) 스타일이라면 아우는 정이천(程伊川) 스타일이었을 것으로 짐작된다.

---

50 『홍재전서(弘齋全書)』 권165, 25b, 「日得錄」, "其導俗牖民之義, 可與呂氏鄕約相表裏."

51 『남계집』正集 권72, 32a, 「禮曹參判思齋金公神道碑銘」, "世采嘗竊聞之, 金㢱文敬公學問規模, 無不同, 而成就氣像少異. 蓋公操履簡潔, 如淸氷美玉. 文敬公德和粹, 如春風時雨. 一時以爲二難, 而沒後儒林俎豆, 又皆一體並享."

현존하는 『사재집』을 보면 성리학에 관한 저술이나 논고가 없다. 인멸되었거나 수습되지 못했을 가능성을 배제할 수 없다. 다만 『성리대전서절요(性理大全書節要)』 4권 2책이 독립된 책으로 전하고 있어, 성리학에 대한 김정국의 관점과 시각을 엿볼 수 있다. 이 책은 70권이나 되는 『성리대전』가운데 중요한 대목을 뽑아 모두 125항목으로 엮은 것이다. 1538년, 1546년 두 차례에 걸쳐 활자본과 목판본으로 각각 출판되었다. 교육용이라는 성격이 짙다 보니 수요가 적지 않았던 것 같다.

이 책은 '일러두기'와 같은 것이 없어 가려 뽑기의 배경과 원칙을 자세히 알기는 어렵다. 다만 가려 뽑은 내용을 가지고 그 특징을 집어내면 다음과 같은 점을 들 수 있겠다.

첫째, 송유(宋儒)가 저술한 것 가운데 단독 저술로 저명한 『정몽(正蒙)』·『황극경세서(皇極經世書)』·『역학계몽(易學啓蒙)』·『홍범황극내편(洪範皇極內篇)』이 제외되었다. 『성리대전』 70권 가운데 15권에 해당하는 분량(20%가량)이다. 여기에다 간단한 서설(序說)만 싣고 넘어간 주자의 『가례(家禮)』(4권), 채원정(蔡元定)이 저술한 악서(樂書) 『율려신서(律呂新書)』(2권)를 더하면 모두 21권(33%)이 제외된 셈이다. 분량의 안배 문제가 중요한 이유였을 것 같다. 상수역학(象數易學)이나 기철학(氣哲學) 관련 저술이 포함된 점이 주목된다.

둘째, 『성리대전』 권70에 나오는 역대 성리학자-도학자들의 명시, 명문을 제외했다. 여기에 실린 것들이 모두 도학과 관련된 시·문임에도 모두 빼버린 것 역시 '문장을 일삼는 것'을 경계하는 도학자의 경계심이 반영된 것으로 짐작된다.

셋째, 중국 역사상의 유명한 인물[52]에 대한 제가(諸家)의 평가를 수록한 것이 중심축을 이룬다. 모두 75항목(전체 60%)에 달한다. 이 가운데는

---

52 도통(道統)·성현(聖賢)·제유(諸儒)·제자(諸子)·역재(歷代) 등 모두 5항목에 걸쳐 있다.

성현(聖賢)·제유(諸儒)·제자(諸子)·제왕(帝王)·명상(名相)·충신(忠臣)·간역(奸逆) 등 다양하다. 평가를 보면 일관된 흐름이 읽힌다. 성리학에 입각한 인물평이라는 점이다. '성리학적 인간상', '도덕적 인간상'을 정립하기 위한 시도로 해석된다. '도학적 인간상'을 제시하는 부분에서는 원론적인 제시보다 역사상의 인물을 통한 제시가 더 적당하다고 판단해 이 부분에 집중한 감이 있다.

'성현' 항목에서는 공자를 빼놓은 채 맹자를 부각시켰고, '제유(諸儒)' 항목에서는 '주자(周子)-정자(程子)-주자(朱子)'로 이어지는 도통론적 맥락을 시사했다. 주자와 동시대의 인물로는 장식(張栻) 한 사람만 꼽았으며, 육구연(陸九淵)·허형(許衡)·오징(吳澄)처럼 후학들의 평가가 현격히 다른 인물들은 제외했다. 김정국은 『성리대전』에 보이는 다소 포용적인 도통관(道統觀)과 견해를 달리하고, '공자 → 맹자 → 주돈이 → 이정(二程) → 주자'를 성리학의 정맥으로 보았다.

리기심성(理氣心性)으로 대표되는 성리학의 이론적 부면보다도 '실천' 쪽에 더 비중을 둔 점, 성리학의 여러 갈래 중에서 우주론보다 심성론-수양론 쪽으로 방향을 정한 점 등이 돋보인다. 후일 조선 성리학이 심성론 중심으로 전개되어 향내적(向內的) 성격을 띠는 데 일정하게 기여했을 것으로 추정된다. 기묘명현(己卯名賢)인 김정국이 그리던 지치주의 이상 정치의 구현, 이것이 『성리대전서절요』를 펴낸 중요한 목적 가운데 하나였을 것이다. 한편으로는 성리학적 질서를 구축하려 한 당시의 분위기를 반영한 것이라고도 하겠다.[53]

---

53 우정임, 「조선 전기 性理大全의 이해과정: 節要書의 編纂, 刊行을 중심으로」, 『지역과 역사』 31, 2012.

5. 정지운의 학문과 「천명도」

추만(秋巒) 정지운(鄭之雲, 1509~1561)은 경기도 고봉현(高峯縣, 고양) 망동(芒洞) 사람이다. 그는 일생토록 벼슬을 하지 않았으며 유일(遺逸)의 선비로 살았다. 문집을 남기지도 않았다. 유일하게 「천명도」가 전하는데, 이것이 조선 성리학사에서 '3백 년 논쟁'으로 불리는 사칠논쟁의 발단이 되었다. 「천명도」가 조선 학술사에 끼친 영향은 결코 과소평가할 수 없다. 이황은 정지운에게 바치는 제문에서 그를 '망우(亡友)'라 했다. 처사(處士) 정지운의 졸기(卒記)가 『명종실록』에 실린[54] 배경에는 이런 점들이 숨겨져 있다.

정지운의 생애를 고찰할 수 있는 기초 자료로는 이황이 찬한 「묘갈명」, 박순(朴淳)이 찬한 「묘지명」이 있다. 이런 글의 특성상 상세한 고찰이 어려워 아쉬움이 있다. 정지운이 「천명도」를 만들기까지의 과정을 자신이 직접 적은 「천명도설 서(天命圖說序)」(1553)가 있어 도움이 된다. 이에 따라 성리학을 배운 배경과 과정 등을 살펴보기로 한다.

정지운은 1519년 15세 때 사재 김정국과 처음으로 만났다. 기묘사화 당시 벼슬에서 물러난 김정국이 정지운이 사는 망동 마을에 복거(卜居)하게 된 것이다. 이런 인연으로 김정국에게 수학한 정지운은 1538년에 김정국이 왕명을 받고 조정에 들어가기 전까지 약 20년간 그의 문하에서 성리학 등을 수학했다. 김정국이 세상을 떠났을 때 정지운은 3년간 심상(心喪)을 입었다.[55] 김정국에게 배운 뒤 김안국의 문하에도 나아가 의심나

---

54 『명종실록』 16년 3월 9일 (기사).
55 『명종실록』 16년 3월 9일 (기사).

는 것을 질문했다.⁵⁶

김정국이 입조(立朝)한 뒤 정지운은 아우 지림(之霖)과 함께 집에서 학문을 강론했다. 천인의 도(天人之道)를 강론할 때 초학자인 지림이 의거할 교재가 없어 염려하다가, 마침내 주자(朱子)의 설, 『성리대전』에서 인물의 성(人物之性)을 논한 것 등 제설(諸說)을 참고하여 하나의 도형(圖形)으로 만들었다. 또 문답의 형식을 취하여 설명을 붙이고는 이름을 「천명도설(天命圖說)」이라 했다.⁵⁷ 「천명도」가 성리학 강론을 위해 만들어졌고 문답 형식의 도설까지 이어졌음을 알 수 있다. 고려대학교 도서관 소장 『천명도해(天命圖解)』(만송 貴 356)에는 1543년 2월 17일에 이산정헌(二山靜軒)에서 쓴 정지운의 「천명도설 자서(自序)」가 있고, 그로부터 10년 뒤에 정지운이 다시 쓴 서문이 있다. 이것은 이황과의 토론을 거쳐 최종 교정이 완료된 뒤에 썼다.

이 두 서문을 보면, 「천명도」를 제작하는 과정에 스승 김정국과 직접적인 관련이 있음을 밝히지는 않았다. 「천명도」가 완성된 뒤 질정을 청했으나 곧장 답을 얻지 못했고, 얼마 뒤 김정국과 김안국이 잇달아 세상을 떠나는 바람에 무위로 돌아가고 말았다.

이것은 애당초 남에게 보이려고 만든 것은 아니다. 그러나 도형을

---

56 『퇴계집』 권47, 7b, 「秋巒居士鄭君墓碣銘」, "會思齋金先生退居于縣之芒洞. 君往從之遊, 有味於性理之說, 以聖賢之言爲必可信, 而不梏於世俗之陋習, 在門多年, 先生亟稱許焉. 後又登慕齋先生之門, 以質其疑."

57 『兩先生四七理氣往復書』 하편, 정지운, 「천명도설 서」(1553) 참조. 1543년에 쓴 「천명도설 자서」에서도 "竊嘗與一家子弟, 講此天人之道, 則皆以初學之蒙, 患其無形可指, 終莫能有得焉. 於是, 余深悶之, 不顧己見之淺, 撫探先儒之論, 圖以載之, 解以明之, 以擊子弟之蒙, 如有取觀者, 幸恕之而勿誚焉"(『추만실기(秋巒實記)』, 21면)이라 하여, 집안 자제들의 교육을 위한 것이라고 했다.

기초(起草)한 이상 장자(長者)께 수정을 받지 않을 수 없어, 드디어 모재·사재 두 선생께 질정(質正)했다. 두 선생께서는 깊이 꾸짖지 않으시고 "경솔히 의논할 수 없으니 우선 후일을 기다리자"라고 하셨다. 그런데 불행하게도 두 선생께서 잇달아 돌아가셨으니 아, 애통하도다.[58]

한 글자도 개정을 보지 못하고 있다가 이황을 만나 여러 차례 토론을 거쳐「천명신도(天命新圖)」의 출현을 보게 되었다. 이황이「천명도설 후서(後敍)」를 쓴 시점이 1553년 12월이다. 그에 앞서 1553년 1월에 정지운이 「천명도설 서」를 쓴 바 있다.

위 정지운의 서문을 보면, 「천명도」는 정지운이 독자적으로 제작한 것이라는 느낌이 강하다. 그러나 이황의 「천명도설 후서」를 보면 뉘앙스가 다르다.

정이(靜而)가 다음과 같이 대답했다. "지난날 모재·사재 두 선생의 문하(門下)에서 배울 적에, 그 서론(緒論)을 듣고(聞其緒論) 물러 나와서 아우 모(某)와 함께 그 뜻의 귀추를 강구했습니다. 다만 성리(性理)의 미묘함을 표준하여 밝힐 데가 없는 것이 염려되어, 시험 삼아 주자(朱子)의 말씀을 취하고 여러 학설을 참작하여 도식을 하나 만들어서 모재 선생께 올려 의심나는 것을 질정했습니다. 모재 선생은 그것을 그릇되고 망령된 것이라고 물리치지 않고 책상에 놓아두고는 여러 날을 집중하여 생각하셨습니다. 제가 잘못된 곳을 지적해줄 것을 청하자 '오랜 공부를 쌓지 않고는 경솔히 말할 수 없다'고 했으며, 혹 배우는 사람이 문하에 오면 이를 꺼내 보이며 말씀하셨습니다. 사재 선생 역시 꾸짖

---

58 정지운, 「천명도설 서」(1553).

으며 금하지 않으셨습니다. 그러나 이것은 뜻만 크고 실속은 없는 저를 유도해 나아가게 한 것일 뿐 그 도식이 전할 만하다고 여긴 것은 아니었습니다."

위에서 '서론(緒論)'이란 실마리가 될 만한 말을 가리킨다. 밑줄 친 대목은 정지운 형제가 김안국·김정국에게 성리학을 공부했음을 뒷받침하는 증거라 할 수 있다. 김안국과 김정국이「천명도」에 대해 비평의 말을 내리지 않은 이면에 천인성명(天人性命)의 설이 갖는 중대성, 겸양과 공손으로 일관한 학문 태도, 제자의 기를 꺾지 않으려는 세심한 배려 등이 개재했을 것으로 짐작한다. 다른 한편으로는 "군의 학문은 처음부터 순서를 밟아 차근차근하지 않았고 정밀히 연구하여 반복해 익히는 공부에 애쓰지 않았다"(「묘갈명」)라는 이황의 지적과 같은 생각이 없지 않았을 것이다.

1640년 『천명도설』을 중간하는 데 주도적 역할을 한 택당(澤堂) 이식(李植)은 『천명도설』에 대해 "이 도설은 처사 자신의 창작품이라기보다는 바로 모재와 사재 두 분 선생의 학설이요, ……"[59] 운운했다. 「천명도」가 나오기까지 김안국·김정국의 학문적 영향이 컸다는 말이다. 한편 동문인 김인후는 '추만자 정지운을 그리며(懷秋巒子鄭之雲)'라는 제목의 시에서 정지운을 다음과 같이 기렸다.

우리나라 추만옹	海內秋巒翁
조화의 묘를 홀로 보았네	獨觀造化妙
우리 형제 중에서 빼어났으니	秀吾兄弟中
내리보고 치보며 유초를 생각하네	俯仰思惟肖[60]

동문이면서도 떨어져 있어 서로 만나지 못하는 아쉬움이 배어 있다.

비슷한 연배의 동문에게 '추만자'라는 호칭을 한 것으로 보아 경중(敬重)의 정도를 짐작할 만하다. '吾兄弟中'은 『서명(西銘)』에 나오는 '민오동포(民吾同胞)'의 맥락에서 해석할 수도 있겠지만, 가깝게는 모재 김안국 문하의 동문임을 시사한 것으로 봄이 좋을 듯하다. '해내(海內)'라 하면서도 은근히 '해외'를 염두에 두면서 '조화의 묘를 홀로 보았다'고 칭송했다. 이는 정지운의 학문, 더 구체적으로는 「천명도」의 위상을 드높인 것으로 생각한다. 결구는 정지운이 평소 천지를 본받아(則天則地) 그와 닮고자[61] 했다는 말인 듯하다. 「천명도」를 만든 본지가 궁극적으로 천인합일(天人合一)에 있음을 둘러서 말한 것이라 하겠다. '독관(獨觀)'이라 한 것은 「천명도」에 대한 최상의 평가라 하겠다.

이황의 묘갈명과 박순의 묘지명에도 정지운의 학문에 관해서는 자세한 서술이 없다. 다만 중량감 있는 『천명도설』 한 책을 남겨 조선 성리학의 방향을 정하는 나침반 역할을 하게 했으니 크게 아쉬울 것은 없다고 생각한다. 정지운은 김안국·김정국 형제가 일군 학문과 경세적 업적 가운데 성리학의 한 부면을 충실히 계승해 발전시킨 인물로 평가할 수 있다. 이 점은 동문 김인후와 차이가 크다.

---

59 이식, 『택당별집』 권5, 18a, 「天命圖說跋」, "仍念此圖說, 非處士所自作, 乃慕齋思齋兩先生之說, […]"
60 '유초(惟肖)'는 '비슷한 것(닮은 것)', '비슷한 사람'을 가리킨다.
61 '유초(惟肖)'는 '비슷한 것(닮은 것)', '비슷한 사람'을 가리킨다.

6. 김인후의 학문과 유학사상의 위상

하서 김인후는 유교의 나라 조선이 인정한 대표적인 유학자다. 단순한 유학자가 아니라 손꼽히는 도학자(道學者)다. 조선시대에는 도학자의 기준에 드는 학자가 곧 진유(眞儒)였다. 김인후는 오늘날 전하는 저술이 많지 않으며 저명한 제자를 배출하지도 못했다. 그럼에도 그는 동방십팔현의 한 사람으로 문묘에 모셔졌다. 전하는 저술로만 평가한다면 그는 이런 예우를 받기 어려웠을 것이다. 이것은 조선시대에 도학자를 평가하는 기준이 간단하지 않았음을 시사한다.

율곡 이이는 『성학집요(聖學輯要)』에서 도학자의 중요한 기준으로 ① 도학 연원에 맥이 닿아야 할 것, ② 성현상전(聖賢相傳)의 심법(心法)을 공부해야 할 것, ③ 출처(出處)의 절도에 문제가 없어야 할 것, ④ 학문에다 경제(經濟)의 재능을 겸비해야 할 것 등을 제시한 바 있다.[62] 성리학을 공부했다고 해서 모두 다 도학자라고 말할 수 없다는 것이다. 이이는 이 기준에 맞지 않는 사람을 도학자로 인정하지 않았다. 이이의 도학관, 도학자관은 기실 정암 조광조의 관점을 따라 정리한 것이라고 할 수 있다. 뒷날 정조가 조광조와 이이를 한자리에서 평가하면서 "우리나라 유자(儒者) 가운데 조정암과 이율곡은 타고난 자질이 고명하고 뛰어났다. 성리학과 경륜에서 원래부터 대현(大賢)인 데다 왕좌(王佐)의 재능까지 겸했다"[63]라고 말한 것은 위의 도학관과 맥락이 닿아 있다.

김인후는 '정몽주 → 길재 → 김숙자 → 김종직 → 김굉필 → 김안국'으

---

[62] 『율곡전서』 권26, 「聖學輯要」, 〈第五聖賢道統〉 참조.
[63] 『홍재전서』 권172, 「日得錄 12」 참조.

로 이어지는 도통을 이어받았다. '곧장 접했다(直接)'는 측면에서 뚜렷한 사승(師承) 없이 학문을 시작한 이황이나 이이와는 차이가 있다. 김인후는 일찍이 문인(門人)들에게 시를 보냈는데 그 가운데 "천지 그 중간에 두 분이 계시니, 중니(仲尼)가 원기(元氣)라면 자양(紫陽)은 진(眞)일세"[64]라고 한 구절이 있다. 유학의 집대성자인 공자를 사물의 원기에 비하고 주자(朱子)를 공자의 진수(眞髓)를 얻은 사람에 비유한 것이다. 그가 공자-주자를 유학의 정맥으로 보고 이 정맥을 곧장 찾아 올라가려[直尋] 했음을 알 수 있다. 후일 미호(渼湖) 김원행(金元行)은 "하서가 하서된 까닭은 바로 이 시에 있다"라고 했다.[65]

조선시대 도학은 '의리학'을 척추 삼아 직립했고, '성리학'을 이목(耳目) 삼아 방향을 가늠했으며, '예학'을 수족(手足) 삼아 움직였고, '벽이단론'의 지팡이를 휘둘러 길을 헤쳐나갔다고 비유할 수 있다.[66] 이처럼 도학의 넓은 범주 속에서 김인후를 이해할 수 있다. 앞서 이이가 제시한 도학자관에 비추어 보더라도 김인후는 도학자의 기준에서 흠결을 찾기 어렵다. 선유(先儒)에 대한 평가가 엄정하기로 이름난 이이가 김인후를 높이 평가한 것도 이 때문이라고 생각한다. 일부 흠결을 지적받았던 이황의 경우와 비교가 된다.

동국도통의 정맥을 이은 김인후는 성현으로부터 전해 내려온 '심법(心法)'을 연마했다. 심법은 성리학의 토대다. 김인후는 김안국의 문하에서 정지운과 함께 심법을 착실히 공부했다. 공부하다보니 천명(天命)과 인성

---

64 『하서전집』 권7, 40a, 「示門人」, "天地中間有二人, 仲尼元氣紫陽眞. 潛心勿向他岐惑, 慰此摧頹一病身."

65 황윤석(黃胤錫), 『이재유고(頤齋遺藁)』 권8, 17a, 「答羅舒川忠佐書」, "我先師渼湖丈席, 恒稱此詩曰, 河西之所以爲河西者, 正在此處."

66 금장태, 『유교와 한국사상』, 성균관대학교 출판부, 1980, 247쪽.

(人性)의 관계를 이론적으로, 나아가 도설을 통해 체계화할 필요성을 절감했다. 김인후의 「서명사천도(西銘事天圖)」는 그런 노력의 결과물이다. 김인후·정지운에 의해 각각 별도로 세상에 나온 「천명도」는 같은 맥락에서 이해하여야 할 것이다.

김인후는 출처대의(出處大義)에서 흠결이 없는 학자로 평가를 받아왔다. 그는 1545년 지성으로 섬겼던 인종(仁宗)이 8개월 만에 세상을 떠나고 사화(士禍)의 기미가 보이자 벼슬을 버리고 낙향했다. 『주역』에서 말한 '견기이작(見幾而作)' 바로 그것이었다.[67] 후일 평자들이 "기미를 보고 행동을 한 사람으로 김인후가 첫 번째다(見幾而作者一人日, 金河西)"라고 한 것은 의미 있는 상론(尙論)이다.

김인후는 절의가 그의 도학을 가렸다[68]는 평을 들을 정도로 '절의지사'로 이름이 있었다. 인종에 대한 단충(丹忠)은 유림사회에서 대대로 회자되었다. 그의 시 「유소사(有所思)」나 「조신생사(弔申生辭)」에서 절의정신, 의리사상을 단적으로 엿볼 수 있다. 한편 그는 문학에서도 일가를 이루었다. 특히 '시'에서 명성이 있었다. 여기에서 시학(詩學)이 도학과 하나가 되는 배경을 엿볼 수 있다. 그의 시는 당시풍(唐詩風)의 작품도 있지만 수준 높은 도학시(道學詩)들이 많다. '이승(理勝)', '이취(理趣)'하다는 평가를 받을 만하다. 그는 조선 중기 호남 지방을 중심으로 일어난 '강호가도(江湖歌道)'의 중심에 선 인물이기도 했다.

김인후의 신도비문을 찬술한 송시열(宋時烈, 1607~1689)은 김인후의 학문과 출처 등에 대해 '윤의집성(允矣集成)' 넉 자로 총평을 하고, 조선 개국

---

67 『주역』, 「繫辭 下」, "君子見幾而作."
68 『홍재전서』 권173, 1b, 「日得錄」 <人物>, "如金河西·趙重峯, 以節義掩道學."

이래 도학·절의·문장을 갖춘 유일한 학자가 김인후라고 칭송했다.[69] 송시열의 무게 있는 평은 18세기 이후 사림의 공론이 되었다. 후일 정조(正祖)가 김인후에 대해 '국조(國朝) 4백 년에 제일인(第一人)'이라고 한 것도 같은 맥락에서 나왔다. 뒷날 매산(梅山) 홍직필(洪直弼)은 도학·절의·문장에다 '사공(事功)'까지 더하여 네 가지를 모두 갖추었다고 평했다.[70] 이런 평가는 이황이나 이이도 미치지 못하는 것이다. 이황·송시열·정조의 추중은 김인후를 문묘에 모시는 데 결정적 배경이 되었다.

김인후의 학문과 사상에 대한 설명은 송시열이 찬한 신도비문의 내용이 요령을 얻었다. 그에 따르면 김인후는 수신(修身)에서는 경(敬)으로 일심(一心)의 주재를 삼고 표리(表裏)와 동정(動靜)을 하나로 하여, 범백사(凡百事)가 의리에 규합(揆合)하지 않음이 없었다고 한다. 송시열이 요약한 학문의 대강을 보자.

선생은 제설(諸說) 중에서 온당하지 못한 것을 증정(證訂)함에 털끝만 한 것이라도 반드시 분변했다. 화담(花潭)에 대해서는 그 병폐가 돈오(頓悟)의 지름길에 흐를 것을 염려했고, 일재(一齋)에 대해서는 도(道)와 기(器)를 혼합하여 일물(一物)로 여기는 것을 병통이라 했으며, 인심도심(人心道心)을 논함에 나정암(羅整庵)의 체용설(體用說)을 물리쳤다. 그리고 퇴계 이선생의 사단칠정 이기호발론에서는 고봉 기선생(奇先生)이 이를 깊이 의심하고 선생에게 질문했는데, 시원스러워 조금도

---

69 『송자대전(宋子大全)』 권154, 16a, 「河西金先生神道碑銘」, "國朝人物, 道學節義文章, 戎有品差, 其兼有而不偏者無幾矣, 天佑我東, 鍾生河西金先生, 則殆庶幾焉."

70 홍직필, 「訓蒙齋記」, "先生湖南之夫子也. 道學節義文章事功, 四者咸備."(『율수재세적(聿修齋世蹟)』 乾, 33a). '사공(事功)'의 내용에 대해서는 관련 자료의 미비로 자세히 알기 어렵다.

막히는 바가 없었다. 드디어 (계발된 나머지) 이선생과 변론하여 거의 수만언이었다. 세상에 전하는 '퇴고왕복서(退高往復書)'가 이것이다. 대개 선생은 도리에 확 뚫려 의심이 없었다. (누구든지) 두드리면 곧 응했으니, 소매 속에 넣어둔 것을 꺼내 주는 것과 같았고 곡당(曲當)하지 않음이 없었다. 퇴계와 같은 정밀한 분으로도 자기의 의견을 버리고 그를 쫓은 것이 여러 번이었다.[71]

송시열에 앞서 이황은 김인후가 만년에 가서 식견이 매우 정밀하며 의리(義理)를 논함이 평이(平易)하고 명백하다면서 몹시 칭찬했다.[72] 한정된 지면에서 김인후의 성리학을 자세하게 논할 수는 없지만, 이황이 인정할 정도면 그 수준을 충분히 알 수 있다. "담옹(湛翁, 하서)은 적요(寂寥)하게 몇 마디 말을 했을 뿐이지만 역시 그 대지(大旨)를 이미 보았다"[73]라고 평한 것은 김인후의 성리학을 평가할 때 중요하게 참고해야 할 말이라 하겠다.

후인들의 기술에 따르면, 기대승은 김인후와 성리학을 토론하면서 얻은 바가 많았고, 또 김인후에게 계발된 바를 이황과의 사칠논변에서 많이 연술(演述)했다고 한다.[74] 정조의 경우는 여기에서 더 나아가 "세상에서 말하는 기고봉의 사칠왕복서(四七往復書)는 (사실상) 하서의 손에서 나온

---

71 『송자대전』 권154, 19a-19b, 「河西金先生神道碑銘」 참조.
72 『퇴계전서』, 「언행록(五)」 <論人物>, "金河西晚年所見甚精, 論說義理, 平易明白, 先生甚稱之."
73 『퇴계문집』 권16, 45a-45b, 「答奇明彦 別紙」, "卷末錄示與李金兩君論太極書五六道往復辯難, 足以發人意思, 開人眼目. […] 湛翁雖只有寂寥數語, 亦已見其大旨."
74 『하서전집』 부록 권3, 「연보」 <50세조>, "時高峯退處于鄕, 每詣先生, 討論義理 而深疑退溪四端七情理氣互發之說, 末嘗下一語, 先生爲之剖析, 論辨極其通透精密, 高峯所得於先生者如此. 故及先生歿後, 高峯與退溪講論互發之非, 多述先生之意以辨之."

것이 많다"⁷⁵라고까지 말했다. 평소 긴밀했던 양현의 관계에 비추어 볼 때, 기대승이 김인후의 성리학에서 상당한 영향을 받았을 개연성이 있어 보인다.

한편, 세간에서는 이황·기대승 사이의 사칠논변만 알 뿐 김인후가 그 논변지간(論辨之間)에 참여한 사실은 거의 알지 못했다. 이는 대개 김인후가 성리논변(性理論辨)으로 자신의 명성이 외인(外人)들에게 알려지는 것을 두려워한 나머지 논변에 대해 끝내 언급하지 않았기 때문이라고 한다.⁷⁶ 과연 실천궁행(實踐躬行)을 중시하는 도학자답다.

'김굉필 → 김안국'의 학통을 계승한 김인후는 기묘사화로 당시 호남지방에 유배되어 왔던 신재(新齋) 최산두(崔山斗), 눌재(訥齋) 박상(朴祥) 등 기묘명현에게도 나아가 수학했다. 그가 기묘명현들의 학풍을 계승한 것은 당연한 일로 인식되었을 것이다. 특히『소학』과『대학』을 통해 도학의 학풍을 조성하려 했던 경향이 그대로 계승되었다. 김인후가 기묘사화 이후 금서가 되다시피 했던『소학』의 중요성을 특별히 부각시킨 것은 지치주의(至治主義) 도학사상과 맥락을 같이한다.

김인후는 1543년(중종 38) 홍문관 부수찬으로 재직할 당시 동궁(東宮)에 실화(失火)가 있자 이를 중대한 변고로 규정하고, 사풍(士風)의 쇄신과 민생의 교화를 힘써 주장했다. 아울러 기묘사화 때 화를 입은 명현들의 신원(伸寃)을 호소하는「홍문관차자(弘文館箚子)」를 올렸다.⁷⁷ 기묘명현의

---

75 『홍재전서』권173, 12b,「日得錄」<人物>, "世謂奇高峯四七往復書, 多出於河西之手. 蓋奇是河西之甥."
76 『하서전집』부록 권2, 4a,「敍述」, "高峯與退溪爲四端七情理氣之辨, 每就先生, 論難精究, 而往復焉. 先生唯恐名聲之出外, 終無一言及於其間. 故人不知先生亦參論辨之間也."
77 기묘명현 가운데 영수인 조광조는 1568년(선조 1) 영의정에 추증되고 이듬해 시호가 내려짐으로써 신원되었다. 김인후가 신원을 청한 지 25년이 경과한 뒤였다.

신원을 청한 일은 자신의 학문의 정통성과 정당성, 나아가 도학의 역사성을 바로 세우려는 것으로, 당시만 하더라도 목숨을 내건 행위나 다름없었다.

김인후의 「홍문관차자」는 정암 조광조 등 기묘명현의 주대(奏對)와 소장(疏章)을 다시 읽는 듯한 감이 있다. 임금의 일심(一心)은 출치(出治)의 근원이니 '격군심(格君心)'을 가장 중요한 요체로 삼고, 사림을 배양하여 사기(士氣)를 진작해야 한다는 것이 핵심 내용이다. 이는 조광조를 비롯한 기묘명현들이 지치주의를 외치면서 도학정치를 구현하고자 했던 것과 맥을 같이한다.

조광조가 깃발을 든 지치주의 도학정치는 기묘사화로 좌절되었다. 그러나 그로부터 20년이 안 되어 땅속에 숨어 있던 도학정치의 뿌리에서 다시 움이 돋아나기 시작했다. 김안국·김정국 등이 다시 등용되어 지치의 이념을 실현하기 위한 정중동(靜中動)의 움직임이 있었다. 『소학』과 『대학』이 권장되었고 『성리대전』이 더욱 많이 보급되었다. 전일의 사화를 거울삼은 탓인지 큰 정치적 움직임으로 이어지지는 않았다. 조용히 후일을 도모했다. 김인후는 이런 즈음에 지치주의 도학정치의 부활을 꿈꾸었으나 1545년 다시 을사사화가 일어나 경세의 의지를 접을 수밖에 없었다. 경세에 대한 꿈은 실현하지 못했지만 후대에 끼친 영향은 컸다. 김인후에게 도학·문장·절의와 함께 '사업(事業, 경세)'까지 갖추었다고 평하는 것은 이런 이유에서라고 본다. 도학자의 본령을 충실하게 지킨 김인후는 스승 김안국의 학문과 발자취를 잘 이은 학자였다. 동문인 정지운이 성리학의 한 측면에서 성취한 것과는 차이를 보인다. 성리학에서도 실천유학과 이론유학 사이에서 이를 연결하는 관절적(關節的) 역할을 한 것으로 평가힐 수 있다.

7. 맺음말

위에서 길게 논한 것을 몇 가지로 요약함으로써 맺음말에 대신하기로 한다.

첫째, 정지운은 김안국·김정국 형제의 문인이요 김인후는 김안국의 문인이다. 두 사람은 동문의 의(誼)가 있을 뿐 아니라, 조선 성리학의 향방을 제시한 「천명도」를 각각 제작하여 성리학의 발전에 기여했다.

둘째, 정지운과 김인후는 '김종직 → 김굉필'로부터 '김안국·김정국'으로 이어지는 동국도학의 적통(嫡統)을 계승했다. 스승에게 지치주의 도학파의 학문과 경륜을 배웠으며 이것을 현실에서 구현하는 데 힘썼다. 다만 김인후가 벼슬에 나아가 도학·문장·절의·경륜 등 여러 면으로 활약한 데 비해, 정지운은 임하(林下)에 묻혀 지내면서 주로 성리학 부면(部面)에 몰두하여 전대미유의 「천명도」를 제작하기에 이르렀다. 「천명도」의 최초 제작자라는 사실은 높이 평가받아야 마땅하다.

셋째, 복잡하고 난해한 성리학의 이론을 도설(圖說)을 통해 이해하려는 노력은 주돈이의 「태극도설」 이래로 끊임없이 이어졌다. 조선에서는 정도전의 『학자지남도』, 권근의 『입학도설』을 선구로, 길재의 제자인 옥고의 「인심선악상반지도」, 집현전 학자 안지의 제자인 홍치의 「심학차제도」와 「심성정도」, 김정국의 이모부 조유형의 『계몽도서절요』 등으로 이어졌다. 김안국·김정국의 문인인 정지운·김인후가 각각의 「천명도」를 만든 것은 이런 도설류 저술의 전통과 밀접한 관련이 있을 것이다. 김인후의 경우 「천명도」는 물론, 역시 도설류 저술로 짐작되는 「서명사천도」와 『주역관상편(周易觀象篇)』을 펴낸 바 있다. 예사로 보아 넘길 일은 아니다.

넷째, 정지운은 김안국·김정국으로부터 성리학에 대한 강의를 듣고 그 내용을 「천명도」에 담았다. 그림은 독창적이지만 내용은 학문 연원과 무관하지 않다. 정지운·김인후의 두 「천명도」는 김안국·김정국의 성리학에 대한 조예를 간접적으로 엿볼 수 있는 단서다. 이들 형제는 성리학의 보급을 위해 심혈을 기울였다. 한 사람은 『성리대전』을 간행했고, 다른 한 사람은 『성리대전』의 주요 내용을 뽑아 『성리대전서절요』를 엮었다. 정지운·김인후의 「천명도」는 전대의 이런 노력 속에서 배태되어 나온 결과물이다.

다섯째, 「천명도」는 『중용』 수장(首章)에서 이른바 '천명지위성(天命之謂性)'을 대명제로, 천명과 인성의 관계를 그림으로 나타내 우주론과 도덕론을 하나로 합성한 것이다. 「천명도」가 『태극도설』에서 지대한 영향을 받았으면서도 우주론적 차원보다 인성론적 차원에 초점을 두었음이 '천명도'라는 제목에서 잘 드러난다. 향후 조선 성리학이 향내적(向內的) 방향으로 나아가도록 향방을 제시했다고 본다. 이 점은 매우 중요하며 크게 평가받아야 할 대목이다.

여섯째, 정지운은 1537년에 「천명도」 초고를 완성한 뒤 수년간 다듬고 수정하여 1543년에 자서(自序)를 붙였다. 1553년에 이황과 토론을 거쳐 정정(訂定)한 「천명도」를 완성하고 다시 서문을 붙였다. 이황은 그 뒤에도 다시 수정을 거듭하여 1558년에 확정을 보았다. 판본에 따라 같고 다름이 있는 것은 태반이 여기에 연유한다.

일곱째, 정지운의 「천명도」는 이황·김인후 「천명도」의 기본 틀을 이루었다. 이 기본 틀이 있었기 때문에 수정 보완이 빨랐을 것이다. 세 「천명도」의 두드러진 특징은 성리학을 '인간학'으로 정립하려 했다는 점이다. 천명에 대한 온전한 믿음과 실천이 성리학의 대상영이니는 점에서는 서로 견해 차이가 있을 수 없었다. 다만 이것을 기본으로 하면서도 견해를 달리하는 부분은 『주역』·『중용』 같은 유가경전 및 『성리대전』과 주자의 언설 등에서 어느 것을 근거로 하느냐의 차이에서 비롯된 점이 많다. 정지운과 이황이 전대 성리학자들의 이론에 비중을 더 둔 데 비해 김인후는 『중용』의 중화(中和) 정신으로 인권(人圈)을 관통하려 했다. 정지운과 이황이 '경(敬)'을 중심 개념의 하나로 삼은 데 비해 김인후는 '성(誠)'을 내세운 것 역시 차이점이라 할 수 있다. 이 차이점은 세 학자의 철학적 사유나 관점과도 연관이 있다고 본다.

여덟째, 정지운의 「천명도」는 이황과의 토론과 수정을 거치면서 완성의 단계로 나아갔다. 이황도 정지운의 「천명도」에 대한 탐토(探討)를 계기로 인간의 심성 문제에 심혈을 기울여 「심통성정도」를 제작했다. 『성학십도』에 실린 「심통성정도」는 「천명도설」의 결정체'78라는 평가를 받을 정도로 「천명도」와 관련이 깊다. 「천명도」를 매개로 한 정지운과 이황의 학술적 교유는 이처럼 크게 진전된 결과를 불러왔다.

아홉째, 사단칠정의 이기분속(理氣分屬) 문제에서 정지운·이황은 이원적으로, 김인후는 일원적으로 보았다. 정지운이 '發於理, 發於氣'라 한 것을 이황이 '理之發, 氣之發'로 수정했지만 둘로 갈라서 본 점에서는 다르지 않다. 김인후의 견해는 고봉 기대승이 이황과의 사칠논변에서 보여준 관점이나 논리와 같다. 여기서 기대승과 김인후의 관계가 다시 한번 주목된다. 기대승이 김인후에게 배운 내용을 가지고 사칠논변에 임했다는 제가(諸家)의 평이 사실 무근이 아님을 뒷받침한다.

돌이켜볼 때 정지운은 처음에 정(情)을 칠정이라는 하나의 범주에서 일원적으로 보았으나 이황의 지적을 받고 나서 본래의 관점을 바꾸었다.

---

78 안유경, 「천명도설의 결정체, 〈심통성정도〉(『성학십도』)」, 『유교사상문화연구』 60, 2015 참조.

그 본래의 관점은 김인후와 같다. 이것은 김안국·김정국에게 배운 내용과 무관하지 않을 것이다. 김인후가「천명도」를 다시 제작한 이유 가운데 하나가 여기에 있다고 생각한다면 간단히 넘어갈 문제가 아닌 것이다. 김인후의「천명도」가 나옴으로써 사단칠정의 이기분속 문제가 불씨로 살아남았다. 이것은 논쟁적 차원이 아니라 '연구의 심화', '다양성의 확보'라는 차원에서 보면 조선 성리학의 발전에 긍정적인 면을 제공했다.

열째, 이황과 기대승 사이의 사칠논변에서 양현의 관점과 논리가 주로 부각되었다. 그러나 그 이면에 정지운과 김인후가 있었음을 간과해서는 안 된다. 정지운·김인후의 배경에 김안국·김정국이 있었음도 기억해야 할 것이다. 이 글에서는 종래 퇴고사칠논변에 가려져 과소평가되었던「천명도」의 위상을 제고하는 데 주안을 두었고, 지금까지 문인(文人)·정치인으로 알려져왔던 김안국 학단(學團)의 면모를 드러내고자 했다. 또「천명도」가 나오기까지의 사상적 배경을 밝혀 조선 유학사를 새로 쓰는 데 도움이 되도록 했다. 이 글이 종래의 성리학사를 바로잡는 데 일조가 되기를 바란다.

참고문헌

1. 원전

조선왕조실록.

김안국(金安國), 『모재집(慕齋集)』.

김인후(金麟厚), 『하서집(河西集)』

김정국(金正國), 『사재집(思齋集)』.

김정국(金正國), 『성리대전서절요(性理大全書節要)』.

노수신(盧守愼), 『소재집(穌齋集)』.

『대동야승(大東野乘)』(石潭日記).

박세채(朴世采), 『남계집(南溪集)』.

서거정(徐居正) 외, 『동문선(東文選)』.

『소학집주(小學集註)』.

송병선(宋秉璿), 『패동연원록(浿東淵源錄)』.

송인(宋寅), 『이암유고(頤庵遺稿)』.

유희춘(柳希春), 『미암일기초(眉巖日記抄)』.

유희춘(柳希春), 『미암집(眉巖集)』.

유희춘(柳希春), 『속몽구분주(續蒙求分註)』.

윤근수(尹根壽), 『월정집(月汀集)』別集.

이긍익(李肯翊), 『연려실기술(燃藜室記述)』.

이덕홍(李德弘), 『간재문집(艮齋文集)』.

『이륜행실도(二倫行實圖)』.

이식(李植), 『택당별집(澤堂別集)』.

이이(李珥), 『율곡전서(栗谷全書)』.

이정형(李廷馨), 『동각잡기(東閣雜記)』.

이황(李滉), 『퇴계문집(退溪文集)』.

이황(李滉), 『퇴계전서(退溪全書)』.

조목(趙穆), 『월천집(月川集)』.

주세붕(周世鵬), 『무릉잡고(武陵雜稿)』.

『천명도설(天命圖說)』(1640).

『천명도해(天命圖解)』(1578).

최부(崔溥), 『금남집(錦南集)』.

『추만실기(秋巒實紀)』.

허균(許筠), 『성소부부고(惺所覆瓿藁/禾)』.

허성(許筬), 『악록문집(岳麓文集)』.

『홍재전서(弘齋全書)』.

윤용남 외 역주, 『완역 성리대전』, 학고방, 2018.

박명희·안동교 공역, 『국역 미암집』, 전남대학교 호남학연구원·조선대학교 고전연구원, 2013.

孫能傳, 『內閣藏書目錄』.

永瑢, 『四庫全書總目』.

彭大翼, 『山堂肆考』.

『性理大全』

張載, 『正蒙』.

朱熹, 『朱子大全』

黃虞稷, 『千頃堂書目』.

2. 논저

강경현, 「퇴계 이황의 '天命圖'에 대한 분석: 天命圈을 중심으로」, 『퇴계학보』 131, 2012.

고영진, 『호남사림의 학맥과 사상』, 혜안, 2007.

고영진, 「미암 유희춘의 학술사상 위치」, 미암탄생 500주년기념학술대회, 호남사학회, 2014.

권오영, 『조선 성리학의 의미와 양상』, 일지사, 2011.

권오영, 『조선 성리학의 형성과 심화』, 문헌, 2018.

김백희, 「장서각본 '天命圖說'의 철학적 검토」, 『한국학대학원논문집』 11, 한국정신문화연구원, 1996.

김상현, 「'천명도'와 '천명도설'의 판본 문제에 대한 재검토」, 『대동철학』 86, 2019.

김우형, 「'천명도설'에서 우주론과 도덕론의 문제: '太極圖說'과의 비교를 중심으로」, 『퇴계학보』 139, 2016.

김중권, 「朝鮮朝 經筵에서 中宗의 讀書歷에 관한 考察」, 『서지학연구』 41, 2008.

金恒洙, 「16세기 士林의 性理學 理解: 書籍의 刊行·編纂을 중심으로」, 『한국사론』 7, 1981.

김호, 「'權道'의 성리학자 金正國: 『警民編』의 역사적 의의」, 『동국사학』 63, 2017.

김호, 「16세기 지방의 의서 편찬과 患難相恤의 實踐知」, 『조선시대사학보』 89, 2019.

김호, 「모재 김안국의 '북학': '다시 실학이란 무엇인가?'를 묻는다」, 『한국사론』 70, 2024.

김훈식, 「16세기 《二倫行實圖》 보급의 社會史的 考察」, 『역사학보』 107, 1985.

金勳埴, 「中宗代 『警民編』 보급의 고찰」, 『이재룡박사환력기념 한국사학논총』, 이재룡박사환력기념한국사학논총간행위원회, 1990.

김훈식, 「朝鮮前期 倫理書 보급의 변화」, 『코기토』 81, 2017.

文喆永, 「朝鮮初期의 新儒學 수용과 그 性格」, 『韓國學報』 36, 1984.

박상원, 「레오나르도 다 빈치의 '인체비례도'와 퇴계 이황의 '천명도' 비교」, 『동양예술』 43, 2019.

박성순, 「추만 정지운 저술 '天命圖說'의 사상사적 위상」, 『동양고전연구』 54, 2014.

박수진·김순희, 「<村家救急方>의 인용 문헌 연구」, 『서지학연구』 42, 2009.

박양자, 「天命圖」に見る退溪の智藏說について」, 『퇴계학보』 52, 1986.

朴洋子, 「퇴계의 '天命圖說後敍'에 관하여: 특히 '太極圖'와의 비교를 중심으로」, 『퇴계학보』 68, 1990.

朴翼煥, 「朝鮮前期 呂氏鄕約 普及運動과 그 性格」, 『又仁金龍德博士停年紀念史學論叢』, 1988.

박홍갑, 「중종조 충주사림의 진출과 활동: 기묘명현을 중심으로」, 『사학연구』 55·56, 1998.

白淑兒, 「新齋 崔山斗의 詩世界」, 『고시가연구』 18, 2006.

방현주, 「'천명도'의 판본문제 고찰: 사칠논변의 발단이 된 '천명도'에 대하여」, 『한국철학논집』 40, 2014.

서경요, 「하서 김인후의 '천명도' 구조와 성리학 연구」, 『동양철학연구』 28, 2002.

서근식, 「16세기 성리학자 추만 정지운과 '천명도설' 연구」, 『우계학보』 39, 2020.

서근식, 「추만 정지운과 '天命圖說' 연구」, 『동방문화와 사상』 6, 2019.

서근식, 「퇴계 이황의 '천명도설'과 사단칠정논쟁의 시작」, 『한국철학논집』 55, 2017.

손계영, 「地方官과 先祖 文集 刊行」, 『영남학』 15, 2009.

손유경, 「慕齋 金安國의 對日認識」, 『漢文古典研究』 19, 2009.

송웅섭, 「사재 김정국의 교유관계와 기묘사림 내에서의 위치」, 『동국사학』 63, 2017.

신승운, 「유교사회의 출판문화: 특히 조선시대의 문집 편찬과 간행을 중심으로」, 『대동문화연구』 39, 2001.

신정엽, 「朝鮮時代 小學의 刊行과 版本」, 경북대학교 석사학위논문, 2009.

신해순, 「中宗~明宗朝의 館學教育振興策」, 『사학연구』 58·59, 1999.

심승구, 「모재 김안국의 생애와 사상」, 『동양고전연구』 97, 2024.

안유경, 「천명도설의 결정체, 〈심통성정도〉(『성학십도』)」, 『유교사상문화연구』 60, 2015.

오종일, 「사칠 논변의 배경과 전개로 본 조선조 도통」, 『범한철학』 34, 2004.

우정임, 『조선전기 性理書의 간행과 유통에 관한 연구』, 부산대학교 박사학위논문, 2009.

우정임, 「조선 전기 『성리대전(性理大全)』의 이해 과정: 설효서(說孝書)의 편찬(編纂)·간행(刊行)을 중심으로」, 『지역과 역사』 31, 2012.

劉權鐘, 「思齋 金正國의 生涯와 思想」, 『민족문화』 5, 1991.

劉權鍾, 「'천명도' 비교 연구: 秋巒, 河西, 退溪」, 『한국사상사학』 19, 2002.

유권종, 「16세기 조선 성리학의 과학과 철학: 天命圖 작성에 나타난 天人合一觀과 天文硏究의 관계」, 『유교사상연구』 17, 2002: 『과학문화연구센터연구논문집』, 과학문화연구센터, 2002 재수록.

유권종, 「천명도 성립의 과학적 배경과 그 의의에 관한 추론」, 『과학사상』 41, 2002.

유권종, 「儒敎 圖像의 분류체계에 관한 연구」, 『유학연구』 20, 2009.

兪英玉, 「集賢殿의 運營과 思想的 傾向: 性理學 理解를 中心으로」, 『부대사학』 18, 1994.

柳正東, 「天命圖說에 관한 연구」, 『동양학』 12, 1982.

尹炳喜, 「朝鮮 中宗朝 士風과 『小學』: 新進士類들의 道德政治 具現과 관련하여」, 『역사학보』 103, 1984.

윤사순, 「조선조 선비와 文峯書院 八賢」, 『민족문화』 5, 1991.

尹仁淑, 「朝鮮前期 鄕約의 구현을 통한 '士文化'의 확산: 金安國의 인적 네트워크를 중심으로」, 『대동문화연구』 81, 2013.

李康洙, 「天命圖說/鄭之雲 著」, 『국학자료』 18, 1974.

이민경, 「김정국의 『思齋摭言』과 己卯士禍에 대한 서술 시각」, 『동양한문학연구』 53, 2019.

李範鶴, 「南宋 後期 理學의 普及과 官學化의 背景」, 『韓國學論叢』 17, 1994.

이병휴, 「慕齋 金安國과 改革政治」, 『碧史李佑成敎授定年紀念論叢: 民族史의 展開와 그 文化(下)』, 창작과비평사, 1990: 『朝鮮前期 士林派의 現實認識과 對應』, 일조각, 1999 재수록.

이병휴, 「조선전기 소외관인의 은거생활: 김안국·김정국의 경우」, 『역사교육논집』 31, 2003.

李相禧, 「朝鮮朝 士林의 커뮤니케이션 思想: 成宗·燕山·中宗代를 中心으로」, 『성곡논총』 24, 1993.

이원진, 「원불교의 儒家的 연원에 대한 圖像學的 고찰: 퇴계 '天命圖'와 소태산 '敎理圖' 간 매체적 유사성을 중심으로」, 『원불교사상과 종교문화』 78, 2018.

이정환, 「퇴계 '天命圖說'과 '天命圖'에 대한 철학적·圖象的 재검토」, 『퇴계학보』 135, 2014.

이종묵, 「기묘사림과 충주의 문화 공간」, 『고전문학연구』 33, 2008.

任相爀, 「『기묘당적』과 『기묘록보유』의 저술 의의에 대한 검토」, 『진단학보』 132, 2019.

정경훈, 「추만 정지운과 '秋巒實記'」, 『유학연구』 22, 2010.

정대환, 「추만 정지운의 생애와 사상」, 『민족문화』 5, 1991.

정대환, 「추만 정지운의 성리학」, 『철학연구』 66, 1998.

丁大丸, 「추만 정지운과 朝鮮儒學」, 『철학연구』 82, 2002.

鄭東根, 「反政期의 政治思想: 中宗·仁祖 反政을 中心으로」, 『이문논총』 7, 1988.

鄭炳連, 「추만의 '天命圖說' 제작과 퇴계의 訂正」, 『철학』 38, 1992.

정영수, 「하서 김인후의 도덕 감정론: '천명도'를 중심으로」, 『범한철학』 91, 2018.

鄭在薰, 「眉巖 柳希春의 生涯와 學問」, 『남명학연구』 3, 1993.

정재훈, 『조선전기 유교정치사상 연구』, 태학사, 2005.

정재훈, 「중국의 제왕학과 조선의 정치사상: 『大學衍義』를 중심으로」, 『(역주)대학연의』, 서울대학교 출판문화원, 2018.

정호훈, 「16,7세기 『경민편(警民編)』 간행의 추이와 그 성격」, 『한국사상사학』 26, 2006.

정호훈, 「眉巖 柳希春의 학문 활동과 『治縣須知』」, 『한국사상사학』 29, 2007.

정호훈, 『조선의 소학: 주석과 번역』, 소명출판, 2014.

정호훈, 「김정국, 주자학의 규범으로 조선을 바꾸려 하다」, 『내일을 여는 역사』 68, 2017.

정호훈, 「16세기 『警民編』 초기 간본의 검토: 상허 중앙도서관 소장본의 사례」, 『한국사상사학』 66, 2020.

趙英麟, 「金安國의 '勸小學詩'에 나타난 教育觀 研究」, 『한자한문교육』 34, 2014.

최민규, 「金安國의 『慕齋家訓』 편찬과 宗法的 가족윤리」, 『역사와 실학』 66, 2018.

최민규, 「김정국의 『性理大全書節要』 편찬과 大體君主論」, 『한국사상사학』 70, 2022.

최진옥, 「中宗朝 鄕約成立에 관한 研究」, 『한국사학』 6, 1985.

최재기, 「畫障集의 編纂과 刊行에 관한 研究」, 성균관대학교 석사학위논문, 2006.

최채기, 『退溪 李滉의 『朱子書節要』 編纂과 그 刊行에 관한 硏究』, 성균관대학교 박사학위논문, 2013.
추제협, 「이황과 김인후의 '천명도' 개정과 인간학의 정립」, 『영남학』 60, 2017.
한국사상연구회, 『도설로 보는 한국유학』. 예문서원, 2000.

3. 기타

서울대학교 규장각한국학연구원(e-kyujanggak.snu.ac.kr/search/search01.jsp).

문화재청(www.cha.go.kr/index.html).

조선왕조실록(sillok.history.go.kr/main/main.jsp).

한국고전번역원(www.itkc.or.kr/MAN/index.jsp).

한국고전적종합목록시스템(www.nl.go.kr/korcis).

한국국학진흥원(www.koreastudy.or.kr).

한국학중앙연구원 한국역사정보통합시스템(yoksa.aks.ac.kr).

찾아보기

ㄱ

가례 22, 88, 232
강목고이 135, 163, 187, 189
강희맹 78
경 7, 155~157, 185, 192, 207, 211, 214, 242, 248
경민편 30, 73, 74, 119, 231
경서구결 171
경연 6, 17, 33, 64, 73, 78, 81, 101, 115, 116, 130, 134, 135, 150, 159, 162
경이존심 154, 156
고인쇄문화사 41
관학파 200, 204, 222, 223
광무제 94, 108
국조유선록 149, 163, 175~178
기묘사림 5, 13, 17, 23, 29, 35~37, 41, 73, 102, 104, 116
기묘사화 5, 13, 22~24, 30, 35, 36, 47, 48, 62, 66, 73, 85, 104, 109, 140, 226, 234, 244, 245
김굉필 5, 13, 16, 19, 20, 23, 34, 36, 66, 80, 136, 137, 139, 175, 177, 191, 223, 226, 228, 239, 244, 246
김구 23, 34, 83, 84
김돈 76, 115
김세필 23, 84

김안국 5, 13, 16, 24, 36, 41, 43, 49, 66, 68, 82, 84, 139, 191, 199, 200, 204, 206, 222, 226
김안국 문하 200, 204, 238
김웅기 79, 82
김인후 7, 23, 37, 133, 137, 139, 199, 200, 203, 204, 206, 211~217, 227, 229, 231, 237~249
김정 83
김정국 5, 30, 34, 42, 73, 74, 86, 89, 91, 93, 95, 98, 101~105, 109~117, 119, 200, 217, 226, 234, 246
김취려 159

ㄴ

남한강 22, 23
노수신 153, 154
논어석소 171, 172

ㄷ

당고의 화 110~113, 117
대학석소 171, 172
도설 218, 246
도잠 94
도학파 226
동몽수지 47, 58, 59, 66

ㅁ
맹자 63, 89, 117, 140, 151, 156, 233
모재집 16, 141, 142, 229
미암일기 123, 142, 149
미암집 123

ㅂ
박상 244
분문온역이해방 60, 61

ㅅ
사단칠정 논쟁 199
사이궁리 154, 156, 192
사재집 73, 232
서명 88, 288
설순 76
성 206, 214, 230, 248
성균관 사성 21, 37
성리대전 19, 47, 49, 57, 73, 76, 101, 115, 207, 226
성리대전서절요 42, 73, 74, 86, 87, 89, 92, 101, 115
성리학 102, 117, 140, 141, 163, 191, 199, 200, 204~206, 211, 218 226, 234, 239, 246
성종 46, 78, 101, 115, 136
세종 24, 50, 51, 58, 60, 76, 78, 115, 187
소학 17~19, 28~30, 32, 41, 43, 46, 66, 67, 80, 84, 151, 174, 226, 227, 231, 244
속몽구 135, 147, 150, 163, 178~183

송덕봉 125
신광한 23
신증유합 135, 163, 183~186
심통성정도 222
심학 17, 23, 222, 223, 227

ㅇ
양명학 23
양천세고 58
언해본여씨향약 31
언해서 49
여씨향약 17, 25, 27, 29, 31~33, 36, 48, 49, 51, 54~56, 66, 226, 231
역대요록 135, 149, 163, 189
완심도 158
우주론 207, 233, 247
유경렴 133
유계린 125~128, 136, 137, 139, 191
유희춘 37, 42, 123, 125, 144, 163, 191, 227, 229
육서부록 150, 163, 174
율려신서 77, 88, 232
이극배 78
이기분속 217, 248
이륜행실도 6, 17, 25~27, 29, 36, 46, 48, 49, 51, 52, 55, 226
이약빙 23
이연경 23
이이 5, 19, 149, 150, 171~175, 191, 192, 200, 239, 240, 242

이자 20, 23, 83
이장곤 23
이학 16, 17, 74, 76, 78, 80, 82, 102, 141, 144, 149, 175, 178, 191, 229
이황 5, 19, 20, 37, 62, 117, 124, 147~149, 156, 159, 160, 163, 165~167, 173, 178, 181, 191, 192, 199, 200, 204, 206~217, 222~225, 228, 229, 234, 238, 240, 242~244, 247~249
인성론 216
입학도설 218

ㅈ

정개청 143, 192
정속언해 6, 25, 26, 29, 36, 49, 54, 55
정자화 136
정지운 18, 227, 230, 231, 234~238, 240~241, 245~249
제갈량 94, 95, 187
조광조 5, 13, 19, 23, 29, 34, 36, 41, 82~84, 101, 102, 110~114, 116, 175, 177, 226, 239, 244
존경각 43
주돈이 89, 144, 155, 178, 191, 207, 216, 233, 246
주자가례 22
주자대전어류전석 149, 164, 171
주희 56, 89, 103, 123
중용 158, 199, 206, 207, 210, 213, 214, 216, 247, 248
중종 41, 81, 101, 112, 115, 140
집현전 76, 115

ㅊ

천명도 199, 201~203, 210, 211, 213, 214, 218, 234, 241, 246
천명도설 37, 149, 208, 209, 225, 234~238
천해록 135, 149, 163, 190
최부 125
최산두 244
치당관견 190

ㅌ

태극도 87, 88, 207
태극도설 28, 128, 160, 246, 247
통서 207
퇴고사칠논변 247

ㅎ

한국서지연표 43, 67
허충길 23, 142
헌근록 149, 187
현량과 114
홍언필 82, 84, 101, 102
훈자시 127

AKS 인문총서 **39**

김안국·김정국 학맥과 조선 성리학

지은이 정재훈·옥영정·강문식·권오영·최영성
제1판 1쇄 발행일 2025년 7월 30일
발행인 김낙년
발행처 한국학중앙연구원 출판부
출판등록 제1979-000002호(1979년 3월 31일)
주소 경기도 성남시 분당구 하오개로 323
전화 031-730-8773　　　**팩스** 031-730-8775
전자우편 akspress@aks.ac.kr　**홈페이지** www.aks.ac.kr
ⓒ 한국학중앙연구원 2025
ISBN 979-11-5866-804-4-94910
　　　978-89-7105-772-8 (세트)

◆ 이 책의 출판권 및 저작권은 한국학중앙연구원에 있습니다.
　이 책 내용의 전부 또는 일부를 재사용하려면 반드시 서면 동의를 받아야 합니다.
◆ 이 책은 2021년 한국학중앙연구원 한국학기초연구 공동연구과제로 수행된 연구임(AKSR2021-C11).